Reliure serrée

HISTOIRE FANTASTIQUE

DE LA

RÉVOLUTION DE JUILLET.

II.

PARIS.—IMPRIMERIE DE G.-A. DENTU,
rue d'Erfurth, n. 1 *bis*.

HISTOIRE FANTASTIQUE

DE LA RÉVOLUTION

DE JUILLET,

EN SOIXANTE-DIX ARTICLES,

ET

RECUEIL

DE VARIÉTÉS INSÉRÉES DANS LA QUOTIDIENNE.

Par A. Nettement.

TOME PREMIER.

PARIS.

CHEZ G.-A. DENTU, IMPRIMEUR-LIBRAIRE,

rue d'Erfurth, n° 1 bis;

ET PALAIS-ROYAL, GALERIE VITRÉE, N° 13.

1834.

VARIÉTÉ DES VARIÉTÉS.

Il est des histoires qu'il faudrait écrire en épopées, il en est d'autres qu'il faudrait retracer mi-satires, mi-chansons.

(*Anonyme*.)

Personne de nos jours, que je sache, n'a entrepris de narrer les faits et gestes du glorieux règne qui commença le 9 août 1830, à deux heures après-midi, deux cent dix-neuf députés en frac ou en houpelande étant allés, non sans faire aboyer les chiens et sans traverser plus d'un ruisseau, proposer à un duc fort connu dans le monde, de troquer contre les soucis de la couronne la bourgeoise oisiveté du chapeau gris.

Plusieurs auteurs ont bien effleuré quelques parties de cette belle époque, et crayonné d'une main fidèle l'avant-scène de la pièce, mi-comédie, mi-drame, qui se déroule depuis bientôt quatre ans. Les uns ont dit les frissons historiques de la retraite de Neuilly, et l'*alibi* prudent de ce haut personnage qu'il fallut aller chercher pour le faire roi, à l'ombre d'une tapisserie de verdure, derrière laquelle il se pelotonnait, et lui, si grand le lendemain du danger, la veille se faisait si petit. D'autres ont raconté les ineffables douceurs des embrassemens citoyens, les démocratiques harmonies de la *Marseillaise* soupirées du haut du balcon du Palais-Royal, les émotions du voyage de l'Hôtel-de-Ville, la révolution inoculée par un baiser de Lafayette sur le front de cette pauvre et souffreteuse royauté qui, gauche, empêchée, saluant beaucoup et peu saluée, promettant d'être la moins monarchique de toutes les monarchies, se faisait humble, toussait dans son mouchoir, s'asseyait sur les bords du trône, et priait les passans de lui mettre la main sur la bouche pour l'empêcher de crier elle-même : *Vive la république!* D'autres enfin, ont transmis à la postérité les sentimens d'affection et de soumission dont l'élu du 9 août était en même temps animé pour ses parens de la branche aînée; les paroles de dévouement qu'il faisait transmettre à Saint - Cloud; car ceux qui ont fait de l'élu du 9 août un honnête homme, n'ont dit que la moitié de la vérité; il y avait en lui à cette époque les deux plus honnêtes hommes du royaume, c'était une vertu double, un Janus à deux faces, au moins aussi fervent républicain du côté de l'Hôtel-de-Ville, que fidèle sujet du côté de Saint-Cloud.

Mais ce que n'ont point fait et M. Mazas, qui, quoiqu'il ait retracé l'histoire des grands capitaines, a tracé aussi un chapitre de celle du roi Philippe, et M. Bérard, celui qui ne fait point de Cancans, quoiqu'il ait fait la Charte; ce sont des annales complètes, des annales au jour le jour du bienheureux règne qui commença, comme j'ai eu l'honneur de le dire, le 9 août 1830, à deux heures de l'après-midi, la Chambre étant dans la rue et Louis-Philippe sous son chapeau gris.

Quand Louis-le-Grand, d'immortelle mémoire, songea à se donner un historiographe, il choisit Racine. Certes, je ne suis pas Racine, mais aussi je n'ai pas Louis-le-Grand à peindre. Puisque je me trouve être historiographe du juste-milieu, hélas! que ne suis-je Pradon! Je veux ramasser les rayons éparpillés de la gloire de Louis-Philippe, encadrer le tableau de son règne, lui élever un monument. Rassurez-vous, monarchie économe! je ramasserai votre gloire *gratis*, et, maçon bénévole, historiographe surnuméraire, je ne serai point assez Arabe pour enfler vos dépenses personnelles d'un petit écu d'immortalité.

J'aurais d'autant plus mauvaise grâce à porter atteinte à l'inviolabilité de la liste civile, cette sœur de la Charte, mais sœur préférée, ce jardin aux pommes d'or mis sous la sauve-garde de la fidélité dragone du cher Camille, j'aurais d'autant plus mauvaise grâce à porter atteinte à son inviolabilité, que mon métier d'historiographe n'a été ni pénible ni dur. Mon histoire, je ne l'ai point faite, c'est un véritable enfant trouvé.

Il y a deux manières d'écrire des annales.

Quand l'époque est vaste, quand de graves évènemens se heurtent et se succèdent, à vous le burin, Tacite, à vous, Bossuet. Que dans le silence du cabinet et devant vos fiers génies se déroulent ces grandes lignes historiques qui, traversant les trônes en poussière et les nations brisées, semblent le sillon immense que les siècles en marchant laissent derrière eux.

Mais lorsque les époques sont stériles, lorsque, naines, elles n'enfantent que des nains, lorsqu'on a le bonheur d'être venu dans un siècle où M. Dupin est une puissance, M. Thiers un géant; siècle caduc, siècle avorton, siècle petit Poucet, qui redemande en vain à l'ogre de l'empire ses bottes de sept lieues; alors c'est d'une tout autre manière qu'il faut écrire les annales. Les balances de fer, où la grande histoire jette les empires et les évènemens, ne sont point bonnes à peser un grain de poussière, de sales guenilles ou des toiles d'araignées. La grande histoire avance à grandes enjambées, et d'un pas homérique. Pour elle un voyage autour du juste-milieu, ce serait le voyage autour de ma chambre. Que faire alors? Faut-il, docteur dans la science de l'infiniment petit, écrire les fastes universels du monde des fourmis, ou faire solennellement retentir les échos de la postérité du bourdonnement des moucherons? Faut-il mesurer à la loupe les traces des mirmidons de la politique, et sur une feuille de parquet dénombrer les lieues qu'ils ont faites dans une toise?

Non; mais au lieu d'écrire l'histoire des faits, on écrit celle des impressions. Placé au milieu du public, on a partagé tous les sentimens qu'il a éprouvés pendant le drame, on a noté les sifflets, chiffré les cris de dégoût, stéréotypé les éclats de rire, on a présenté le miroir de l'équité nationale au juste-milieu, qui successivement bouffi de sottise, resplendissant de ridicule, ou barbouillé de mépris, est venu réfléchir sa laide image dans une galerie de tableaux.

C'est là la véritable histoire de l'ordre de choses actuel, histoire toute chaude de satyre, toute hérissée d'épigrammes, histoire dont les héros nageant entre le sang et la boue, se présentent au tribunal de la postérité avec ce cortége de réprobations qui doit leur servir de signalement.

Ami lecteur, cette histoire-là nous l'écrivîmes ensemble. Historiographe sans le savoir, je retraçai les faits et les gestes du juste-milieu sous la dictée de vos sentimens. Dans cette longue période où l'odieux eut ses jours comme aussi le ridicule, nous fîmes la part à tout le monde avec une équité digne de louange; est-ce notre faute à nous, si dans les journées de certaines personnes, la peur et la honte ont eu la part du lion? Et maintenant, à mesure que vous retournerez ces pages, elles vous jetteront des souvenirs. Au lieu d'une chronologie sèche et aride, véritable squelette historique, charpente osseuse d'une situation dont la vie, le mouvement et les couleurs ont disparu, vous verrez chaque incident successif se relever et marcher devant vous; vous retrouverez les sentimens dont vous fûtes animé à chaque scène de cet imbroglio politique où il y eut de tout, excepté du bonheur et de la gloire; vous pourrez vous dire : « A telle époque nous rougis-« sions d'une infamie, à telle époque nous riions « d'une bévue, ce jour-là nous pleurions sur « un malheur auguste, celui-ci nous nous « égayions aux dépens d'un ridicule couronné. » Infamie, bévue, malheur, ridicule, c'est, en quatre mots, l'histoire universelle de la révolution de juillet.

Et dans les premiers chapitres de ces annales d'un nouveau genre, on assistera à la naissance de la situation qui s'est développée si tristement depuis. Ce ne seront que mélancoliques regrets donnés à la monarchie, dont la chute récente retentit douloureusement dans les cœurs fidèles, sinistres prévisions à la vue d'un avenir qui commence à poindre sombre et menaçant. La révolution, dans ce temps-là toute neuve encore, battait les murs en folâtrant dans les rues; c'était l'époque des émeutes périodiques, du tumulte de la place publique, petite monnaie de la guerre civile, vagissemens enfantins du nouveau-né de 1830. Juillet et août se tenaient encore par la main. Au lieu de faire à la société deux guerres comme aujourd'hui, ils ne lui faisaient qu'une guerre, marchant par les mêmes voies, sous le même drapeau, à tel point que Louis-Philippe effaça de son écusson ses fleurs de lis qui offensaient les susceptibilités de la rue, et que son ministère, iconoclaste à la suite, brigua l'honneur d'être reçu manœuvre dans la glorieuse compagnie des démolisseurs de croix.

Puis la société indignée ayant fait entendre un cri de colère, le pouvoir eut peur de la société, comme il avait eu peur de la révolution. Il chercha, le téméraire qu'il était, la face encore toute couverte de la poussière des barricades, il chercha à devenir quasi-légitime, quasi-monarchique, quasi-social. Ce fut le temps du ministère de M. Périer, qui, à défaut d'autre légitimité, proclama la légitimité de la loi, et la toute puissance de la Charte, alors honoré, vanté, respecté comme l'oracle du pouvoir, le Mahomet du nouveau régime, mais heureux d'avoir mis de l'à-propos dans sa mort, car aujourd'hui il serait déclaré factieux par M. Persil.

D'abord le Palais-Royal avait dit à la révolution : *Vous et moi ;* ensuite par la bouche de M. Périer, il avait dit à la société, qu'il trompait : *Moi et vous;* maintenant, il dit à la société comme à la révolution : *Moi.*

Oh! que vous eûtes raison de l'écrire, le *moi* est haïssable, divin Pascal!

C'est à travers ces trois phases successives que notre histoire s'avance, peignant les hommes à mesure qu'ils se dessinent, les questions à mesure qu'elles s'ouvrent, les évènemens à mesure qu'ils surgissent. Tantôt vous la verrez scrutant les ténèbres souillées d'une cupidité auguste, pénétrer dans l'intérieur du dernier des Condé, et raconter cette comédie de la succession qui eut pour dénouement un drame, le drame sanglant de Saint-Leu. Tantôt elle s'arrêtera un moment, recueillie et pensive, aux pieds du génie de Chateaubriand pour respirer un parfum de gloire. Tantôt, moqueuse et habillée à la légère, pendant que le pouvoir découvrira une conspiration perchée sur les tours de Notre-Dame, elle sonnera les matines. Tantôt elle s'introduira dans le sein de la conférence de Londres, cette buveuse d'opium, qui s'est endormie accoudée sur le problème qu'elle avait promis de résoudre. Tantôt elle viendra comme Vernet se lier au grand mât parlementaire pour retracer les épisodes de la session-tempête qui enfanta le système du 13 mars. Tantôt, triste et couverte d'une robe de deuil, elle pleurera sur la gloire de la France jetée aux quatre vents du ciel. Puis saisie d'un rire inextinguible à la vue de cette moisson de ridicules repoussant chaque jour sous la faux de l'épigramme, elle sera obligée d'emprunter à la comédie ses couleurs, sa forme, ses allures, et d'élever un théâtre de marionnettes, succursale indispensable du Panthéon. Puis elle peindra l'anniversaire de juillet, mettant Paris en fuite et le gouvernement sous les armes; M. Viennet, le Fouquet de l'absurde, enrichissant à la fois la tribune et le fauteuil académique de son ridicule opulent; les tournées citoyennes, où son auguste ami Louis-Philippe fit litière d'enthousiasme officiel et de dévouement administratif; l'héroïque voyage du jeune et beau duc de Chartres partant pour la première expédition de Belgique, et faisant, au lieu d'une campagne de général, une campagne de postillon, ou bien allant sous les murs de Lyon, la ville malheureuse, recevoir de la bouche d'un préfet le titre d'*arc-en-ciel.*

Alors viendront ces lamentables époques où notre histoire prenant un ton plus triste et plus sévère, s'agenouillera avec la France aux pieds du christianisme, dont la puissante main soutient les nations pendant qu'elles traversent les fléaux. Elle saluera la religion fidèle à son poste à l'heure où la peste entasse les cadavres, et laissera tomber des paroles de mépris sur cette Chambre peureuse qui s'en va quand vient le péril. Suffisant à peine à sa tâche, toute fraîche échappée des horreurs de la peste, et quittant le lit de mort de Périer pour tomber dans la guerre civile, elle dira les journées de juin, cette seconde édition des journées de juillet, mise à l'index par ceux qui avaient accaparé la première. Elle dira la dictature de Camille, Camille coiffant de foudres sa face innocente et épanouie, Jupiter-Montalivet à califourchon sur le tonnerre, la toute puissance ridicule et le ridicule tout puissant. Et s'arrêtant un moment pour pleurer sur le seul rejeton de la tige impériale desséchée et flétrie, mourant avant l'âge, faute de cette rosée de gloire qui manquait à cette fleur sur la terre étrangère, elle se relevera pour reporter ses regards sur l'audace napoléonienne d'une femme venant seule pour conquérir un royaume, et étonnant de son courage le courage de la Vendée; puis elle pleurera sur le donjon de Blaye, et sur cette hospitalité de la geole, la seule que notre siècle ait offerte à l'héroïsme maternel.

C'est ainsi, ami lecteur, qu'en relisant ces pages, vous passerez en revue vos souvenirs, vous déroulerez une seconde fois la chaîne des sensations par vous éprouvées, tristes ou divertissantes, graves ou légères, poignantes ou gaies; c'est ainsi que vous reconnaîtrez successivement les hautes infortunes et les prospérités marquées au front d'un sceau de honte, les nobles caractères et les vies souillées, les gloires et les ridicules, Chateaubriand et le génie, Kergorlay et la vertu, tous ces noms rayonnans de lumières à côté de ces noms dont les oreilles craignent le retentissement impur, comme une insulte à la morale publique et à la conscience de la France; c'est ainsi qu'à la vue de ces scènes changeantes, de ces personnages si divers, l'admiration et la moquerie, le mépris et le respect, l'indignation et la sympathie se passeront de main en main votre cœur.

Et si vous découvrez quelques erreurs de prévisions dans nos pages, vous nous les pardonnerez peut-être. L'histoire qui raconte le passé se trompe souvent; n'accordera-t-on pas l'égalité devant la loi à l'histoire qui raconte l'avenir? Ce roi à qui l'on demandait comment il entendait être traité, répondit: *En roi*. Vous et moi, ami lecteur, quand nous eûmes des souverains à juger, nous crûmes que les sentimens de Porus animaient leurs âmes. Rois, nous leur supposâmes une politique royale; nous les jugeâmes en rois. Ce fut une erreur, mais cette erreur est-elle la nôtre? Non, car nous n'oubliâmes point quels étaient ceux que nous jugions; non, car avant de prononcer notre arrêt, nous nous dîmes qu'ils étaient rois. Ce sont eux qui l'ont oublié.

Et maintenant que j'ai annoncé notre histoire, ami lecteur, à qui la dédier?

A M. Thiers?

Non. M. Thiers est bien honnête homme sans doute, mais il y a plus honnête homme que lui.

A M. Barthe?

Non. L'honnêteté de M. Barthe l'emporte peut-être d'un point sur celle de M. Thiers, mais l'honnête homme Barthe n'est point encore notre homme.

Je dédierai notre histoire au plus honnête homme du royaume, à Louis-Philippe, *père du peuple*, comme parle M. Persil, qui daigne ainsi donner à la France Philippe-Egalité pour grand-père; je dédierai notre histoire à Louis-Philippe, le plus honnête homme du royaume, et je lui demanderai la permission de prendre pour épigraphe cette phrase que Montesquieu appliqua, faute de mieux, à Marc-Aurèle, et que je restitue au roi-citoyen:

« On sent en soi-même un plaisir secret

« LORSQU'ON PARLE DE CE PRINCE; ON NE PEUT
« LIRE SA VIE SANS UNE ESPÈCE D'ATTENDRIS-
« SEMENT; TEL EST L'EFFET QU'ELLE PRODUIT,
« QU'ON A MEILLEURE OPINION DE SOI MÊME,
« PARCE QU'ON A MEILLEURE OPINION DES
« HOMMES. »

Mars 1834.

1830.

LES OPTIMISTES POLITIQUES.

AVEZ-VOUS rencontré quelquefois, à la suite d'un désastre, de ces hommes à l'air satisfait, à la mine riante, capables de rassurer toute une ville par leur geste encourageant et leur figure épanouie? Ce sont les optimistes politiques. Calamités publiques, misères privées, rien ne les arrête : ils ont des explications pour toutes les difficultés, des actions de grâces pour toutes les infortunes, des acclamations pour ceux qui les flattent, et des injures pour ceux qui les éclairent. Qu'un député monte à la tribune pour annoncer que plus de cent communes sont dans l'anarchie, les optimistes crieront : *Silence!* car à leurs yeux, signaler le danger, c'est le créer, et ils accusent de l'incendie ceux qui demandent du secours. C'est merveille que de voir l'air duquel ils sourient aux fléaux, pleins d'espoir auprès de l'abîme, et souhaitant la bien-venue aux calamités! Ils commentent les évènemens les plus déplorables, les malheurs du présent avec les menaces de l'avenir; et le texte effroyable de tant de misères publiques et privées disparaît sous les fleurs de leur commentaire. Ces gens-là ont une imprévoyance qui va jusqu'à l'hyperbole, et une intrépidité de sécurité qui fait peur.

La dernière catastrophe les a mis en campagne; dans les salons, les jardins publics, les théâtres, à la Bourse, partout enfin ils promènent leurs utopies, partout ils donnent le mot d'ordre à la joie, et ils en sont encore aux formules d'admiration sur ce terrible évènement qui a tout renversé en France, tout, depuis la royauté qu'on attaquait, jusqu'à la Charte qu'on prétendait défendre. N'allez point parler devant eux des convulsions inséparables d'une crise populaire; n'allez point leur démontrer que ce qui est arrivé une fois peut arriver encore; que les révolutions commencent par des injustices et finissent par des crimes : c'est de l'histoire que vous faites là, et les optimistes, pleins de mépris pour l'histoire, font de la politique d'églogue et se réfugient dans le roman. Que si vous osez dire qu'un trône qui n'est qu'une concession de la volonté populaire peut tomber devant elle, vous êtes un alarmiste! que si vous ajoutez que les volontés du peuple sont changeantes, vous êtes un anarchiste! que si vous le prouvez en rappelant que la volonté du peuple fonda successivement la monarchie constitutionnelle, la république, le consulat, l'empire; que sous la légitimité nous eûmes une dynastie de huit siècles, que sous l'omnipotence populaire nous eûmes huit gouvernemens en quarante ans, vous êtes un conspirateur et presqu'un républicain. « Il n'y a qu'un mauvais esprit qui puisse crain« dre les excès populaires, disait un de mes « amis, optimiste par vocation. Quand on ne « voit pas le bien, il faut y croire sur parole ; « et à la suite de notre glorieuse révolution, « l'optimisme est le plus saint des devoirs.

— « Sans doute, reprit en souriant un vieil« lard, il est vrai que l'on incendia jadis les

« châteaux, que l'on pilla les riches, et puis « que l'on frappa monnaie par la main du bour- « reau; mais on n'en est point encore là. Qui « donc oserait se plaindre?

— « Ce furent les passions qui produisirent « ces excès, s'écria l'optimiste, et.....

— « Et maintenant, qui a des passions? in- « terrompit le vieillard. L'ordonnance qui les « supprime n'a point encore paru, mais elle pa- « raîtra sans doute : *le Moniteur* nous donnera « des vertus officielles à défaut d'autres, et l'on « sait combien les destinées des nations sont « heureuses quand la probité et la vertu sont à « l'ordre du jour.

— « Je vois que j'ai affaire à un mécontent, « répondit l'optimiste; mais si vous voulez par- « courir avec moi Paris, je suis certain que je « vous ramènerai converti : vous verrez partout « le repos, la tranquillité, le bonheur...—J'ac- « cepte volontiers, » interrompit une seconde fois le vieillard, qui craignait par-dessus tout les amplifications.

Nous n'étions point encore à la porte, que la conversation avait repris son cours. J'étais là placé entre les deux extrêmes, une oreille au panégyrique et l'autre à l'épigramme; en un mot, l'optimiste et le vieillard étaient les orateurs; moi, j'étais l'assemblée. « Il est heureux, « disait le vieillard, que vous ne m'ayez pas « proposé un tour de France; car, depuis que « nous sommes libres... — Erreur, interrompit « l'optimiste, on peut en toute sûreté voyager. « — Oui, à moins que l'on n'ait un nom désa- « gréable à quelques journaux; et faute d'avoir « pris un passeport du *Constitutionnel*, le géné- « ral Despinois fut bien près de payer cet oubli « de sa tête. — Le peuple respecta sa vie! s'é- « cria l'optimiste. — Vous avez raison; il ne fit « que l'injurier, le maltraiter : quelle misère! « On a pillé son bagage, on a brûlé sa voiture; « c'est clémence que cela, et il aurait tort de « s'en plaindre, car on aurait pu lui faire pis. »

La conversation continua sur ce ton; mais, malgré les représentations de l'optimiste, qui trouvait à toutes les boutiques un air de fête, à toutes les figures un air de bonheur, le vieillard opiniâtre s'obstinait à ne point avouer qu'un pays où l'on brûlait les bureaux d'octroi, où l'on brisait les machines des manufactures, où l'on pillait les châteaux, fût un pays tranquille et heureux. « Vous ne citez que des faits parti- « culiers, répondait toujours l'optimiste. — Ad- « ditionnez-les ensemble, et vous aurez un fait « général, reprenait le vieillard; c'est l'anar-

« chie, et une contrée en proie à l'anarchie « n'est point une contrée tranquille. — Mais ce « sont des exceptions! criait l'optimiste. — Ter- « ribles exceptions que le pillage, les troubles, « le refus de l'impôt! Mais, après tout, le peu- « ple est souverain, et c'est assez sa manière « d'entrer en charge. »

Alors le vieillard s'animant de plus en plus, peignit la religion insultée dans les places publiques et dans les rues, ses ministres livrés aux épigrammes et aux calomnies, et la persécution de Julien l' postat renouvelée, les croix outrageusement renversées, comme aux temps où un préteur envoyait les chrétiens aux lions, et le plus ancien des royaumes catholiques témoin des excès que le paganisme avait vus. « Mais « c'est par tolérance sans doute, s'écriait-il, « qu'on jette dans la boue les insignes de la « foi de nos pères : ils pourraient choquer les « regards de quelque sous-préfet philosophe; « et le catholicisme, qui a vaincu le monde, « doit s'incliner devant M. Gaujat. M. Gaujat, « l'homme aux quolibets administratifs; M. Gau- « jat, qui fait de l'impiété par circulaire, a déjà « annoncé à ses administrés qu'il recevrait avant, « pendant et après la messe : plaisanterie pleine « de convenance et de goût dans l'agent d'un

« prince catholique, administrateur d'une pro-
« vince catholique, payé par l'argent des ca-
« tholiques, puisque la nouvelle Charte a eu la
« condescendance d'avouer que le catholicisme
« est la religion de la majorité des Français. »

Toutes ces considérations semblaient embarrasser l'optimiste, et je crois vraiment que, si ce n'eût été attachement paternel à son système, il eût fait quelques concessions à son antagoniste. Cependant nous avions parcouru la moitié de Paris, et nous n'avions rien vu que d'assez ordinaire depuis les trois jours. Beaucoup de boutiques, et fort peu d'acheteurs; beaucoup de charrettes, et fort peu d'équipages; et puis le fond du tableau, en tout temps, des mendians, des bonnes, des enfans, des chiens, de la boue. L'optimiste ne pouvait assez s'extasier sur tous ces indices de la tranquillité. Enfin nous arrivâmes à la Bourse, ce baromètre politique où toute l'Europe va savoir ce qu'elle doit espérer ou craindre. S'il faut le dire, le baromètre n'était pas au beau; et l'on devinait, aux figures inquiètes des habitués et au mouvement extraordinaire qui régnait sur la place, que la fin du mois verrait bien des catastrophes financières. « Les
« fonds baissent, me dit en passant un joueur.
« — Tant mieux, reprit l'optimiste, la valeur

« des biens territoriaux s'élevera. » Le joueur s'éloigna sans nous dire adieu, et l'optimiste continua à suivre le cours de ses utopies. Tous les Etats, selon lui, toutes les classes de la société avaient gagné cent pour cent à la glorieuse révolution.

En achevant ces mots, l'optimiste saisit par le bras un agent de change : « Eh bien! dit-il, « je vous fais mes complimens; je sais que vous « vous êtes bien battu. Aussi vous voilà heureux, « content maintenant! — Ma charge est diminuée de moitié, » répondit tristement l'agent de change, et il nous tourna le dos.

« Mon ami! mon ami! s'écria l'optimiste en « s'adressant à un libraire qui passait, permet-« tez-moi de vous adresser mille félicitations : « voici enfin la presse libre, et.....

— « Dix-neuf libraires ont déposé leur bilan, » répondit le libraire, et il nous tourna le dos.

L'optimiste ne se décourageait pas. Il arrêta encore deux personnes qui se promenaient ensemble d'un air assez triste : c'étaient un riche fabricant de châles et un notaire. « Vous avez « fait merveille, leur dit-il, et les jeunes gens du « commerce et les clers se sont conduits, dans « les glorieuses journées des 27, 28 et 29 juil-« let, en héros!

— « Depuis cette époque, je n'ai pas vendu « un cachemire, dit le marchand. — Je n'ai pas « passé un acte, » ajouta le notaire; et ils nous tournèrent le dos.

« Quel égoïsme! s'écria l'optimiste; préférer « ses intérêts particuliers à l'intérêt général! »

Cependant, malgré tant d'échecs, il ne désespérait point de trouver quelqu'un de content. Il lui fallait à tout prix un heureux pour soutenir l'honneur de son système, et il s'empara d'un propriétaire qui traversait la salle, bien résolu de lui arracher l'aveu de son bonheur. Mais les phrases les plus sonores, les appels les plus touchans au patriotisme, tout fut inutile. « Depuis qu'on pille les marchés, on ne « paie plus les fermages, » répondit le propriétaire d'un air de mauvaise humeur; et il nous tourna le dos.

Dans cet instant, nous sortions de la Bourse, et nous vîmes passer une grande foule d'hommes qui poussaient des cris et que la garde nationale cherchait à disperser. « Au nom du « Ciel, dis-je à l'optimiste, n'allez point déve- « lopper votre système à ces hommes-là : il n'est « pas prudent de parler de bonheur et de féli- « cité à des gens qui demandent du pain. »

Le vieillard triomphait.

« Eh bien! monsieur, dit-il enfin à son triste « adversaire, l'inquiétude générale et le malaise « des classes élevées, la misère des classes po- « pulaires, les émeutes, le pillage, le refus de « l'impôt, l'oubli de la morale et la profanation « du culte, voilà donc les élémens de pros- « périté publique dont l'optimisme doit com- « poser aujourd'hui ses utopies?

— « C'est une conspiration du faubourg Saint- « Germain, dit l'optimiste après un long inter- « valle de silence, et le royalisme a fait tout le « mal.

— « Eh! monsieur, accusez donc aussi de « royalisme le crédit et les écus, car eux aussi « se sont retirés avec l'antique royauté.

— « Attendons le dénouement, répliqua l'op- « timiste.

— « Oui, reprit le vieillard, je sais que c'est « la réponse ordinaire du libéralisme à ceux « qui le poursuivent dans ses derniers retran- « chemens. Incapable de se défendre au grand « jour contre les charges accablantes que le « présent accumule contre lui, il se réfugie « dans les ténèbres de l'avenir, et demande « grâce pour le mal qu'il fait en considération « du bien qu'il doit faire; prétendant nous con- « duire à l'ordre par le désordre, à la légalité

« par la révolte, à la prospérité par la misère ; « pour tromper les souffrances des peuples qu'il « entraîne à travers tant de convulsions et de « crimes, il a placé l'âge d'or au dénouement, « mais le dénouement recule toujours. »

En achevant ces mots, nous entrâmes dans les somptueux salons du *café de Paris,* lieux consacrés à l'opulence, où l'Angleterre entière semble s'être naturalisée ; lieux où l'on dîne pour le public plutôt que pour soi ; car le luxe, en y introduisant toutes ses pompes, a laissé la gastronomie à la porte. Le destin semblait venir en aide au censeur, et prendre plaisir à confondre les idées favorites de l'optimiste ; car, depuis le premier service jusqu'au dessert, tout fut exécrable, et je crus un moment que le vieillard avait mis la cuisine et l'office dans ses intérêts. Pour comble de malheur, les conversations des tables voisines semblaient autant de conspirations contre l'optimiste.

« Quoi ! te voilà ! disait un officier à un jeune « homme qui entrait.

— « Eh ! sans doute, mon cher ; mes soldats « m'ont licencié et se sont retirés chacun chez « eux avec armes et bagages.

— « On appelait cela désertion dans le vieux « style.

— « Maintenant, c'est amour du repos qu'il « faut dire.

— « J'ai quitté aussi mon régiment, dit un « quatrième interlocuteur, mais avec un congé « et un permis bien duement signés, signés par « mes soldats, s'entend.

— « Puisque le peuple est souverain, répon- « dit quelqu'un, pourquoi l'armée ne serait-elle « pas général? »

L'optimiste était au supplice et prêt à quitter la partie, lorsque nous entendîmes enfin, assez près de nous, une voix haute et sonore qui formulait l'éloge de l'ordre de choses actuel. La licence ne devait être que momentanée, le peuple se résoudrait sur tous les point de la France à attendre patiemment les améliorations promises, la confiance renaîtrait, toutes les tentatives contre la légalité seraient impuissantes, et la victoire resterait aux amis de l'ordre et de la liberté.

« Monsieur, dit le vieillard en se levant, vous « parlez là comme si l'ordre de choses actuel n'é- « tait point le renversement d'un ordre de choses « antérieur, comme si votre loi n'était pas la « violation de la loi. Vous combattez pour des « ruines là où un édifice de treize siècles est « tombé, et vous disputez quelques lambeaux

« de pourpre à l'abîme qui a dévoré la royauté.
« Quand les classes ouvrières souffriront, vous
« leur parlerez de patience, vous leur direz d'at-
« tendre. Mais vous, avez-vous donc attendu?
« Ce répit que vous demandez, l'avez-vous ac-
« cordé à la royauté? Elle aussi demandait du
« temps au nom de tant de siècles de grandeur
« et de gloire, et vous avez repoussé la requête
« de la dynastie de Henri IV, qui s'était assise
« suppliante à la porte de vos assemblées et ap-
« puyée sur l'innocence d'un enfant. Vous par-
« lez de droit! Le vôtre, c'est le droit terrible
« des révolutions, c'est la force. Vainqueurs
« pour un jour, profitez du triomphe, régnez;
« mais vaincus demain, subissez votre sort sans
« vous plaindre. La légitimité de l'usurpation,
« c'est le succès; cette légitimité finit là où le
« malheur commence. Je comprends que bien
« des gens qui ne voient dans un changement
« de dynastie qu'un changement de ministère,
« trouvent leur compte à donner congé à la ré-
« volution et à mettre ceux qui l'ont faite hors
« de cause : ils deviendraient par-là héritiers
« bénéficiaires du peuple qu'ils ont couronné.
« Mais on n'endort point les révolutions avec
« des amplifications de rhétorique. Une fois
« entré dans la carrière, il faut aller en avant

« sans regarder derrière soi. On a déclaré le « peuple souverain, et le peuple n'a qu'une ma- « nière de manifester sa souveraineté; c'est la « force. Vous prétendez que le peuple est pour « vous, d'autres penseront le contraire : su- « bissez alors le terrible scrutin que vous avez « inventé, passez par l'épreuve du feu que vous « avez imposée à la royauté. On combat, on « tue, bien! Comptez les morts maintenant, et « dites de quel côté est la majorité. Du vôtre « aujourd'hui, bon jusqu'à demain. Il serait « commode en effet, pour le libéralisme au « pouvoir, d'éteindre à sa porte l'incendie qu'il « a allumé; mais vaine entreprise! Il s'est fait « juge des droits des autres, tout le monde est « juge des siens. Il veut s'arrêter un moment « pour goûter les charmes décevans de la puis- « sance, la révolution lui crie : *Marche!* Il vou- « drait dormir tranquille, ne fût-ce qu'une an- « née, sur ce lit de pourpre qu'il a eu tant de « peine à conquérir; mais tout un peuple est « derrière lui qui le foule, le pousse, le presse : « *Marche!* lui crie la grande voix. Il se cram- « ponne en chemin aux débris des tables de la « loi qui sont tombées sous l'effort de son bras « impie; il veut s'appuyer sur le sceptre qu'il a « jeté dans la fange; mais tout lui glisse des

« mains, tout lui échappe, tout se brise, et la « voix formidable retentit toujours à son oreille. « Déjà le chemin est plus escarpé, la pente plus « rapide, et le malheureux veut s'arrêter encore « en s'abritant sous l'arbitraire; il essaie de se « retourner pour contempler le spectacle de sa « puissance; mais ses yeux se troublent, ses « cheveux se hérissent, la voix retentit une der- « nière fois, et l'usurpation se réveille impuis- « sante et nue en présence de la terrible vérité. »

Il se fit un long silence. Ces grandes images empruntées à l'éloquence de Bossuet avaient pénétré tous les esprits : il semblait qu'il y eût une prophétie dans les paroles du vieillard. Enfin le dernier défenseur de l'optimisme releva péniblement la tête. « J'essaierai de ne pas « croire à la vérité de vos pressentimens, dit-il.

— « Pourquoi donc? demanda quelqu'un.

— « Je viens d'être nommé receveur-général.

— « Que ne le disiez-vous? s'écria le vieil- « lard avec amertume. Les optimistes de posi- « tion sont la pire de toutes les espèces. Jamais « ils ne viendront à résipiscence; et si la peste « naissait maintenant en France, ils lui trouve- « raient un bon côté. »

27 septembre 1830.

POUR QUI A ÉTÉ FAITE LA RÉVOLUTION?

> Tel est devenu fat à force de lecture
> Qui n'eût été qu'un sot en suivant la nature.
>
> (DEROSSET.)

> Le fat lasse, ennuie, dégoûte, rebute; l'impertinent rebute, aigrit, irrite, offense; il commence où l'autre finit.
>
> (LA BRUYÈRE.)

J'AI pour ami un homme qui est l'ennemi né des idées communes et des phrases toutes faites. Il a le tort de ne pas croire au désintéressement des solliciteurs, à l'humilité des gens en place, et il prétend que l'orgueil ministériel se met à l'aise et se prélasse sous le frac noir du savant comme sous l'habit brodé, et mieux que sous l'habit brodé du grand-seigneur. On a beau répéter à cet homme endurci qu'il doit être heureux puisqu'il est libre, il ne veut point convenir sur parole de son bonheur; il ajoute que la liberté d'un peuple ne dépend que de ses mœurs, et il ose dire que les mœurs de la France n'ont point changé en trois jours. A l'entendre, nous sommes dans un siècle où l'on veut jouir et jouir vîte; et le patriotisme, le civisme et le libéralisme ne sont que des synonymes brillans et sonores, sous lesquels l'égoïsme se déguise, sachant bien que la meilleure manière de faire ses affaires à soi, est de les mêler à celles de tout le monde. Je l'ai entendu souvent parler avec défiance de la sincérité des hommes qui vantent la révolution qui les a faits ministres, et répéter qu'on avait destitué mille fonctionnaires et pas un abus. C'est un politique fâcheux, capable de désenchanter tous les faiseurs d'utopies; un logicien malhonnête qui aurait poussé la barbarie jusqu'à aller réveiller l'abbé de Saint-Pierre, au milieu de ses rêves sur la paix universelle, en lui criant: « Entendez-vous le canon? » C'est temps perdu que de parler à cet homme de la perfectibilité humaine, de la diffusion des lumières;

il soupçonnait autrefois que ces mots-là n'avaient pas de sens, et maintenant il croit en être sûr. « Vanité pour vanité, disait-il un jour, j'aime « mieux encore celle d'un Montmorency que « celle d'un banquier. L'orgueil de caisse est « le plus intraitable de tous les orgueils, parce « que soir et matin il peut compter ses titres. »

Nous étions chez une puissance de la Chaussée-d'Antin, cette opulente héritière d'un illustre faubourg, et il y avait là toutes les grandeurs financières de l'époque, toute la noblesse de Barême, aujourd'hui non plus l'émule mais le vainqueur de d'Hosier. C'était un concert universel de félicitations, de congratulations, de jubilations; l'enthousiasme était au comble; on pleurait entre deux contredanses et l'on soupirait la *parisienne* entre deux écartés. On voyait là de ces jeunes hommes à la mise élégante, à la moustache naissante, de ces roués de la Bourse, de ces Grammonts de la finance, qui racontaient avec une sérénité admirable, tous les dangers qu'ils avaient courus pendant que le peuple se battait. Tout le monde avait dit son mot sur l'héroïsme des vainqueurs, et tous donnaient à entendre qu'ils avaient été du nombre; les plus modestes avaient eu trois hommes de blessés à côté d'eux; et il y avait là un notaire qui avait poussé le courage jusqu'à faire dépaver la rue par son portier! « Ce que je trouve de plus mi-« raculeux dans tout ceci, dit le misanthrope, « c'est que, malgré tant de morts et de blessés, « il reste au moins cent mille Parisiens sur les « vingt mille qui ont combattu.

— « Quel paradoxe! » dit un provincial récemment arrivé de sa ville natale, et qui n'ambitionnait qu'une chose au monde, l'autorisation de faire le bonheur de sa province, avec six mille francs d'appointemens.

Le misanthrope rentra dans le silence; il savait qu'il est dangereux de discuter avec des hommes qui ont à leur disposition les lieux communs patriotiques qui répondent à tout, parce qu'ils ne répondent à rien. Il connaissait cette politique de mémoire qui récite le soir ce qu'elle a entendu le matin, et il fuyait les conversations dans lesquelles on relit les journaux. S'il est permis de redouter le double emploi, c'est surtout lorsqu'il s'agit d'ennui; aussi le misanthrope était-il bien décidé à éviter le choc de son adversaire. Mais celui-ci prit cette savante retraite pour une fuite, et, tout enflé de sa victoire, il ne peut s'empêcher de répéter d'un air plus confiant encore : « Quel paradoxe! ».

Le misanthrope salua.

Un paradoxe, pensait-il, c'est la rotation de la terre découverte par Galilée, c'est la pesanteur de l'air devinée par Pascal, l'attraction trouvée par Newton. Jenner donne la vaccine au genre humain, Colomb veut enrichir l'Espagne d'un monde; on crie au paradoxe! La vérité du peuple, c'est une erreur prescrite, la vérité du génie, c'est un paradoxe.

Le misanthrope salua donc encore. Il ne pouvait assez remercier son adversaire de tout ce qu'il y avait de poli et de flatteur dans son épigramme; encore deux reproches de ce genre, et sa gratitude allait jusqu'au dévouement.

Mais le provincial prenait sa reconnaissance pour de l'humilité, son contentement pour de la confusion. Il s'animait à la vue de sa victoire, et appelant à son aide tous ses souvenirs de lecture, toutes les figures de rhétorique, depuis la prosopopée jusqu'à la métalepse, il se préparait à achever la conversion qu'il croyait avoir ébauchée. « Monsieur, dit-il enfin d'un ton vain-« queur et d'une voix grave, il faut avouer que « le propre de la révolution actuelle, ce qui la « différencie de toutes les révolutions passées, « ce qui l'honore aux yeux de l'Europe, ce qui « l'immortalisera dans la postérité, c'est qu'elle « a été faite pour le peuple.

— « Pour le peuple! certainement, » s'écria une femme couverte de diamans; et elle pensa que son équipage ne serait plus éclipsé à Longchamps par un carosse armorié.

— « Pour le peuple! » ajouta un banquier; et il pensa qu'il était ministre.

— « Pour le peuple! » répéta en minaudant sa fille; et elle pensa que pour danser aux bals de la cour, il ne faudrait plus être présentée.

— « Pour le peuple! » dit un jeune agent de change en uniforme, en se mirant dans une glace; et il pensa que ses moustaches de deux mois lui seyaient terriblement bien, et qu'il était ravissant sous le costume civico-militaire.

— « Pour le peuple! » s'écria un journaliste avec enthousiasme; et il songea que sous le nouveau gouvernement, la presse était la grande route des emplois. Il compta sur ses doigts, les journalistes préfets, les journalistes directeurs, les journalistes conseillers d'Etat; et, satisfait de ses calculs, il répéta avec l'accent d'une conviction profonde, que la révolution avait été faite pour le peuple.

La phrase fit alors le tour du cercle, et chacun la répétait avec une uniformité tout à fait mathématique, comme s'il se fût agi d'un mot d'ordre ou d'un serment.

Le misanthrope ne dit pas un mot.

Il n'était ni journaliste ni banquier; il n'avait ni diamans, ni équipage, ni uniforme; il n'allait point à Longchamps, et il ne voulait pas danser à la cour.

Il y a des gens qui ne savent pas entendre le silence, et qui forceraient un diplomate à crier; des gens pour qui la physionomie n'a pas de langage; des gens qui n'eussent pas compris Roscius, et qui croyaient que Talma ne commençait à parler que lorsque sa voix retentissait sur la scène. Le provincial était du nombre. En outre, son imagination était livrée aux plus douces chimères; il se voyait déjà, en habit de préfet, à la tête de ses administrés, rendant la justice et donnant à dîner au département, entouré de femmes charmantes qui se disputeraient un de ses sourires, harangué par le maire à la porte de la ville, harangué par le curé à la porte de l'église, répondant aux discours et aux *toast*, et célébré peut-être en vers officiels par les muses du Finistère ou du Calvados. Le provincial, séduit par ces douces idées, voulait que tout le monde fût convaincu que la révolution avait été faite pour le peuple, et il ne pouvait voir dans les incrédules que des gens de mauvaise foi, des obstacles au bonheur général et à sa préfecture. Il regardait donc le misanthrope d'un air peu favorable, et son œil presque menaçant semblait non plus solliciter, mais commander une adhésion.

Le misanthrope ne disait pas un mot.

Le provincial fut obligé de prendre l'initiative. « Il semble, monsieur, lui dit-il, que vous « pensez comme les gens à priviléges, qui ne « comptent pour rien les intérêts du peuple, « et qui regrettent le temps où ils étaient sa- « crifiés à la cupidité de la féodalité, et à l'insa- « tiable ambition d'une camarilla?

— « Cela est écrit, » dit le misanthrope, et il tira de sa poche un journal.

— « La grande semaine a mis le peuple hors « de page, reprit le provincial, et nous voici « enfin délivrés du joug de l'œil de bœuf et du « parti-prêtre.

— « Ceci est encore écrit, » dit le misanthrope.

— « Qu'importe! répliqua quelqu'un; la vé- « rité cesse-t-elle d'être vraie quand on la répète?

— « Il faut serrer les marionnettes, quand la « pièce est finie, dit le misanthrope. A quoi « bon, maintenant que la révolution est faite, « jouer à la fantasmagorie avec la camarilla et « la féodalité? Les augures exploitent la crédu-

« lité du peuple, mais ils ne la partagent point.
« Ils savent, eux, que la féodalité est un fan-
« tôme dont tout le monde parle et que per-
« sonne n'a vu.

— « Ce n'est point répondre, interrompit le
« provincial. On vous a demandé si, à votre avis,
« la révolution avait été faite pour le peuple?

— « Que lui donnera-t-elle? dit le misan-
« thrope. La paix, qui augmente la consomma-
« tion et favorise le travail? il l'avait avant la
« révolution, et, depuis, il craint la guerre. L'or-
« dre, qui est la vie de l'industrie? la révolution
« l'a détruit. La justice, qui assure à chacun la
« propriété des fruits de son travail? depuis
« quinze ans elle ne lui avait pas une seule
« fois manqué. Des droits politiques? la nou-
« velle Charte l'en prive comme l'ancienne.
« Non! à moins que le gouvernement institué
« en juillet ne prohibe les mauvaises récoltes
« et n'abroge l'hiver, le peuple ne gagnera rien
« à la révolution, parce que la restauration lui
« avait tout donné.

— « C'est pourtant le peuple qui a fait juil-
« let! » dit quelqu'un.

— « Les passions plus souvent que les inté-
« rêts font les révolutions, reprit le misan-
« thrope; la meilleur preuve que la restaura-

« tion n'a rien laissé à faire pour le peuple, « c'est que ceux qui font métier d'être ses amis « sont au pouvoir, et ne font rien pour lui. »

Le provincial se proposa de chercher dans les feuilles du lendemain, ce qu'on pourrait répondre à cet argument.

« Ainsi, dit un jeune officier, une révolu- « tion qui s'est faite avec un concours univer- « sel, d'un élan spontané, une révolution que « tout le monde admire, n'a pas été faite pour « le peuple?

— « Pas pour le peuple! » répéta le misanthrope.

— « Et pour qui donc? » demanda le provincial.

— « Pour le dey d'Alger! » répondit le misanthrope.

Ici des clameurs universelles s'élevèrent, les ironies, les apostrophes, les interpellations, les bons mots, les injures se confondaient, se croisaient, s'entrechoquaient en pleuvant de toutes parts; c'était à ne point s'entendre; on aurait dit une tempête ou une séance de la Chambre au sujet des clubs. Les uns trouvaient inconvenant, insolent, presqu'impie que l'on plaisantât sur un sujet aussi grave. Ceux-là tournaient le dos au malencontreux orateur; ceux-ci le prenaient à partie, et les femmes proclamaient d'un commun accord que la peur lui avait tourné la tête, et qu'il était très-décidément fou.

« C'est une plaisanterie! » dit le banquier.

— « C'est un faux fuyant! » dit l'officier.

— « C'est un sophisme! » dit le journaliste.

— « C'est encore un paradoxe! » dit le provincial.

Le misanthrope ne disait point un mot. C'était un de ces hommes à conviction opiniâtre, pour qui le tumulte n'est point un argument, et qui ne croient point à la logique des murmures. Enfin, il se fit un peu de silence, et il répéta sa phrase comme s'il n'avait rien entendu.

« Notre révolution a été faite pour le dey, dit-« il, car toutes ses œuvres, le dey les revendi-« que et les avoue. Cette bannière glorieuse que « le courage français avait plantée sur ses mu-« railles, quel bonheur pour lui de la voir ren-« versée en France! Notre révolution l'a fait; et « les drapeaux vaincus, en entrant dans Paris, « n'ont plus retrouvé le drapeau des vainqueurs.

« Ce général qui a détruit l'armée africaine, « conquis la capitale des Algériens, ne fallait-il « pas, pour satisfaire le dey, qu'on l'exilât, qu'on « le proscrivît? La révolution l'a fait, et le vain-« queur d'Alger a été vu s'embarquant, avec

« ses deux fils mourans, sur une frêle barque,
« trouvant plus de sûreté sur une mer orageuse
« que dans son propre camp; et celui qui a
« donné une colonie à la France, la révolution
« lui a refusé jusqu'à un vaisseau pour le conduire sur la terre d'exil!

« Ce roi sous le gouvernement duquel l'Afrique
« a été vaincue, le souverain des pirates détrôné
« et envoyé en exil, ne fallait-il pas, pour satisfaire le dey, lui faire perdre à la fois et royaume
« et patrie? La révolution l'a fait; et celui qui
« lègue à la France la gloire d'une entreprise que
« tenta vainement Charles-Quint, a été exilé avec
« les souvenirs et les espérances de sa race!

« Vous n'avez pu me citer un seul intérêt populaire qui ait été servi par la révolution, et
« vous dites qu'elle a été faite pour le peuple;
« je vous montre le dey servi dans tous ses intérêts, comme dans toutes ses passions, par la
« catastrophe des trois jours, vengé et consolé
« de ses disgrâces par celles de ses vainqueurs;
« laissez-moi donc dire que ce n'est point dans
« les églises, mais dans les mosquées qu'on doit
« remercier Dieu du succès de vos armes, et
« que la révolution n'a été faite pour personne,
« ou qu'elle a été faite pour le dey d'Alger. »

4 octobre 1830.

LA RÉSISTANCE ET LE MOUVEMENT

DANS LA POÉSIE.

Et c'est tout justement la cour du roi Pétaud

Un article de littérature dans ces jours de crise et de désastres, ressemblerait beaucoup à un anachronisme. Qu'eût dit la grande armée lors de sa déroute de Russie, quand tout était dissous, démoralisé, confondu, quand il n'y avait plus ni chefs, ni soldats, ni commandement, ni obéissance, si on lui avait proposé une parade entre les flots glacés du fleuve qui l'arrêtaient et les canons de Platof qui tonnaient derrière elle? Aujourd'hui, l'état de la France entière ressemble beaucoup à l'état de la grande armée; même impuissance dans les chefs, même démoralisation dans la foule; placée entre la révolution qui la presse et l'hiver auquel elle touche, dépourvue de toute force régulatrice, de tout lien de cohésion, la monarchie a encore des membres, mais elle n'est plus un corps; il y a des individus en France et pas de nation. Dans ces tristes circonstances, l'hiver, qui s'approche, c'est la Bérésina à passer!

Aussi voit-on de tous côtés la littérature, cette ombre fidèle de l'histoire, abandonner ses délassemens ordinaires pour prendre les couleurs rembrunies de l'époque. Qu'ont à faire avec les rêveries de l'imagination des gens qui comptent leurs jours par émeutes, et qui savent à peine, en se couchant sous la monarchie, s'ils ne se réveilleront pas sous la république? La presse périodique et la tribune, voilà la littérature du temps; littérature au langage dur, emporté, sans élégance et sans noblesse, mais dont la voix puissante déracine les trônes, délie les peuples de leurs sermens, et dépose les rois. La poésie n'est plus que l'humble succursale de ces deux grandes muses de l'époque; elle se traîne à la suite, vivant des miettes qui tombent de leur table : elle sort de son riche domaine pour se renfermer dans les tristes réalités qui la pressent. L'ode, l'épître, la satire, se font affilier; la poésie entière n'est plus qu'une clubiste, et le journalisme peut lui dire : *ma sœur*.

Dans cet entraînement général des lettres vers la politique, les deux fractions bien tranchées du parti vainqueur ont trouvé leurs poètes. La résistance et le mouvement sont représentés; il y a schisme chez l'hexamètre, et les bardes du libéralisme ne chantent plus d'accord. Je supplie qu'on mette d'abord de côté cette tourbe de littérateurs du dernier ordre, qui font métier et marchandise de la poésie, et qui ont des chants pour tous les triomphes, des injures pour tous les malheurs. A part ces gens-là, les grands talens de l'époque sont divisés en deux sectes, les stationnaires et les progressifs; et on retrouve encore là ces deux grandes divisions littéraires qui ont occupé les loisirs que la monarchie légitime nous a faits entre les désastres de l'empire et les convulsions présentes, je veux parler des sectateurs du romantisme et des classiques.

Les uns, toujours fidèles au culte de l'antiquité, copient le passé, qui pose devant eux, au lieu de suivre des yeux le présent, qui court et les emporte. Ils peignent la liberté à l'image de Rome et d'Athènes, où l'indépendance des citoyens ne fleurissait qu'à l'ombre de la servitude d'un peuple d'esclaves, et ils dédient ensuite le portrait à Paris, qui décerne à tout le monde une souveraineté qui ne doit s'exercer sur personne. Ils font d'un Etat démocratique un tableau de fantaisie; ils concilient sur le papier des choses de tout temps incompatibles : des libertés illimitées et une autorité puissante, une indépendance absolue et toutes les sécurités de l'ordre; ils mettent ensemble tout ce que les États anciens et modernes ont eu de grandeurs et de prospérités, et ils nous disent naïvement ensuite : Voulez-vous de l'âge d'or? Il ne leur reste plus qu'à renouveler la requête de Bernardin de Saint-Pierre, qui proposait sérieusement à la Constituante de décréter l'abolition des boucheries, pour ménager la sensibilité de la nation française, et de mettre le siècle de Robespierre au régime pastoral du laitage et des graminées (1).

(1) *Moniteur* de 1789.

Mais ces littérateurs optimistes, qui, groupés derrière le *Journal des Débats*, chantent un hymne sans fin sur les félicités du nouveau régime, n'oublient qu'une chose au monde dans leur portrait, c'est l'original. Ils nous font les honneurs de l'époque avec un zèle officieux qu'on ne saurait trop louer; tout ce qu'ils nous disent d'honnête et de civil de sa part est incroyable : on croirait entendre les maîtres des cérémonies de la révolution. Ils nous vantent les avantages de l'ordre, ce dont personne ne doute; la félicité qu'on trouverait dans un Etat à la fois libre et tranquille, et tout le monde est d'accord sur ce point; la gloire qui entourerait une nation qui soumettrait ses passions aux lois, et cela est incontestable. Mais est-ce en France que les passions obéissent, que la souveraineté populaire et l'ordre s'associent, et que les révolutions marchent d'accord avec l'humanité?

Il y a quelque chose de remarquable dans cette littérature élégante et polie, qui vit de théories et d'abstractions : c'est que chaque fois qu'elle veut nous faire aimer la révolution, il faut qu'elle se dépayse; c'est toujours à Marathon ou à Salamine qu'elle donne rendez-vous à l'enthousiasme; elle a besoin du nom de la Grèce, qui défendait sa liberté contre la conquête, pour faire oublier que la France a défendu la licence contre la loi; elle tourne le dos à son siècle, et elle fait bien, si c'est le beau côté de la liberté qu'elle veut peindre. Que penser d'une nation déclarée tous les jours, le matin et le soir, dans les journaux et dans les théâtres, magnanime, humaine, généreuse, et chez qui pourtant le gouvernement se voit contraint, sous peine d'émeutes, à retirer une loi sur l'abolition de la peine de mort en matière politique, parce que cette loi pourrait profiter à quelqu'un et faire tort de quelques têtes au bourreau? Singulière philantropie d'un siècle qui proroge la clémence pour frapper plus commodément ses victimes, et qui, avec des paroles mielleuses et des déclarations de principes, trouve admirable, la veille d'un supplice peut-être, de remettre l'humanité au trimestre prochain!

Aussi, quand les classiques du libéralisme chantent la liberté, on voit bien que ce n'est point un enthousiasme d'inspiration, mais de réminiscence. Est-ce dans les rues de Paris qu'on a vu l'original de ce portrait, dans lequel M. Casimir Delavigne a voulu peindre la déesse?

La sage liberté, que tout grand peuple adore,
Par le bonheur public affermit les États;
Créant des citoyens, elle fait des soldats,

Enchaîne la licence, abat la tyrannie ;
Des pouvoirs balancés entretient l'harmonie ;
Réunit les sujets sous le sceptre des rois,
Rapproche tous les rangs, garantit tous les droits.

C'est dans d'autres termes et avec d'autres couleurs, que les poètes du mouvement peignent la terrible divinité du jour. Ils ont vu eux que, lorsque le peuple se lève, ce n'est point pour établir la pondération des pouvoirs, mais pour tout renverser; ils ont entendu les cris des vainqueurs, et ils ont compris qu'il ne s'agissait point de clémence et de philantropie; ils ont lu les placards menaçans affichés hier encore sur le Luxembourg, et voilà comme ils ont peint la liberté :

C'est une femme forte, aux puissantes mamelles,
A la voix rauque, aux durs appas,
Qui, du brun sur la peau, du feu dans les prunelles,
Agile et marchant à grands pas,
Se plaît aux cris du peuple, aux sanglantes mêlées,
Au long roulement des tambours,
A l'odeur de la poudre, aux lointaines volées
Des cloches et des canons sourds;
Qui ne prend ses amours que dans la populace,
Qui ne prête ses larges flancs
Qu'à des gens forts comme elle, et qui veut qu'on l'embrasse
Avec des bras rouges de sang (1).

(1) *La Curée*, par M. Barbier. (*Voir* la *Revue de Paris*, n° 76.)

Plus polis, plus élégans, mais moins vrais, les poètes de la résistance ont bien autre chose à faire que de peindre ce qui est. A quoi servirait l'imagination si la copie devait ressembler à l'original? Et puis n'avaient-ils pas en portefeuille vingt portraits qu'il fallait d'abord placer? Il serait imprudent, d'ailleurs, de peindre en conscience une liberté entée sur l'insurrection populaire, car il y aurait de quoi faire peur aux plus intrépides enthousiastes. Aussi les poètes de la résistance comprennent-ils qu'ils ne peuvent trop se presser d'en finir avec la révolution. Ils décrètent une apothéose universelle pour en partager le bénéfice; ils font profession d'admirer tout le monde, à charge de revanche, et ils immortalisent par fournée. Entendez-vous M. Casimir Delavigne, qui, du sein de la bibliothèque du Palais-Royal, crie aux distributeurs des récompenses nationales :

Jetez-leur au hasard des couronnes civiques :
Ils ne tomberont, vos lauriers,
Que sur des têtes héroïques.

Cet enthousiasme des stationnaires n'est pas contagieux, et les poètes du mouvement ont beau jeu à rappeler ce peuple dont on exploite la victoire, et dont on répudie l'alliance. M. Barbier ne s'amuse point, comme M. Delavigne, à peindre la reconnaissance de deux jeunes gens du monde qui s'abordent en se disant : Honneur à ton courage! Gloire au tien! Certes, s'écrie-t-il :

Certe on ne voyait pas, comme au temps où nous sommes,
    Tant d'uniformes à la fois.
C'était sous des haillons que battaient des cœurs d'hommes,
    C'étaient alors de sales doigts
Qui chargeaient les mousquets et renvoyaient la foudre;
    C'était la bouche aux vils jurons
Qui mâchait la cartouche, et qui, noire de poudre,
    Criait aux citoyens : Mourons!
Quant à tous ces beaux fils aux tricolores flammes,
    Au beau linge, au frac élégant,
Ces hommes en corsets, au visage de femmes,
    Héros du boulevard de Gand,
Que faisaient-ils, tandis qu'à travers la mitraille,
    Et sous le sabre détesté,
La grande populace et la sainte canaille
    Se ruaient à l'immortalité?

Et puis viennent les conclusions des deux poëmes, qui ne sont point les mêmes, comme on pense.

Celle de M. Delavigne est un cri d'admiration et de reconnaissance pour le roi qui fut son bienfaiteur, suivant ses propres expressions.

O toi, roi citoyen! . . . .

s'écrie-t-il,

Tu fus mon bienfaiteur, je ne te louerai pas.
Que ton règne te chante et qu'il dise après nous :
Monarque, il fut sacré par la raison publique,
Sa force fut la loi, l'honneur sa politique,
Son droit divin l'amour de tous.

On sait, dit M. Villemain dans un article biographique, que Young, chapelain et pensionnaire de George II, souhaitait de lancer son nom dans les profondeurs de l'éternité.

Voici la conclusion de M. Barbier :

Paris n'est plus qu'une sentine impure,
Un égoût sordide et boueux
Où mille noirs courans de limon et d'ordure
Viennent traîner leurs flots honteux ;
Une halle cynique aux clameurs insolentes,
Où chacun cherche à déchirer
Un misérable coin des guenilles sanglantes
Du pouvoir qui vient d'expirer.

C'est ainsi que jusque dans le domaine de la poésie, le parti qui a regardé les théories révolutionnaires comme un moyen, et celui qui les regarde comme un but, sont en présence.

L'un reculant devant les conséquences de ces doctrines, avoue par-là même qu'elle sont fausses, et prononce son arrêt de mort ; car on ne transige point avec les révolutions : la société tend par une pente inévitable à l'application des principes sur lesquels elle est fondée, et le peuple est un impitoyable logicien.

D'autre part, le parti raisonneur, les défenseurs du mouvement font horreur à tout le monde, du moment qu'ils développent les conséquences de leur système; et quand la poésie veut leur servir d'organe, nous la voyons se précipiter dans des crûdités de langage qui contrastent avec nos mœurs et notre littérature, dans une énergie d'expression si sauvage qu'elle fait peur, au point qu'on dirait une verve inspirée par l'odeur du carnage, un poëme écrit avec un mélange de sang et de boue.

Ainsi le libéralisme, vainqueur de tous les obstacles, le libéralisme, si fier de ses lumières, si fécond en espérances, si prodigue de promesses, se divise le lendemain de sa victoire; et au prix de tant de sang versé, de tant d'existences détruites, de tant de désastres et de tant de ruines, il a réussi à placer la France entre l'absurde et l'horrible, et il nous crie maintenant : Pourquoi faire tant de façons? choisissez.

La France pourrait bien répondre comme le soldat de Montluc : « Je vous le donne en dix. »

18 octobre 1830.

DE

LA CALOMNIE APPLIQUÉE A LA POLITIQUE.

LORSQUE la calomnie devient un moyen de gouvernement, il faut désespérer de la chose publique, et s'attendre à tous les malheurs. C'est l'indice le plus certain que les lois sont sans crédit, l'autorité sans puissance, et qu'une force aveugle entraîne la société à sa ruine; car, comme il n'y a que la passion et l'ignorance qui croient au mensonge, c'est lorsqu'elles décident de tout qu'on voit les hommes de parti mentir à propos de tout et sur tout. Il y a des gens qui rougiraient de se servir de la calomnie dans la vie civile, et qui la trouvent admirable en politique. Ils sourient avec complaisance à l'idée de toutes les erreurs auxquelles ils ont donné cours, de tous les soupçons qu'ils ont détournés sur le parti contraire ; ils s'applaudissent d'avoir inspiré au peuple de la foi pour des choses incroyables, et s'avouent à eux-mêmes qu'ils ont été singulièrement habiles, et que Machiavel n'aurait pas mieux fait.

Cette vanité est bien misérable. Il ne faut point tant se féliciter d'avoir trouvé une telle crédulité chez le peuple. L'esprit humain est toujours plus disposé à ajouter foi aux accusations qu'aux apologies, et l'on doit dire du mal que, s'il est possible, on le croit, s'il est impossible, on le croira.

Lorsque le prince Edouard porta la guerre en Angleterre, on accusa les *highlanders* qui composaient son armée de dévorer des enfans tout vivans, et cette calomnie eut un succès prodigieux. En France, nous avons beaucoup ri de nos pères, à qui Marat et Hébert persuadaient, en 1790, qu'on faisait entrer à Paris de la poudre et des balles dans des pommes de reinette, et que les égoûts étaient remplis de Suisses qui n'attendaient qu'un signal pour déboucher par le soupirail. Cependant, malgré les progrès de l'esprit humain et la diffusion des lumières, voici qu'en 1830, à la suite des évènemens de juillet, nous voyons paraître des livres où l'on donne fort sérieusement le *fac-simile* des balles de cuivre et de plomb mâché dont la garde royale s'est, dit-on, servie, sans parler des personnes qui se plaignent avec une incroyable véhémence de ce que les soldats chargeaient leurs fusils avec des balles d'arsenic, ce qui, au fait, est une cruauté peu commune. Je ferai observer à ce sujet que l'un des plus singuliers caractères de la révolution actuelle, est de n'avoir de l'originalité en rien, pas même en calomnie. Au mois de septembre 92, les journaux voulant activer la haine du peuple, avaient déjà eu l'idée de publier que l'on avait extrait des blessures des Marseillais, après la journée du 10 août, des balles de plomb mâchées et du verre (1).

Les révolutionnaires de nos jours se trouvent donc réduits au rôle de calomniateurs à la suite.

(1) Voir *le Moniteur* du 10 septembre 1792.

A peine s'ils glanent là où leurs prédécesseurs moissonnaient. Je voudrais bien les convaincre, une fois pour toutes, qu'il n'y a pas de diffamation ridicule, d'accusation absurde ou injuste qui n'ait été exploitée par la première révolution.

Ainsi, quand *le Constitutionnel* assurait, il y a quelques jours (1), que c'étaient les royalistes et les congréganistes qui fomentaient les troubles, afin d'empêcher les procès des ex-ministres, en les faisant périr par la main d'un peuple égaré ou de quelques sicaires soldés pour souiller, par un odieux assassinat, la pure gloire des grandes journées de juillet, il n'est venu certainement dans l'idée de personne de refuser à cette accusation le mérite assez rare de concilier le ridicule et l'horrible. Mais il faudrait ajouter, pour être juste, que quarante ans auparavant, lorsque dans les journées de septembre le peuple massacra les prisonniers de la Conciergerie, les orateurs et les journaux de la Convention s'écrièrent presque dans les mêmes termes, que c'étaient les aristocrates qui avaient égorgé leurs parens et leurs amis pour nuire à la réputation de la république (2).

La Convention a incontestablement sur la

(1) Voir *le Constitutionnel* du 22 octobre 1830.

(2) Voir *le Moniteur* des 3, 4 et 5 septembre 1792.

presse de 1830 l'avantage de la priorité; *le Constitutionnel* n'est ici qu'un plagiaire, et c'est une triste chose que d'être le plagiaire de Marat.

Il serait vraiment utile de faire la collection de toutes les nouvelles absurdes et controuvées qui ont été accueillies avec faveur depuis les fameuses journées de juillet. Ceux qui font parade de l'habileté de leurs diffamations, de l'à-propos de leurs calomnies, comprendraient peut-être alors qu'il n'est pas bien glorieux d'avoir trompé des gens qui croient à de pareilles choses. C'est du peuple qu'il faudrait dire qu'il n'a rien appris ni rien oublié.

Je n'ai jamais conçu la sécurité des hommes qui, après avoir ainsi égaré la classe populaire, s'imaginent être purs de tous excès, parce que leurs mains ne sont pas rouges de sang. Dans les temps de révolution, il n'y a pas de choix entre le calomniateur et le meurtrier. L'un désigne la victime, et l'autre la frappe. Croit-on que Dieu ou les hommes mettent une grande différence entre ceux qui, en 91, signalaient les nobles à la vengeance du peuple comme accapareurs, aristocrates, machinateurs de complots, et ceux qui, sur cette charitable désignation, les massacrèrent? Croit-on aujourd'hui que ceux qui, qualifiant les royalistes de *car-*

listes ou de *verdets*, leur attribuent des insurrections qui ont pour but le meurtre des anciens ministres du roi, n'encourent point la responsabilité des violences qui peuvent résulter de leurs mensonges? Il ne faut point que ces gens-là se fassent illusion. La calomnie politique est l'honorable pis-aller de ceux qui n'ont point le courage de manier la pique ou le poignard. C'est une arme avec laquelle on tue à distance.

Il y a dans les séances de la Convention des instructions importantes pour les jours difficiles où nous sommes. Alors, comme aujourd'hui, ce n'était que récriminations, diffamations, injures, au sujet des troubles qui déchiraient l'État; alors, comme aujourd'hui, on avait ôté la digue de la force publique, et l'on s'étonnait que les passions et les intérêts privés battissent la société de toute part. Alors, comme aujourd'hui, le crédit était menacé de mort, le commerce anéanti, les masses ignorantes appelées, par le principe même de la Constitution, à la direction des affaires publiques; et l'on était surpris que de tant de passions en fermentation, de tant d'intérêts en souffrance, il résultât des convulsions intestines. On ne voulait pas voir qu'il était naturel que les conséquences dérivassent de leurs principes; on cherchait partout des coupables pour les punir de ce que les causes produisaient leurs effets, et chaque parti les cherchait dans le parti contraire. « Les agens de Lafayette sont encore ici! » disait Thuriot avec véhémence, pour expliquer à la Convention l'anarchie de 92. « Nomme-les donc, s'écriait Louvet, car ceux qui nous calomnient vaguement nous assassinent. »

Tous les discours des orateurs du temps sont pleins de traits pareils. Chaque parti, après avoir fait usage de la calomnie au profit du mouvement contre la résistance, succombait à son tour lorsqu'il voulait s'arrêter pour gouverner, et périssait sous l'arme meurtrière par laquelle il avait vaincu. La commodité du moyen séduisait tout le monde. En outre, comme il n'y avait plus de force publique capable d'imposer un frein aux passions, d'autant plus actives que les intérêts étaient en souffrance, ces passions étaient devenues la force publique même. Pour commander, il fallait se les concilier; pour se les concilier, il fallait leur donner une proie, et tous les partis qui se succédèrent au pouvoir ne pouvant les contenter, cherchèrent à les distraire en leur jetant d'abord les têtes des vaincus, puis celles d'une partie des vainqueurs. On avait inventé pour cela un moyen admirable, c'était de résumer en un seul mot tout un système d'accusation; ainsi les noms d'*accapareurs*, d'*aristocrates*, de *fayettistes*, de *fédéralistes* furent successivement un arrêt de mort : c'étaient les jésuites et les congréganistes d'aujourd'hui, éditeurs responsables de toutes les calamités publiques et privées. C'est merveille que de voir l'aveuglement avec lequel les hommes se réjouissent de ce qui doit causer leur perte. Les chefs de la Constituante, et Mirabeau à leur tête, furent ravis de la facilité avec laquelle on dirigeait, à l'aide de quelques mots, la violence du peuple contre ceux qui voulaient arrêter le torrent de la révolution; et au fait, nous voyons dans Epiménide (1) que dès 90, les lumières avaient fait tant de progrès en France, qu'on pouvait faire pendre jusqu'à son cordonnier en l'appelant *aristocrate*. Dès lors la calomnie devint l'ancre de salut de tout parti qui aspira au pouvoir; mais ceux qui allumèrent l'incendie en furent dévorés. Il y eut un temps en France où les institutions et les hommes passèrent comme des ombres. Chaque jour eut son idole, et il fallait se presser le lendemain

(1) Pièce lyrique.

pour la retrouver sur son piédestal. Existence, renommée, pouvoir, la calomnie moissonnait tout : je veux en donner un grand exemple.

Sait-on qui fut accusé en 1792, par les fédérés, d'avoir mis le feu aux maisons du peuple? par Delasource, d'avoir des projets liberticides? qui fut traité de Cromwell et de Catilina par Guadet et Isnard? qui fut mis par Torné au nombre des monstres tirés de la ménagerie de la liste civile? Sait-on qui inspira assez d'horreur à l'Assemblée nationale pour qu'on y proposât de raser sa maison, et d'élever sur les ruines une colonne expiatoire portant la relation de son crime? qui enfin n'échappa à l'échafaud que par l'émigration?

Ce n'était point Bouillé, Maury, Rivarol ou Cazalès : c'était l'ancienne idole de la France que la France proscrivait. Celui qu'on accusait de contre-révolution, c'était l'élève de Washington, le même homme qui était allé chercher la révolution en Amérique, et qui l'avait amenée en France.

C'était le général Lafayette!

De tels exemples peuvent être utiles à citer dans les circonstances où nous sommes. Croit-on que si l'on recommençait les diffamations par catégories, elles s'arrêteraient aux carlistes et aux congréganistes? Les doctrinaires qui, il y a trois mois, étaient les enfans gâtés de l'opinion, et qui tiennent encore le pouvoir, ne sont-ils point déjà au nombre des parias de la presse? Ne les accuse-t-on point de suivre les mêmes voies que les ministres de Charles X? Après les doctrinaires, qui nous dira si la calomnie respectera leurs successeurs, et où elle doit enfin s'arrêter?

Ceux qui mettent tant d'empressement à employer cette arme à deux tranchans, n'oublient qu'une chose, c'est qu'en faussant le jugement du peuple, en l'accoutumant à croire sans examen aux calomnies, ils travaillent pour leurs calomniateurs futurs. Quand on a décrété la souveraineté de la nation, il faudrait presque lui donner l'infaillibilité pour attribut. Que penser de ceux qui, dans un pareil état de choses, prendraient l'erreur et le mensonge comme le seul moyen de gouvernement à leur portée? Après avoir ruiné tous les pouvoirs par la calomnie, lorsqu'ils seraient arrivés au gouvernement, où trouveraient-ils un bouclier contre cette arme, si puissante pour détruire? Les lumières qu'ils auraient éteintes pour perdre les autres, renaîtraient-elles pour les défendre?

On trouve à ce sujet, dans la révolution de

89, une suite d'exemples bien mémorables. L'opposition de la Constituante tua la droite avec les mots d'*aristocrates* et d'*accapareurs*, et l'on sait ce que devint cette opposition dans la personne de Bailly et de Lafayette. La Gironde tua la gauche de la Constituante avec les mots de *conspirateurs*, d'*hommes d'État* et de *fayettistes*, et l'on sait ce que devint la Gironde. Danton et ses amis tuèrent les girondins avec les mots de *fédéralistes* et d'*anarchistes*, et l'on sait ce que devint Danton.

Que ceux qui seraient tentés de recommencer la guerre des sobriquets et la politique des calomnies, relisent cette histoire. Dans ce martyrologe, il y a une prophétie.

14 octobre 1830.

LA RÉVOLUTION

FERA-T-ELLE SON TOUR D'EUROPE?

— Monsieur, les postillons sont prêts.
— Et les passeports?
(STERNE.)

A l'époque où nous sommes, il en est des révolutions comme des fils de famille : dès qu'elles sont en âge de voir le monde, on leur donne des passeports et des lettres de recommandation rédigées dans les meilleurs termes, et on les met sur la grande route.

« Dites à l'Europe, s'écriait dans son en-

« thousiasme l'un des fougueux orateurs de la « Convention, dites à l'Europe que, si elle nous « envoie ses satellites, nous lui enverrons la « liberté. » La suite prouva que les peuples de l'Europe ne pouvaient que perdre au change, et que, dans ce singulier commerce, les avantages de l'importation et de l'exportation n'étaient rien moins que balancés. Cependant la France tenait à son système; et comme on arrêtait sa révolution avec ses journaux aux douanes étrangères, elle prit le parti de donner à la liberté un million de soldats pour escorte, et Bonaparte pour ambassadeur. C'était bien l'homme du monde le plus propre à contraindre les gens à être libres, et les coups de canon ne lui coûtèrent rien pour cela; tant qu'enfin les nations se lassèrent de la liberté qui leur était imposée, et que l'Europe, fatiguée d'être affranchie et désolée, vint camper en armes sous les murs de Paris. Ce ne fut pas la liberté et son bonnet phrygien qui nous sauvèrent alors, comme on sait : ce fut la royauté qui se vengea de ses longs malheurs en jetant le sceptre de Louis XIV entre les baïonnettes étrangères et nous. On prétendit, à cette époque, que c'était une assez noble manière de rentrer en charge; mais on s'était trompé sans doute, car sans cela il faudrait croire que la reconnaissance se prescrit plus vite encore chez les peuples que chez les rois.

Le premier cours de politique expérimentale de la France lui avait coûté un peu cher; mais les Français ont plus de curiosité que de mémoire; ils ne regardent le bonheur et le repos que comme une transition, un entr'acte : les derniers évènemens l'ont bien prouvé. A peine remis des suites de notre liberté, nous sommes rentrés avec un nouveau zèle dans la carrière des expériences; et voici que, fidèles à nos anciennes habitudes, nous faisons pour la seconde fois les frais de l'affranchissement du genre humain.

C'est un rôle fort généreux en apparence, sans doute : aussi les journalistes et les poètes ne tarissent-ils sur les louanges de la grande nation, du peuple-modèle qui, non content de faire des révolutions pour son compte, négocie les révolutions étrangères, et entreprend les émeutes et les bouleversemens politiques de compte à demi avec les réfugiés de tous les pays. Cela s'appelle, dans la langue nouvelle, *marcher à la tête de la civilisation*, ou *prendre l'initiative de l'indépendance*. Les écrivains ne trouvent point à ce sujet d'expressions assez magnifiques, de panégyriques assez flatteurs pour la France, quitte à en prendre leur part en rappelant qu'ils sont nés dans un des quatre-vingt-quatre départemens.

Je ne veux point essayer aujourd'hui de protester contre les éloges que les Français se donnent à eux-mêmes. Il y a long-temps qu'on a dit que la vanité était d'origine gauloise, et l'on peut se convaincre, en lisant nos annales, qu'elle n'a point émigré depuis l'arrivée des Francs. Dans les circonstances présentes, on pourrait être tenté de croire que la nation entière raisonne comme cet égoïste qui prétendait que, pour se faire une réputation, il ne s'agit que de dire continuellement du bien de soi-même, parce que, de guerre lasse, il faut bien que le public finisse par en répéter quelque chos.

Que les Parisiens exaltent donc la révolution de 1830; qu'ils l'applaudissent aux théâtres, dans leurs livres, leurs gravures, leurs journaux, rien de mieux : elle est leur ouvrage, et nous sommes faits aux amours-propres d'auteurs; nous connaissons leur faiblesse toute paternelle pour leurs dernières productions. Les amis des révolutions trouvent celle-ci incomparable; puisqu'elle est la dernière, cela est dans l'ordre : quand Voltaire fit *les Guèbres*, il déclara que c'était son chef-d'œuvre.

Les nations, comme les individus, doivent

avoir toute liberté de s'immortaliser en famille ; mais malheureusement notre siècle, qui a si souvent attaqué le prosélytisme religieux, est saisi du prosélytisme politique. La France veut que ses Constitutions aient à l'étranger le même succès que ses robes et ses chapeaux, et elle se rappelle avec ivresse le temps où elle fit le tour de l'Europe en proclamant les droits de l'homme, et en faisant payer les droits de guerre, qu'elle ne proclamait pas.

Ce moyen de propagation manque à la révolution nouvelle. Le même principe n'excite point deux fois l'enthousiasme en vingt ans, surtout quand l'évènement a démenti toutes ses promesses. C'est précisément parce que la France s'est levée toute entière au nom de liberté en 91, que ce mot magique a épuisé son influence. On a devant soi l'expérience de l'empire ; et si, à l'exemple de ces catéchismes politiques qu'on publie de nos jours, vous demandiez ce que c'est que la garde nationale mobile, il n'y a pas un seul homme en France qui n'en sût autant là-dessus que le *Dictionnaire des synonymes*, et ne vous répondît d'un air découragé : *conscription*.

Nous en sommes donc réduits aux voies pacifiques pour propager notre glorieuse révolution chez les nations voisines, et nous devons sentir la nécessité de leur en démontrer tous les avantages, si nous voulons qu'elle reçoive d'elles un bon accueil. Le meilleur moyen, pour la faire bien venir chez de nouveaux hôtes, serait de publier la liste des bienfaits qu'elle a répandus chez nous. Plus cette liste serait longue, plus les chances de succès de notre révolution seraient grandes, et c'est pour cela qu'il me semble que les chefs du gouvernement actuel devraient nous rendre heureux, ne fût-ce que par esprit de parti.

Certes, les prédicateurs ne manquent pas à la révolution nouvelle, et la France n'est point de ces avares qui aiment à jouir seuls de leur trésor. Paris défraierait volontiers toutes les capitales de l'Europe en séditions et en émeutes; et à l'ardeur avec laquelle la France propose sa révolution à tout le monde, on dirait qu'elle est pressée de s'en défaire. Nous portons si loin le désir de voir notre exemple suivi et notre bonheur devenir contagieux, que nous allons jusqu'à prêter obligeamment à nos voisins des catastrophes politiques qu'ils n'ont point éprouvées : témoin les belles proclamations qu'on disait arrivées de Londres, qu'on publiait récemment dans les rues, au grand contentement des portières, qui, mises en goût par les trois journées, s'étaient assises sur leurs portes pour voir passer la grande révolution d'Angleterre que les crieurs leur annonçaient.

Mais il faut avouer que les amis de la révolution ont adopté un singulier moyen pour la faire bien venir du monde. Après l'avoir élevée jusqu'au ciel, sans doute à cause de ses conséquences bienfaisantes, ils devraient, ce me semble, la promettre en récompense à leurs amis ou à leurs alliés. Eh bien, au lieu de cela, ils en menacent leurs ennemis! C'est une singulière chose, à vrai dire, que de menacer les gens d'un bienfait.

D'autre part, il serait peut-être assez difficile de tenir une ligne de conduite contraire, et je ne sais pas trop comment il faudrait nous y prendre pour faire les honneurs de notre révolution à nos amis. « Prenez, dirons nous, prenez : elle ne peut manquer de naturaliser chez vous la prospérité et la gloire. La preuve la plus évidente que nous puissions vous en donner, c'est qu'elle a été chez nous le signal de l'anarchie et de la banqueroute. Voulez-vous être admirés au dehors, heureux et tranquilles à l'intérieur, encore une fois, prenez notre révolution, c'est elle qui a couvert la Belgique de sang et de ruines. Si la félicité d'Anvers et de Bruxelles vous tente, voici la révolution, prenez. »

Ne vous semble-t-il point entendre un médecin qui, pour obtenir votre confiance, viendrait vous présenter une collection d'actes mortuaires?

Si la révolution était un bien pour nous, nous ne pourrions point en faire l'objet d'une menace pour les autres; si elle est un mal, que deviennent toutes les louanges que nous nous sommes données? on sortira difficilement de ce dilemme.

Quoi qu'il en soit, personne en Europe ne veut de cette hôtesse dangereuse. Le peuple espagnol nous la renvoie sans lui avoir épargné les mousquetades; et à peine son simulacre a-t-il paru en Angleterre, que l'opposition, dans la personne d'un noble lord, se réunit au ministère pour l'écraser. C'est que l'anarchie, la banqueroute et les désastres de tous genres sont des moyens qui ne réussissent point partout: c'est que l'Europe ne partage point l'enthousiasme de la France pour les merveilleux effets des trois journées, en cas encore que la France puisse voir avec enthousiasme un Mazarin de finances et un Richelieu de Sorbonne se disputer le privilége de confesser officiellement, à la tribune, les désastres publics sans y remédier.

Lors de la première révolution, la France la défendit et propagea les théories de l'indépendance et de la souveraineté populaire, au nom du bonheur qui devait suivre ; aujourd'hui elle veut être heureuse avant d'être enthousiaste. A la première époque, le symbole de sa foi politique était nouveau ; maintenant il a vieilli, et la révolution actuelle est l'effet de l'indifférence en matière politique, qui avait fait d'effrayans progrès dans les provinces, à cause de la centralisation de tous les pouvoirs dans la capitale. L'indifférence au-dedans enfantera-t-elle l'enthousiasme au-dehors? voilà ce que prétendent ceux qui prédisent que la révolution fera son tour d'Europe.

Ils voient des alliés pour elle dans les classes populaires de tous les pays, comme si elles n'avaient point sous les yeux l'exemple de la France, où les classes populaires ont tout perdu à la révolution, qui a suspendu le commerce et le travail. « Mon pauvre fils a la tête tournée depuis qu'il suit les clubs de M. Hunt le marchand de cirage, » disait dernièrement un artisan de Londres à la barre du tribunal, en parlant d'un des héros de la promenade civique de la cité. Voilà comment à Londres on juge la révolution dans les classes populaires. M. Hunt, qui consacre au bonheur du genre humain les loisirs que lui laisse la fabrication du cirage, n'obtient point un succès bien flatteur, comme on voit, chez les pères de famille. C'est qu'on ne pense pas dans la vieille Angleterre qu'il soit absolument nécessaire que les jeunes gens révolutionnent les États pour se distraire de leurs études, et changent les dynasties par partie de plaisir.

Je dirai, si l'on veut, une raison qui me semble devoir empêcher notre révolution de faire des prosélytes à l'étranger, chez les gens honnêtes et sensés de toutes les classes, c'est qu'elle a résolu chez nous un problème qui paraissait insoluble : celui de faire perdre quelque chose à tout le monde, sans rien faire gagner à personne.

Tant qu'on pourra dire cela d'elle, il faudra qu'elle remette son tour d'Europe à une autre époque ; et si elle n'y prend garde, elle n'aura pas même long-temps la France pour pis-aller. Nous sommes dans un pays où on se lasse de tout, même de la folie.

15 novembre 1830.

1831.

VARIATIONS DU LIBÉRALISME.

Je voudrais que quelqu'un me dît franchement ce que sont devenus les libéraux depuis les journées des 27, 28 et 29 juillet 1830; car après les avoir cherché partout sans les trouver nulle part, je finirai par penser qu'ils sont morts de leur victoire.

Il y a quelques personnes qui ont essayé de se persuader qu'ils étaient au ministère. Mais c'était là un paradoxe ingénieux ou une épigramme. Sans parler du dédain des hommes du libéralisme pour les honneurs, et de leur mépris bien connu pour les fonctions salariées, il est évident, aux actes du pouvoir, que le libéralisme ne gouverne pas la France.

Dites-moi, est-ce le libéralisme, ce grand prôneur des associations et des conciliabules, qui serait allé afficher avec le contre-seing ministériel un arrêt prohibant les associations, sur la porte des écoles, et cela en citant une loi de la restauration? Ce M. Barthe, ministre de l'instruction publique, n'est certainement pas parent de M. Barthe l'avocat libéral. Celui-là ne serait pas homme à maintenir le monopole universitaire, à interdire la liberté de l'enseignement, et à déclarer qu'en vertu de l'indépendance individuelle, réclamée de tout temps par le libéralisme et proclamée après les journées de juillet, on aurait le droit de donner à ses enfans l'éducation qui conviendrait le mieux aux ministres.

A *l'Intérieur*, l'on ferme les clubs avec les lois de la restauration, l'on confisque le Mont-Valérien par une ordonnance rétroactive. Or, vous savez que le libéralisme a écrit des bibliothèques contre la restauration et la rétroactivité. J'en suis donc fâché pour le libéralisme, mais il n'est pas à *l'Intérieur*.

J'avais presque espéré le trouver aux affaires étrangères, mais la mémoire pleine de tout ce qu'il avait dit et écrit sur la dignité nationale, sur la prééminence naturelle à la France, et sur l'indépendance qu'il fallait laisser aux employés, je ne pus le reconnaître dans un ministre qui disait à la Belgique : *L'Angleterre ne veut pas ;* et à ses bureaux : *Je veux*.

Il ne faut point parler des finances, car le libéralisme est grand partisan des économies, comme on sait; et du temps de la restauration il trouvait toutes les réductions faciles. On se souvient du cri de réprobation qu'il élevait chaque année contre le scandale du milliard. Ce ne sont donc point des libéraux qui aujourd'hui s'en vont partout disant qu'avec un budget si modique on est à la portion congrue, et que pour gouverner la France avec un milliard et demi il faut vraiment y mettre du sien. C'est sans doute un carliste ou un grand seigneur que ce M. Laffitte, qui déclare toute réduction impossible; et pour s'imaginer, en comptant sa caisse, que 33 millions ne sont rien pour la France (1),

(1) Séance du 13 janvier.

il faut bien que M. Thiers soit un congréganiste et presqu'un capucin.

Un ministre de la guerre libéral ne pourrait être que le dieu de la concorde; car je n'ai pas oublié tout ce que le libéralisme a dit, lors de l'expédition d'Alger, sur les horreurs de la guerre et sur les dépenses qu'elle entraîne. J'ai appris à cette occasion que dans un siècle aussi positif que le nôtre, *la vie d'un citoyen valait mieux que les plus belles phrases sur l'honneur de nos drapeaux;* et il y eut même un moment où l'on parla de mettre en accusation le général en chef pour n'avoir pas trouvé le moyen de livrer bataille sans morts ni blessés. Ce n'est donc point un ministre libéral qui serait venu exiger une armée de quatre cent mille hommes et aposter des orateurs officieux chargés de gourmander la parcimonie ministérielle (1), et de demander pour cent mille Français de plus l'honneur d'être sacrifiés en holocauste sur les autels de la révolution, orateurs d'autant plus désintéressés qu'ils savaient que cet honneur ils ne le partageraient pas.

Après avoir frappé inutilement à tous les mi-

(1) On se souvient du membre du centre qui vota contre le projet du maréchal Soult, parce que, selon lui, il ne demandait ni assez d'hommes ni assez d'argent.

nistères, si l'on pouvait espérer de trouver le libéralisme quelque part, c'était certainement dans les Chambres, et il y a là 221 noms à qui on a décerné une gloire commune et une immortalité collective.

Les noms sont encore là, il est vrai, mais la gloire et le libéralisme ont fait défaut.

Le libéralisme traitait la presse en alliée; la Chambre la frappe en ennemie.

Celui-ci avait répété cent fois que le cens électoral était un privilége de la fortune sur le mérite, celle-là se révolte toute entière quand on veut diminuer ce cens.

Le libéralisme ne pouvait se lasser de s'irriter en voyant que sur une nation de trente-trois millions d'individus, quatre-vingt mille électeurs seulement échappaient à l'ilotisme politique. La Chambre déclare atteint et convaincu d'exagération un ministère qui ne veut pas que l'on compte plus de trente-deux millions huit cent vingt mille ilotes en France.

Si le ministère n'est pas libéral, la Chambre l'est encore moins. Où donc, encore une fois, est le libéralisme?

Serait-ce dans les colléges électoraux? Mais chaque fois qu'on les a consultés, ils ont renvoyé à la Chambre quelque-uns de ces hommes qui ont peur de la presse, votent les confiscations par mesure d'économie, et mettent la banqueroute au nombre des ressources financières de l'état (1). Ce ne sont point là les doctrines que le libéralisme a prêchées pendant quinze ans, comme tout le monde s'en souvient; le libéralisme n'est donc point dans les colléges électoraux.

Quant aux journaux, il ne faut point y penser : les titres sont toujours les mêmes qu'aux temps où le libéralisme remplissait leurs colonnes; mais, hélas! leur titre seul leur est resté. Ces champions si zélés de l'indépendance de la presse ne peuvent plus la souffrir dès que leurs adversaires s'en servent. L'un nous mesure notre liberté, et nous apprend que nous pouvons faire de l'opposition, pourvu qu'on ne s'en aperçoive pas; l'autre nous avertit qu'en vertu de la loi qui autorise tout le monde à parler, on pourrait bien nous faire taire. Et il y en a un qui s'étonne de l'audace avec laquelle nous osons ne pas partager ses convictions ministérielles, et qui nous menace, d'une voix tremblante, de la fermeté que le pouvoir va avoir incessamment,

(1) On se souvient de la spoliation du fonds commun de l'indemnité.

s'il n'en est pas empêché par les circonstances.

Enfin, paraît *le Messager,* qui, oubliant que le patriotisme n'a pas d'effets rétroactifs, veut avoir fait de l'opposition contre le gouvernement de Charles X, dont il recevait des subsides, et qui est tout prêt de s'écrier, comme l'ancienne Académie ; « La liberté consiste à pouvoir choi-« sir, pour un panégyrique, entre toutes les « vertus du Roi! »

Si tous ces gens-là, ministres, députés, électeurs, journalistes sont libéraux, je n'ai plus qu'un mot à dire, c'est qu'on ferait un livre avec les variations du libéralisme, et que ce serait un beau livre, s'il était écrit par un Bossuet. On y verrait un parti changeant à tout moment de principes et de langage, oubliant le lendemain ses sermens de la veille, se précipitant sans hésiter dans les contradictions les plus énormes, mentant, non pas pour un an, pour un mois, une semaine, mais pour un jour, pour une heure, et presqu'aussi infidèle à ses mensonges qu'à la vérité. On reconnaîtrait, en mettant en présence les six mois qui ont précédé la révolution de 1830, et les six mois qui l'ont suivie, qu'il n'y a presque point de questions dans laquelle les libéraux n'aient soutenu les deux opinions contraires, et on serait tenté de croire qu'ils ont tenu à grand honneur d'écrire pour la postérité les lieux communs de la politique. Montesquieu fait remarquer quelque part (1) que *la jurisprudence varia davantage sous Justinien, qu'elle n'a fait pendant les trois cent dernières années de notre monarchie*, et il conclut de là que Procope avait raison de dire que ce prince vendait également ses jugemens et ses lois. Cela pourrait s'appliquer en quelque sorte au libéralisme; quand un parti est si prompt à changer d'avis et de conviction, c'est qu'il a des intérêts et pas de principes.

(1) *Grandeur et décadence.*

17 janvier 1831.

LE PROCÈS DE LOUIS XVI.

Il nous est triste d'avoir à revenir encore sur un déplorable sujet, et nous voudrions qu'on nous eût laissé rentrer dans ce silence que nous ne rompons, chaque année, que pour nous attrister avec la France des crimes qu'elle a vus et des maux qu'elle a soufferts à pareil anniversaire. La mémoire de Louis XVI n'a pas besoin de nos éloges et de nos apologies, et nous croyions qu'en faveur de ceux dont les souvenirs sont des remords, on ne viendrait point troubler les douleurs nationales, et que l'on ne renoncerait point volontairement au bienfait de l'oubli. Mais des voix menteuses se sont élevées, qui ont calomnié la France du passé, en disant qu'elle avait battu des mains devant l'arrêt qui lui octroyait à la fois le régicide et la terreur; des voix insolentes qui ont calomnié la France du présent, en osant soutenir qu'elle sympathisait avec le crime, et qu'elle mettait de l'empressement à venir apposer une approbation posthume au dessous de l'assassinat du 21 janvier. Une réparation est due à la nation, dont les sentimens ont été indignement méconnus; et quand le sanctuaire de la justice a retenti de ces paroles qui mettent la rougeur sur le front de ceux qui les entendent; quand un homme exerçant des fonctions judiciaires au nom d'une royauté, a eu le triste courage de descendre jusqu'au régicide pour y trouver un sujet de panégyrique, la conscience publique a besoin de protester contre le scandale de pareilles harangues; et puisqu'il s'est trouvé des voix pour calomnier la France, il faut qu'il s'en trouve qui la justifient. Nous imaginions, nous, qu'il n'y avait plus personne qui pût ambitionner pour son nom le voisinage du nom de Marat et de Robespierre, et nous ne nous attendions pas qu'en 1831 on ferait violence à l'histoire pour contresigner l'attentat de 93, et avoir part à un parricide. Mais puisque nos prévisions nous ont trompés, puisqu'on a remué ces tristes souvenirs, puisqu'il a été parlé de justice au sujet des hommes par qui toute justice a été violée, puisqu'il a fallu que la France vît la logique de Couthon remise en honneur, puisque les fleurs de rhétorique de Fouquet-Tinville trouvent encore des partisans, nous montrerons une fois pour toutes quelle est cette justice et cette équité dont on parle, et, au nom de la conscience publique outragée et de la France contrainte de subir ces blasphêmes, nous condamnerons ceux qui ont appelé la solidarité du 21 janvier sur leurs têtes, à subir l'histoire.

Pour apprécier à sa juste valeur le tribunal qui a jugé Louis XVI, il faudrait pouvoir se transporter au milieu de la Convention et se retracer toutes ces scènes de fureur qui accompagnèrent et suivirent le fatal procès. On verrait deux partis rivaux prodiguant l'invective, se menaçant du regard et du geste; les injures, les défis, le tumulte; les tribunes écoutant les votes ou plutôt les dictant aux juges. Au milieu des interpellations de Robespierre, des cris de mort de Legendre, il faudrait, pour concevoir une juste idée de la décence du tribunal et de l'impassibilité des juges, se représenter Marat apostrophant les girondins, les appelant *scélérats, brigands, fédéralistes,* et par un surcroît d'énergie révolutionnaire, couronnant son apostrophe en s'écriant : « F.... coquins « de l'ancien régime (1)! » Il faudrait se représenter un tumulte de deux heures, la sonnette du président brisée, les membres de la Montagne et de la Gironde près d'en venir aux mains, et le président Treilhard s'écriant avec indignation : « Il est temps que la république « apprenne s'il y a une Convention nationale, « car je ne vois ici qu'un comité anarchique! »

Voilà le caractère des juges qui ont trouvé des louanges. Voyons leur conduite.

« Le temps accordé à Louis XVI pour pré- « parer sa défense, dit M. Thiers, aujourd'hui « sous-secrétaire d'Etat, était à peine suffisant « pour compulser les matériaux du procès (2). » Une commission portait les pièces au Temple et les montrait à Louis XVI, qui les recevait avec beaucoup de sang-froid et les examinait *comme si ce procès en regardait un autre,* sui-

(1) *Moniteur* du 13 janvier 1793.

(2) *Histoire de la Révolution,* tome III.

vant un rapport de la commune. Dans ce moment, les discussions de la Convention étaient déjà commencées, et l'on agitait les questions préjudicielles dont dépendait le dénoûment de ce drame terrible. Chaque solution était une injustice.

Louis XVI avait été inviolable en vertu de la Constitution, tant qu'il avait été sur le trône.

On déclarait que l'on pouvait donner pour bases à l'accusation, des actes couverts de l'inviolabilité.

C'était la Convention qui avait détrôné Louis XVI, et elle se déclarait son juge.

C'était encore la Convention qui l'accusait.

Ainsi la Convention était juge, partie, accusateur. Le fonds du procès était inique, la forme arbitraire et oppressive.

« Je suis las, s'écriait Rabaud Saint-Etienne « à la vue de ces énormités, je suis las de ma « portion de despotisme ; je suis fatigué, har-« celé, bourrelé de la tyrannie que j'exerce pour « ma part, et je soupire après le moment où « vous aurez créé un tribunal qui me fasse per-« dre la contenance d'un tyran (1). »

Celui-là n'admirait point la justice de la Convention, et pourtant il y siégeait.

(1) *Moniteur.*

Au milieu de toutes ces réclamations, au milieu des récriminations de la Montagne et des hésitations de la Gironde, qui, de l'aveu de M. Thiers, aurait voulu sauver Louis XVI, et n'était injuste que parce qu'il y avait trop de péril à ne pas l'être, les questions fatales étaient posées.

Louis est-il coupable de conspiration contre la liberté, et d'attentat contre la sûreté de l'État? demandait le président.

Les juges se succédaient à la tribune, les votes s'accumulaient en silence, et une majorité inique présageait déjà la triste journée du 21 janvier. Les uns motivaient leur vote en rappelant la guerre que la Prusse et l'Autriche faisaient à la France, comme si Louis XVI pouvait de sa prison arrêter l'Europe; les autres, et c'était le plus grand nombre, disaient que Louis XVI était coupable par cela seul qu'au 10 août les Suisses avaient répondu par une décharge au canon des faubourgs insurgés (1); comme s'il était du devoir d'une autorité constituée de se laisser détruire, du devoir d'un homme de se laisser assassiner. Il y en avait qui le trouvaient coupable, par cela seul qu'il était roi (2), et qui répétaient qu'*un roi mort*,

(1) *Moniteur* du 15 janvier.

(2) *Idem.*

ce n'était pas un homme de moins. L'infatigable Robespierre était là pour rassurer les consciences timorées. « *Vous n'aviez pas le droit,* « disait-il, *de prononcer la déchéance de Louis* « *sans instruire son procès, et vous l'avez fait :* « *vous n'aviez pas le droit de le retenir en prison,* « *et vous l'avez fait.* » Et de ce qu'on avait deux fois violé les règles de la justice, il concluait qu'il fallait les violer encore ; il prenait deux crimes pour précédens, afin d'en demander un troisième.

Voilà l'*équité sévère* qui trouve aujourd'hui des admirateurs dans le sanctuaire des lois.

Sur la première question, Robespierre avait dit *oui ;* Danton avait dit *oui ;* Louis-Philippe (Égalité) monta à la tribune et dit *oui,* comme ses protecteurs, auxquels, suivant M. Thiers, *il était obligé de se rendre ainsi supportable* (1).

Mais il ne trouva pas même dans la Convention cette sympathie qu'on invoque aujourd'hui, et *le Moniteur* nous apprend que lorsqu'il prononça son vote *un mouvement d'improbation s'éleva dans l'assemblée* (2). Ainsi le régicide était condamné même par ses pairs.

(1) *Histoire de la Révolution*, tome III, page 415.
(2) *Moniteur*, séance du 15 janvier.

Le jugement de Louis XVI sera-t-il soumis à la ratification du peuple? telle fut la seconde question posée à l'assemblée, et c'était encore là une question de vie et de mort.

Nous ne redirons point les derniers accens d'éloquence de Vergniaud et les protestations des girondins, qui comprenaient qu'ils combattaient pour la dernière ressource de Louis XVI. La montagne était là, menaçante; et sentant bien qu'elle était en minorité, elle s'écriait avec Robespierre que *la vertu était en minorité sur la terre,* et elle épouvantait, avec les cris et les poignards des tribunes, une majorité qui allait consacrer ce qu'on ose nommer aujourd'hui *un acte de justice,* pour sauver sa tête, et qui se préparait à mériter les anathèmes de la postérité et le suffrage de M. Barrot, parce qu'elle avait peur.

Une grande partie des membres avaient refusé à Louis XVI le recours au peuple, en motivant leur vote sur la crainte de la guerre civile. Il y en avait qui, à l'exemple de Lackanal, avaient ajouté que *comme le traître Lafayette dirait* OUI, *il fallait dire* NON (1). Après tous ces motifs si raisonnables, si équitables donnés à l'ap-

(1) *Moniteur,* 15 janvier.

pui du *grand acte de justice* (1), pour la seconde fois Louis-Philippe monta à la tribune et dit :

Je ne m'occupe que de mon devoir, et je dis : NON (2).

Alors se leva, non pas un royaliste, un agent de Pitt et Cobourg, mais un révolutionnaire énergique, Manuel, en un mot, dont personne ne contestera l'autorité en pareille matière. « Je « ne vois point de juges ici, s'écria-t-il, car les « juges sont froids comme les lois, les juges ne « s'injurient pas, ne se calomnient pas. Jamais « la Convention n'a ressemblé à un tribunal. Si « elle l'eût été, certes, elle n'aurait pas vu le « plus proche parent du coupable ne pas avoir, « si non la conscience, du moins la pudeur de « se récuser (3). »

Voilà ce qui était dit, au sein de la Convention elle-même, de la justice et de l'équité de la Convention.

Quand la dernière des trois fatales questions fut posée, quand le président demanda :

Quelle peine sera appliquée à Louis XVI?

(1) Paroles de M. Barrot.

(2) *Moniteur.*

(3) *Moniteur*, séance du 15 janvier 1793.

le trouble augmenta au sein de l'assemblée et au dehors. « Aux théâtres, dit M Thiers (1), « des voix favorables à Louis XVI se faisaient « entendre : les tribunes avaient été envahies de « bonne heure par les jacobins, et leurs yeux « étaient fixés sur le bureau, où chaque membre « allait paraître pour prononcer son vote. » Au milieu de ces mesures préalables, destinées sans doute à assurer la liberté des votes, Lanjuinais s'élance à la tribune pour tenter un dernier effort : « Soyez au moins conséquens dans « vos illégalités, crie-t-il aux *montagnards;* vous « invoquez sans cesse le Code pénal, vous répé- « tez sans cesse: *Nous sommes un jury;* eh bien! « c'est aussi le Code pénal que j'invoque, c'est « la forme du jury que je demande. La récusa- « tion, la forme silencieuse du scrutin, la ma- « jorité des trois-quarts, voilà les droits de l'ac- « cusé, voilà ce que veulent l'humanité et la jus- « tice. » Et comme on répondait à ces réclamations par des murmures, des menaces et des cris de mort : « Ce n'est point dans une Con- « vention libre que nous délibérons, s'écria-t- « il, c'est sous le poignard et le canon des as- « sassins! »

(1) *Histoire de la Révolution*, page 411.

Celui-là encore voyait de près la justice de la Convention, et ne l'admirait point.

Cependant, il était sept heures, l'appel nominal commençait pour durer toute la nuit. « A mesure que chaque député montait à la « tribune, dit M. Thiers (1), on se taisait pour « l'entendre ; mais après son vote, des murmu- « res universels s'élevaient si ce vote n'était pas « la mort. Souvent les tribunes adressaient à « l'assemblée des gestes menaçans. Les députés « y répondaient de l'intérieur de la salle et il en « résultait un échange tumultueux de menaces « et de paroles injurieuses. Cette scène sombre « et terrible avait ébranlé toutes les âmes et « changé bien des résolutions. Le Cointre, de « Versailles, dont le courage n'était pas dou- « teux, et qui n'avait pas cessé de gesticuler « contre les tribunes, arrive au bureau et laisse « tomber le mot inattendu et terrible : *la mort*. « Vergniaud, qui avait déclaré à ses amis que « jamais il ne pourrait condamner Louis XVI, « Vergniaud, à l'aspect de cette scène tumul- « tueuse, croit voir la guerre civile prête à écla- « ter, et prononce un arrêt de mort. »

Robespierre, Danton, Marat avaient voté.

(1) *Histoire de la Révolution*, tome III.

Louis-Philippe d'Orléans *effrayé*, dit un auteur, par les menaces de *ses prétendus amis du côté gauche* (1), monte une troisième fois à la tribune, et prononce cette phrase, qui est condamnée à l'immortalité :

« Uniquement occupé de mon devoir, et « convaincu que tous ceux qui ont attenté ou at- « tenteront par la suite à la souveraineté du peu- « ple méritent la mort, je vote la *mort.* »

Pour la troisième fois des murmures accueillirent le suffrage de Louis-Philippe, et il y eut un député qui, quelques minutes après, exprima ainsi son vote : « Puisque Philippe dit « *oui,* je dis *non.* »

Celui-là ne pensait pas que ce fût un titre à la confiance que le régicide.

Cependant, on avait dépouillé le scrutin, et la majorité s'était déclarée encore une fois contre Louis XVI ; majorité mensongère, qui se composait des hommes du centre, qui commençaient à trouver Louis XVI coupable en regardant les tribunes; des girondins qui, prêts à voter l'absolution, s'arrêtaient et votaient la mort de celui qu'ils trouvaient innocent, et dont ils sacrifiaient la vie au salut de la patrie, sui-

(1) *Biographie universelle*, article *Orléans.*

vant M. Thiers, comme si la patrie se sauvait avec des crimes ; et enfin des *montagnards* qui voulaient, au commencement du procès, qu'on mît à mort Louis XVI sans l'entendre, parce que, suivant la phrase de Remi, *la manière la plus courte de juger un tyran est la meilleure.*

Ainsi, la justice du 21 janvier se composait de lâcheté, de prétendues considérations politiques et de fanatisme révolutionnaire.

Arrivés aux termes de notre tâche, il nous serait permis d'invoquer les souvenirs des contemporains sur l'effet que produisit l'assassinat de Louis XVI à Paris, en France, en Europe. Nous pourrions dire que la terreur, tous les maux, tous les crimes vinrent à la suite. Nous pourrions rappeler que si toutes les communes n'imitèrent pas la généreuse protestation de la commune de Coulomiers (1), il se fit dans toutes nos villes un silence de stupeur et de consternation ; que tous les royaumes s'indignèrent à la fois ; que le prince de Galles déchira le portrait de Louis-Philippe, dont il avait été l'ami (2) ; que la Russie fit signer à tous les Français résidant sur son territoire un éclatant

(1) *Moniteur.*

(2) *Biographie des Contemporains.*

désaveu de l'arrêt du 21 janvier. M. Thiers dira le reste. « Dans Paris régnait une stupeur pro-« fonde ; l'audace du nouveau gouvernement « avait produit l'effet ordinaire que la force « produit sur les masses ; elle avait paralysé et « réduit au silence. Le conseil exécutif était « chargé de la douloureuse mission de faire « exécuter la sentence. Tous les ministres étaient « réunis dans la salle de leur séance, et comme « frappés de consternation. Le tambour battait « dans la capitale ; tous ceux qu'aucune obliga-« tion n'appelait à figurer dans cette terrible « journée, se cachaient chez eux. Les portes et « les fenêtres étaient fermées, et chacun attendait « chez soi le triste évènement. A huit heures, le « roi partit du Temple. Des officiers de gen-« darmerie étaient placés sur le devant de la « voiture. Ils étaient confondus de la piété et « de la résignation de la victime. Une multitude « armée formait la haie. La voiture s'avançait « lentement au milieu du silence universel. On « avait laissé un espace vide autour de l'écha-« faud. Des canons environnaient cet espace, « et la vile populace, toujours prête à outrager « le génie, la vertu et le malheur, se pressait « derrière les rangs des fédérés, et donnait seule « quelques signes extérieurs de satisfaction. »

Telle était, suivant M. Thiers, la sympathie qu'en 93 le régicide trouvait en France.

Que ceux là donc qui ont invoqué l'histoire, y voient leur condamnation et la justification de la nation qu'ils ont calomniée; qu'ils se souviennent que la Convention n'était point la France, et que si Paris n'empêcha point le crime, il le pleura et le pleure encore. Qu'ils ne viennent point mettre en cause avec eux trente-deux millions de Français qui peuvent condamner le régicide, *sans donner une sanction pénale à la mémoire de leurs pères* (1). Et si de nos jours ils n'ont pas vu une réprobation assez éclatante du parricide de la Convention dans ce cri universel de la France qui, à la nouvelle de la révolution de juillet, s'est levée pour protester contre la république, à cause de ses affreux souvenirs, qu'ils osent être conséquens jusqu'au bout avec eux-mêmes, et qu'ils remplacent les expiations abolies de janvier, par l'anniversaire du 6 novembre.

On verra alors si le régicide est populaire en France!

(1) Expressions de M. Barrot.

24 janvier 1831.

PAUL-LOUIS COURIER EN 1831.

Alerte, doctrinaires! quasi-légitimistes, quasi-royalistes, ministres et ministériels, préfets et sous-préfets, procureurs et avocats du roi, courtisans du nouveau régime, alerte! voici Paul-Louis Courier. Une main audacieuse le tire de sa tombe avec un cortége de pamphlets et d'épigrammes dont il a disposé en faveur de la sottise et de l'arbitraire, quels que fussent leur couleur et leur symbole ; la succession de Paul-Louis est riche sur ce point, mais nombreux sont les ayant-droit ! Ah ! Paul-Louis, vous étiez un homme de sens, faisant des satires par prévision et des épigrammes par prophétie, quand vous disiez aux gens du libéralisme : *Je vous renoncerai quand vous serez forts, c'est-à-dire insolens* (1). Ami Paul, l'heure de la renonciation est venue, et vous, qui vous vantiez d'avoir toujours été du parti des opprimés, vous êtes des nôtres à présent !

Des procureurs du roi vous n'aviez pas grand amour, si je me le rappelle, et vous vous plaigniez des temps où l'on est libre *comme on l'est la veille d'aller en prison*. Heureux vous êtes de n'être plus ici-bas pour répondre de vos faits et gestes, car vos épigrammes sont tellement à la taille de nos gouverneurs et maîtres, qu'eussent-elles été faites pour eux, elles ne leur iraient pas si bien, et vous auriez affaire à des hommes qui, dès qu'on parle de pusillanimité ou d'impéritie, tournent la tête et demandent : Que me veut-on ? Qu'il ferait bon vous entendre sur l'indépendance dont jouit la presse entre deux réquisitoires, et sur la liberté que la Charte

(1) Lettres particulières.

prend pour texte, et que Sainte-Pélagie commente sur ses écrous. Allez, tout bien considéré, « le parti le plus sûr, c'est encore de « respecter fort les procureurs du roi, leurs « substituts et leurs clercs; de les éviter, de fuir « toute rencontre avec eux, tout démêlé; de leur « céder non seulement le haut du pavé, mais « tout le pavé, s'il se peut (1). »

Que dirait le défenseur de l'indépendance individuelle, lui qui voulait qu'on pût même danser sans bref et sans monitoire, s'il voyait instrumenter contre les crucifix, s'il lisait des réquisitoires contre les processions? La liberté de la prière vaudrait bien à ses yeux la liberté de la danse, ce nous semble, et Paul-Louis n'eût pas eu l'injustice d'oublier dans ses épigrammes cet honnête général qui fait des ordres du jour contre les missionnaires, et des proclamations militaires contre la barbe des capucins (2).

Que dirait l'ennemi des sollicitations et des solliciteurs et solliciteuses, s'il lisait les anecdotes de 1831 sur les réceptions ministérielles, sur les mœurs administratives, sur les services demandés et refusés, lui qui avait trouvé un si

(1) Lettres particulières.

(2) Le général Delort.

terrible synonyme à ce qu'on appelle en France *la galanterie?*

Que dirait celui qui persiffla avec tant de verve les hommes qui *aimaient Buonaparte et la liberté indivis*, s'il voyait le personnel de la révolution de juillet, qui a pris à son service toute la réforme de l'empire?

Que dirait celui qui réclamait en faveur de notre dignité nationale, qui voulait de la franchise dans le gouvernement, du patriotisme en actions et non en périodes, s'il entendait nos députés, nos hommes d'Etat et nos ministres?

« Les ministres, dès qu'on sait ce qu'ils veu-
« lent faire, aussitôt ne le veulent plus faire. Po-
« litique connue, politique perdue; affaires
« d'Etat, secrets d'Etat, secrétaires d'Etat!.....
« Le secret, en un mot, est l'âme de la politique,
« et la publicité n'est bonne que pour le public. »

Au nom du ciel, ne lisez pas cela à M. Sébastiani!

« Laffitte a raison de se conduire comme il
« le fait, parce qu'il a besoin, lui, de l'estime
« et de la confiance publiques, étant homme de
« négoce. Mais le point pour un ministre est de
« rester ministre. »

Pas un mot de plus : les éloges peuvent devenir des anachronismes.

« La presse étant libre, il n'y a point de « conspiration. On le sait bien. Mais sans cons- « piration comment sauver le trône, l'Etat, la « monarchie? Comme le scandale est néces- « saire pour la plus grande gloire de Dieu, « aussi sont les conspirations pour le maintien « de la haute police. Les faire naître, les étouf- « fer, charger la mine, l'éventer, c'est le grand « art du ministère, c'est le fort et le faible de « la science des hommes d'Etat, c'est la poli- « tique transcendante. »

M. Persil, je vous dénonce Paul-Louis Courier; messieurs de la police, c'est à vous qu'on en a. Cet homme-là, voyez-vous, eût été bien capable de ne pas croire à la conspiration des carlistes en octobre pour tuer les anciens ministres de Charles X, à la conspiration de décembre, à la conspiration de janvier, à la conspiration des carrières (toujours par les carlistes, qui allaient sans doute chercher là de quoi lapider la révolution de juillet), à la conspiration du Champ-de-Mars, où l'on vit douze mille conspirateurs faire semblant, pendant huit jours, de piocher, brouetter, terrasser pour faire pièce au gouvernement, et pousser l'hypocrisie jusqu'à faire semblant d'avoir faim; je ne parle point de la conspiration des œufs, dont le ministère est encore tout étourdi, et qui a fait changer de couleur M. Barthe lui-même ; en tout, dix conspirations, grandes ou petites, dans l'espace de cinq mois, ce qui aurait paru un compte un peu enflé à Paul-Louis, eût-il vu en la Chambre des députés le jeune ministre botté, éperonné, ayant apporté avec lui son courage, en costume de héros, en équipage de conquérant.

Courier a voulu nous avertir lui-même que la révolution de 89 le laissa froid, et qu'il fut aristocrate sous Robespierre. Que ne serait-il pas en 1831 ? Il verrait le barreau escaladant la politique, Me Dupin devenu homme de cour, Me Barthe s'étudiant à porter l'épée, et Me Mérilhou disant « mon ministère, mes administrés, mon équipage et mon chasseur. » Il verrait que sous le règne des financiers, la France n'est plus menacée de la diminution du budget ; et comme il disait lui-même que les impôts croissent en raison composée de l'avidité des fonctionnaires et de la patience des peuples, il trouverait que dans leurs genres respectifs, peuple et fonctionnaires ont fait des progrès.

O grand pamphlétaire ! pamphlétaire par excellence ! revenez parmi nous, et n'ayez souci du reste, ministres et ministériels, sottise titrée et dotée, pâture des pamphlets ne manque point, je vous jure, et vous aurez à placer vos épigrammes, ne serait-ce que chez messire Dupin, qui tranche du Gracque, sauve sa patrie, malgré l'*alibi*, et fait des harangues en calembourgs et de la politique en apologue. Ne serait-ce que chez le baron Dupin, le second des Gracques, qui fait des philippiques par addition et multiplication, et donne la preuve, en forme de péroraison. Ne serait-ce que chez le baron Méchin, qui quitte sa préfecture pour venir rendre hommage au zèle, à la vigilance et à l'assiduité des préfets.

M. Carrel, quelle idée vous a pris d'aller remettre Paul-Louis en lumière, et de publier à 50,000 exemplaires ses pamphlets, où il n'est question que de moqueries contre les petits hommes et les petites choses? Ne voyez-vous pas qu'on va avoir raison de vous croire l'ennemi du gouvernement? Quoi! pour avoir voulu insinuer qu'il n'était pas tout à fait inutile de poser des prémisses justes, quand les destinées de la France peuvent dépendre de la conclusion, vous vous êtes entendu appeler *carliste* et vous ne vous tenez pas pour battu! Vous avez de la convenance dans la polémique, de la conviction dans vos doctrines, cela sent terriblement le royalisme, messieurs du *National;* que diable aussi allez-vous vous mêler d'être libéraux, vous gâtez le métier. *Carlistes* aujourd'hui, demain *pamphletaires*, après-demain *tisons d'enfer,* comme il est dit dans *les Provinciales;* un pas de plus, et vous êtes des *politiques;* les ligueurs appelèrent ainsi la France, quand elle tendit les bras à Henri. Cela tire à conséquence, prenez garde à vous.

Quant à ce Paul-Louis, dont vous admirez tant les ouvrages, m'est avis que c'était un mécréant qui, au besoin, ne se fût pas gêné pour rire en entendant, dans la même séance, M. de Schonen déclarer que le fils de Buonaparte pouvait sans danger aucun pour le roi Philippe, venir à Paris rendre visite à la colonne, et M. Sébastiani annoncer que le salut de l'État était compromis si le fils du fils de la femme de Buonaparte était à Bruxelles. Cela pourrait bien passer, aux yeux d'un carliste, pour constituer une contradiction. Je ne voudrais pas parier non plus que Paul-Louis n'eût pas trouvé fort gai l'enthousiasme dudit M. de Schonen, partisan à la fois des institutions républicaines et des *livres d'or* à l'usage de la noblesse, dont il s'honore d'être un illustre membre, lorsque cet éloquent député s'écria que rien (pas même la visite du duc de Reichstadt) ne l'empêcherait d'aller, dans l'après dîner sans doute, faire sa promenade du soir au Palais-Royal, crier *vive Philippe!* et jeter son chapeau en l'air au besoin.

De la nature qu'on le connaît, ami du malheur et compatissant à l'exilé et au proscrit, Paul-Louis n'eût pas non plus tenu compte à M. de Bricqueville de tout le courage qu'il a déployé contre les infortunes d'un enfant, et peut-être se fût-il trouvé incapable de sentir le prix de cette éloquence qui diffame l'innocence et calomnie le malheur. Le maudit homme (je parle de Courier, comme on l'entend) avait une singulière manière de voir les choses; il avait respect et estime pour les grands, en raison inverse de leur prospérité; et admirateur sincère des vers où il est question des sénateurs qui

Réservent aux proscrits leur vénale insolence,

il eût sans doute donné à Holy-Rood la sympathie qu'il refusait aux Tuileries. De Henri Dieudonné il est question dans ses ouvrages, avec force épigrammes, comme il savait les faire, contre les nourrices, la cour, les courtisans, les berceuses, les flatteries et les bonbons; souhaitant au jeune enfant l'adversité pour école et le peuple pour courtisan. La première partie du souhait est convenablement exaucée, comme on sait. Du reste, ne se refusant pas la satisfaction de tirer son horoscope et finissant un parallèle entre lui et Maurice de Saxe, qui fut propriétaire de Chambord, en répondant à ceux qui pensent que le duc de Bordeaux « commençant sa vie où Maurice a fini la sienne, « finira par où Maurice a commencé, par nous « débarrasser des puissances étrangères; » *je le souhaite et l'espère du sang de ce Henri qui chassa l'Espagne de la France* (1).

Je m'arrêterai avec ce dire de Paul-Louis sur Henri de Bourbon, descendant direct de Henri IV et de Louis XIV, au su et vu de toute une ville, mis en état de suspicion par M. de Bricqueville, fils de M. de Bricqueville, au su de deux témoins, suivant l'usage commun. Je ne veux point exposer le pauvre Paul-Louis à l'ire du respectable député, non plus qu'à ses harangues, toutes choses fort redoutables pour un homme craignant Dieu et s'aimant soi-même, comme c'était le fait de Paul-Louis. Je ne veux

(1) *Simple discours* de Paul-Louis, premier volume, page 156.

pas non plus brouiller de nouveau l'auteur du pamphlet des pamphlets avec la justice : maintenant que le pouvoir a des hommages posthumes pour ses amis, il pourrait penser à des châtimens posthumes contre ceux qu'il n'aime pas ou qu'il craint. Le Panthéon peut avoir une contre-partie : qui sait si M. Persil, dont le zèle est si ardent et le génie si inventif, n'ira pas écrouer à Sainte-Pélagie.... la mémoire de Paul-Louis Courier carliste, pamphletaire et vigneron?

31 janvier 1831.

SIMPLES QUESTIONS.

Je suis de ma nature d'une crédulité qui passe toutes les bornes, toujours disposé à croire que lorsque l'on parle on veut dire ce que l'on dit; je suis homme à écouter imperturbablement un sermon de l'ex-évêque d'Autun sur la fidélité aux sermens; et dernièrement, à la Chambre, je me suis surpris tout près d'être ému au seul mot d'*honneur national*, quoiqu'il sortît par hasard de la bouche de M. Sébastiani. J'ai beau voir des gens qui montrent ma naïveté au doigt. et s'en donnent à cœur joie de mon innocence politique, je ne puis acquérir cette hauteur d'esprit qui regarde les convictions et les principes comme des espèces de lieux communs où l'on va puiser selon les temps, et je n'ai point, je l'avoue à ma honte, assez de grandeur d'âme pour imiter ces anciens chefs du libéralisme, qui, après s'être servi de leurs principes pour gagner le haut côté du pavé de la fortune, donnent généreusement les invalides à leurs opinions fatiguées d'une longue campagne, et mettent leurs consciences au rebut.

Cependant, quoique peu difficile à satisfaire, je suis témoin, par le temps qui court, de choses si incroyables, que j'ai besoin de m'expliquer à huis clos avec la révolution de juillet. Je déclare que tout ce qui va être dit est entre elle et moi, le public n'y est pour rien, comme on l'entend, et je compte assez sur sa discrétion pour croire qu'il n'imitera pas ce jeune ministre qui, poursuivant la révolution de secrétaire en secrétaire, cherchant jusque dans les testamens des conspirations et des émeutes, léguées sans doute sous bénéfice d'inventaire, a bien prouvé qu'il ne voulait pas qu'il y eût de secret entre la France et lui.

Si j'avais donc l'honneur de rencontrer la révolution de juillet, ce qui peut arriver, car je vais quelquefois à la geôle, je la supplierais de me donner des explications sur tout ce que je vois et sur tout ce que j'entends. Mais je lui demanderais pré lablement si elle est bien sûre de vivre ; car M. Casimir Périer, homme grave et sérieux, comme chacun sait, parlant à la révolution elle-même, dans la personne des députés qui ont détrôné trois générations de rois, lui a déclaré fort poliment qu'elle n'existait pas.

En cas que la révolution connût assez peu le respect dû à l'omnipotence ministérielle pour vouloir s'obstiner à vivre, je l'engagerais à me donner les momens que le parquet lui laisse, pour me tirer du doute et des incertitudes où je suis, pour m'expliquer mille contradictions, pour éclaircir à mes yeux mille difficultés ; car j'avouerai franchement que n'ayant jamais eu qu'un très-médiocre talent pour trouver le mot des énigmes, je suis capable d'étudier vingt ans le logogriphe politique qui dure depuis huit mois sans en être plus avancé, dussé-je avoir comme Œdipe, à côté de moi, ce sphinx à la gueule béante, qui était sans doute quelque procureur du roi de l'antiquité.

Je voudrais savoir de la révolution si elle est pour quelque chose dans tout ce qui se passe depuis sa naissance, et je lui demanderais si par hasard elle a entendu parler de la liberté dont il était fort question, ce me semble, avant et pendant les journées de juillet. Est-il vrai, comme on le dit, que depuis ce temps-là elle se repose de ses fatigues, et qu'elle a pris ou reçu sa retraite d'un pouvoir qui paraît très-disposé à ne pas troubler son repos?

Il faudrait qu'on me dît cela d'une manière franche et nette, parce qu'ainsi on éclaircirait bien des choses. Au nom du ciel, que voulez-vous que l'on croie, lui dirais-je, quand M. Villemain et ses *honorables* amis, après avoir fait quelques changemens indispensables à leurs convictions et à leurs livrées, se mettent en campagne électorale au nom de la liberté? La cocarde est large, il y a du bleu et du rouge de quoi mettre en couleur tout un canton; mais l'humble filet blanc qui se voit à côté brille comme un souvenir accusateur, et les révolutions, qui sont rancunières, doivent se souvenir de l'*alibi* de juillet. Quand de tels candidats demandent à la liberté son suffrage, n'est-ce pas un testament qu'ils demandent? or il y a des personnes qui ont horreur de faire leur testament. Je ne dis point ceci pour vous en dégoûter, révolution de juillet; si vous en êtes là, vous avez tort de repousser l'ancien panégyriste de la sainte alliance, c'est l'homme qu'il faut pour une oraison funèbre, l'homme de la période; il vous jettera des fleurs mieux qu'un autre : il en a déjà tant jeté!

A cela, la révolution pourrait me répondre que de M. Villemain et de ses amis elle n'a point voulu, ce dont je la loue fort; car dans ma simplicité j'ai, comme elle, fort peu d'inclinations pour ces opinions nomades, qui changent de camp avec la fortune, toujours prêtes à venir au secours de la victoire, et dont le dévouement posthume se présente dès que le danger a disparu.

Mais puisque la révolution peut encore quelque chose depuis qu'elle est maîtresse, je lui demanderais si elle veut tout ce qu'elle fait? J'aurais voulu la voir hier, à côté de moi, pendant que les gens du roi formulaient leurs réquisitoires contre un honorable accusé, et j'étais au moment d'aller demander si l'on ne l'avait pas aperçue, par hasard, sur quelque coin du banc d'accusation, où le pouvoir a jeté les vainqueurs de juillet, seule place sans doute qui restât vide en présence de la coalition ministérielle qui a envahi toutes les autres.

Si j'avais eu la révolution à côté de moi, à cette mémorable audience, je lui aurais demandé quelques explications sur le réquisitoire du ministère public, qui parle en son nom. Je l'aurais priée de vouloir bien m'expliquer quel sens il pouvait attacher à ses paroles, en disant que le pouvoir, plein de générosité, n'aurait point sévi contre ceux qui ne partagent point les opinions, pour le moment, dominantes, s'ils avaient eu le bon esprit de se retirer dans la vie privée et de renoncer à la politique. Je n'ai pas entendu dire, que même à Constantinople, la justice du sérail se soit jamais vantée de ce qu'elle était incapable de faire étrangler pour un mauvais propos..... les muets.

J'aurais aussi demandé à la révolution si elle pensait en conscience que dans un moment où toutes les passions politiques sont en effervescence, lorsqu'on soumet à un jury tiré du sein des classes où ces passions fermentent, l'appréciation du motif politique qui a dicté les paroles d'un écrivain, on ne s'expose pas à obtenir plutôt le manifeste d'une opinion contre une opinion contraire, qu'une sentence juridique contre un délit. Je lui aurais fait observer que lorsqu'il s'agit d'opinions, ce qui constitue un crime aux yeux d'une personne est innocent aux yeux d'une autre, que celui qui est condamné à Paris serait absous à Aix ou dans la Vendée, et que c'est une singulière justice, suivant les belles paroles de Pascal, qu'on n'accusera pas d'être jésuite, au moins je l'espère, que celle qui est bornée par une montagne, par un fleuve, vérité dans un département, erreur dans un autre, qui change à mesure que l'on marche, qui varie suivant les temps, les lieux et les hommes ; enfin j'aurais peut-être ajouté qu'un tribunal doit être bien modéré dans l'application de la peine, quand on peut dire qu'en tirant au sort le nom de ses jurés, l'accusé politique joue à cette loterie juridique son innocence et sa liberté.

Par malheur la révolution, occupée pour son compte avec le pouvoir nouveau qui, par l'organe du ministère public, lui demandait la tête de quelques-uns de ses enfants, n'a pu entendre tout cela, et l'on s'en est aperçu à l'arrêt de la Cour, qui a porté le total de nos amendes à 14,000 francs, et qui a prolongé de six mois une bien longue captivité. Décidément sous le régime de la liberté et de l'économie, tous les budgets sont en progression, celui des geôles comme les autres : le bon exemple a mis tout le monde en goût, soit dit sans offenser la révolution de juillet.

S'il m'avait été donné de lui soumettre toutes les questions que je ne puis résoudre avec mes propres lumières, longue aurait été la teneur de l'interrogatoire; et M. Persil lui-même en serait jaloux. Elle me dirait peut-être pourquoi la Chambre, qui pousse jusqu'à la violence l'amour de la paix, se réjouissait hier si belliqueusement des succès des Polonais contre la Russie, cette alliée dont on faisait tant valoir la reconnaissance, et au nom de laquelle M. Sébastiani annonçant la continuation des relations amicales avec la France, excitait, il y a peu de jours, l'enthousiasme des centres et les applaudissemens sympathiques de l'assemblée.

Elle m'expliquerait par quelle singulière progression un ministère sorti tout entier des 221, est arrivé à proposer aux 221 un amendement qui, suivant les paroles de M. de Tracy, importe dans la loi électorale le principe de la taille et de la corvée.

Mais je m'arrête; je ne veux point qu'on m'accuse d'ajouter aux disgraces de la révolution de juillet. Lui demander de la conséquence dans les principes et dans les actes, l'inviter à justifier ses promesses, l'interroger sur ses projets, sur ses plans, c'est vraiment renouveler pour elle le supplice de la question. Son exemple doit ajouter une nouvelle page aux enseignemens que nous a légués l'histoire sur les résultats de ces innovations violentes par lesquelles on échange un bien certain contre les incertitudes d'un nouveau système.

En vérité, l'on serait tenté de comparer les peuples qui laissent de côté les institutions et les principes anciens qui leur ont donné prospérité et bonheur pour courir après des utopies politiques qui n'ont que l'éclat de la nouveauté, à ce personnage bien connu des *Mille et une Nuits* qui, échangeant la vieille lampe qui lui a donné tant de richesses et de puissance, contre une lampe plus neuve, perd tout en croyant tout gagner.

La France a trouvé trop vieille la lampe merveilleuse; elle a la lampe neuve maintenant: c'est la Révolution de juillet.

11 avril 1831.

M. DE CHATEAUBRIAND.

ÉTUDES HISTORIQUES.

PEU de jours sont écoulés depuis que M. de Chateaubriand a fait au monde politique ces éloquens adieux dont le retentissement dure encore, et voilà qu'il jette au monde littéraire son dernier ouvrage, comme pressé d'en finir avec la Renommée.

Nous sommes dans un temps où les passions élèvent et renversent en un jour les statues, et où les préoccupations de l'esprit de parti se chargent de mesurer les réputations. Mais lorsqu'on voit l'auteur du *Génie du Christianisme* rejetant loin de lui l'assurance de ces médiocrités vaniteuses qui s'enveloppent dans l'inviolabilité de leur mérite et de leur vertu, venir à la fin de sa carrière demander avec la modestie du génie, que « s'il n'a pas été toujours semblable à lui-même dans les détails de sa vie, « on le pardonne à la fragilité humaine, » il semble qu'en présence de ces nobles paroles, la critique et la satyre doivent rester muettes; quand la gloire s'est fait sa part de blâme, qui oserait mesurer de nouveau?

Pour nous, pleins d'une juste sympathie envers l'homme illustre qui, suivant ses propres expressions, « a voulu finir comme il a commencé, avec la restauration dans sa carrière politique, dans sa carrière littéraire avec le christianisme, » ce nous a été une notable consolation, au milieu des petits hommes qui travaillent à mettre à leur taille notre noble et grande patrie, que de voir cette haute renommée venir au nom de la religion et de l'ancienne monarchie, jeter encore un rayon éclatant à travers les ombres dont le régime actuel nous couvre, et apportant à la France, humiliée dans le présent, le récit de ses illustrations passées, protester par un chef-d'œuvre contre ceux qui s'emparant du droit de faire nos destinées, semblent ne vouloir pas y laisser de place pour la gloire.

A une époque où la civilisation faisant un effort sur elle-même, tire de ses propres entrailles la barbarie pour faire la guerre aux anciens symboles de la France, et pour dévaster les sanctuaires de la foi, il était digne de l'auteur du *Génie du Christianisme* de relever le gant que la révolution lui avait jeté. Le récit historique des bienfaits et des grandeurs de la religion du Christ a de l'à-propos, quand, au nom de la liberté, on renverse partout cette croix par laquelle la liberté est entrée dans le monde. Ces fleurs de lis qu'on insulte, qu'on brise et auxquelles on dénie leur place dans nos monumens, n'est-ce point à M. de Chateaubriand qu'il appartenait de les relever et de les montrer seules debout, avec l'étendard de France et le roi Jean sur le champ de bataille de Crécy?

Telle a été, nous l'avouerons, l'impression sous l'empire de laquelle nous avons jugé ces derniers accens d'une voix qui nous fut connue. Lorsqu'à côté de tant de renversemens, de catastrophes, de sacriléges et des ruines qui nous entourent, nous suivions, quelques semaines après les profanations religieuses et politiques de février, le cours de cette histoire, qui, reportant la société à son origine, devrait la faire rentrer en elle-même, il nous a semblé voir le génie au pied de la foi et de l'honneur national, faisant amende honorable pour la France.

Les *Etudes historiques* de M. de Chateaubriand ont une physionomie remarquable qu'il importe de signaler. Les premières années de sa vie se sont reflétées dans son dernier ouvrage. Ses habitudes voyageuses ont imprimé à son talent une couleur qui lui est particulière. Au lieu de ces annales mortes, de ces relations inanimées qui ne semblent être que le procès-verbal de l'existence des empires, l'épitaphe des nations, on dirait voir ressusciter sous cette plume créatrice les siècles détruits avec leurs mœurs, leurs physionomies, leurs vertus et leurs vices. On est tenté à chaque instant de croire, à la vivacité de ses récits, au mouvement de son style, à l'originalité de ses idées, qu'il a vu et qu'il raconte au lieu de penser qu'il n'a pu que lire; c'est l'hôte de l'Amérique, le visiteur de l'Europe chrétienne, le pèlerin de Jérusalem qu'on retrouve, seulement c'est à travers le passé qu'il voyage.

Ce long itinéraire remonte tout le cours des âges jusqu'à l'origine la plus reculée des sociétés modernes. Prenant le genre humain à l'époque où le grand empire de Rome croulait de toutes parts, on pourrait dire qu'il complète le bel ouvrage de *Montesquieu,* sur la décadence du peuple romain, en montrant le christianisme veillant sur le berceau d'un nouveau monde à côté de la tombe de l'ancien. Le monde païen ou le monde antique, le monde chrétien, le monde barbare, espèce de trinité sociale dont s'est formée la société unique qui couvre aujourd'hui la terre civilisée, voilà, suivant l'expression de l'auteur, la première partie de ce grand tableau, qui s'étendant à travers le moyen âge, recule son horizon jusqu'aux limites de l'histoire moderne, et part de la croix du Christ pour ne s'arrêter que devant l'échafaud de Louis XVI.

Dans l'impossibilité matérielle de tracer avec quelques détails le plan et les beautés principales d'un ouvrage qui embrasse cette étendue immense de temps, de lieux et d'idées, je tâcherai d'en donner une connaissance superficielle, en retraçant quelques tableaux, correspondant aux trois élémens que l'historien fait entrer dans la composition de la société moderne, le christianisme, la barbarie, le paganisme; et enfin, à la combinaison qui résulta, en définitive, de leur action réciproque, je veux parler de la société moderne elle-même.

J'exposerai d'abord en quelques mots le système de l'auteur, en lui empruntant ses propres paroles :

« Les principes générateurs des faits sont la « vérité religieuse, la vérité philosophique, la « vérité politique. La vérité politique n'est que « l'ordre et la liberté, quelles que soient les for- « mes. La vérité philosophique est l'indépen- « dance de l'esprit de l'homme ; elle a combattu « autrefois la vérité politique, et surtout la vé- « rité religieuse ; principe de destruction dans « l'ancienne société, elle est le principe de du- « rée dans la société nouvelle, parce qu'elle se « trouve d'accord avec la vérité politique et « avec la vérité religieuse. La vérité religieuse « est la connaissance d'un Dieu unique mani- « festé par un culte. Le vrai culte est celui qui « explique le mieux la nature de la divinité et « de l'homme ; par cette seule raison, le chris- « tianisme est la seule religion véritable. »

C'est de la combinaison de ces trois prémisses génératrices que M. de Chateaubriand fait résulter dans chaque époque cette conclusion vivante qu'on nomme l'*histoire*, groupant tous les ordres de faits autour de ces trois vérités, sœurs et maîtresses, qui, avec des influences et des fortunes différentes, ont descendu tout le cours des âges; sans cesse divisées par les préjugés de leurs sectateurs, qui, s'irritant mutuellement contre les passions humaines dont on les avait défigurées, ne savaient point démêler les rapports nécessaires qui lient par des chaînes indestructibles les trois principes fondamentaux du genre humain.

C'est à la vérité religieuse qu'il fut donné, à l'origine du monde chrétien, de marcher devant les deux autres, et l'on peut dire qu'elle porta laborieusement la société moderne dans ses entrailles. Dans cette longue suite de siècles, pendant lesquels la vérité religieuse fut aux prises avec le monde païen, il y a une époque plus remarquable que toutes les autres, parce qu'elle est décisive; c'est celle où Julien, se mettant à la tête du passé, fit ferme contre l'avenir qui le refoulait hors des limites du monde.

« Julien, dit l'auteur, ne sentit point qu'une « révolution était accomplie; il voulut détruire « le christianisme, et il ne comprit pas que les « moyens même qu'il employait étaient un « hommage pour ce culte ennemi. Le christia-

« nisme avait forcé l'hellénisme à l'imitation « pour maintenir sa puissance. La cérémonie « du taurobole était la parodie du baptême ; « Julien priait et jeunait en l'honneur d'Isis, « de Pan et d'Hécate, comme les pères du dé-« sert, ses contemporains, jeunaient et priaient « aux jours d'abstinence ; les philosophes étaient « les *solitaires* de la religion de Jupiter : ils « avaient des prétentions aux miracles ; l'empe-« reur voulut essayer de régler la police des « temples d'après la discipline des églises ; en-« fin, les idolâtres réformés avaient placé une « trinité à la tête de leurs dieux ; vaincu de « toutes parts, le paganisme était pour ainsi « dire forcé de se faire chrétien. »

M. de Chateaubriand rappelle tous les efforts de ce dévôt païen pour triompher de la tiédeur des fidèles du paganisme. En vérité, on est tenté de s'étonner de l'enthousiasme du 18e siècle pour ce prince, quoique ses persécutions contre les chrétiens doivent sans doute être de grands titres à l'admiration du philosophisme ; car enfin, quelque persécuteur qu'il fût, Julien voulut élever des monastères à Jupiter, et peut-être doter Neptune de quelque confrérie de capucins idolâtres. Or, jeûner et créer des moines ce sont pourtant là des crimes qu'ordinairement d'Holbach et les siens pardonnaient peu. La piété de l'empereur païen éprouvait quelquefois de singuliers mécomptes, témoin son aventure à Daphné. « Je ne rêvais que vic- « times, libations, parfums, dit-il dans le *Miso-* « *pogon*. J'entre dans le temple, j'interroge le « prêtre, je demande ce que la ville sacrifiera « aux dieux dans cette fête solennelle. — Voici « une oie que j'apporte de ma maison, répon- « dit-il. »

Si je ne craignais pas de représenter une grande vérité sous une forme triviale, je dirais qu'il y avait entre les forces comparatives du paganisme, au temps de Julien et au temps d'Homère, la même proportion qu'entre une oie et une hécatombe.

Voici comment M. de Chateaubriand juge cette importante époque :

« Julien entreprit d'abattre la croix, et il fut « le dernier empereur païen. L'hellénisme re- « tomba de tous le poids des âges dans la pou- « dre d'où il avait essayé de sortir. Cette der- « nière épreuve de l'Eglise eut un air de fa- « mille avec l'impiété littéraire et moqueuse « qu'un esprit rare répandit au dix-huitième « siècle. Mais l'impiété de l'empereur, qui pou- « vait ordonner des supplices, laissa la cou-

« ronne aux chrétiens; l'impiété du poète, qui « n'avait pas la puissance du glaive, leur légua « des échafauds. La persécution de Julien ne « sortit point du paganisme populaire; elle vint « du paganisme philosophique, demeuré seul « sur le champ de bataille, ayant pour chef un « cynique à manteau de pourpre, qui portait le « vieux monde dans sa tête, et l'empire dans sa « besace. Mais dans la lice où les deux partis « cherchaient à s'enlever des champions, les « hommes de talent passèrent successivement, « avec leur vertu et leur génie, au christianisme, « comme ces soldats qui désertent avec armes et « bagage à l'ennemi; l'autre camp ne voyait ar-« river personne. Constantin était un prince in-« férieur à Julien, et pourtant il a attaché son « nom à l'une des plus mémorables révolutions « de l'ordre social : c'est qu'il se mit à la tête « des idées de son temps, marcha dans le sens « où l'espèce humaine marchait, et grandit avec « les mœurs croissantes qui le poussaient. Ju-« lien, au contraire, se fit écraser par les géné-« rations qu'il prétendait retenir; elles le jetè-« rent par terre, malgré sa force, et lui passè-« rent sur la poitrine. »

Il serait long de rappeler tout ce que le monde ancien légua au nouveau en s'écroulant.

Ses lois, ses usages, ses mœurs, eurent longtemps leur influence. Les systèmes philosophiques de la Grèce prirent, comme tout le reste, la livrée religieuse, et se firent hérésies. Nos superstitions modernes sont des religions détrônées. Rien ne se perd dans le genre humain, les erreurs moins que tout le reste.

Il faudrait pouvoir placer, comme l'auteur, à côté de ces tableaux du paganisme, la peinture de ces peuplades barbares qui, venant enter, sur la corruption du vieux monde, leurs vices énergiques et leurs rudes vertus, jetaient dans le moule des âges les germes dont le christianisme devait tirer la société moderne. Il y a un passage de Sidoine sur les habitudes de nos pères, qui est à faire frémir les sens délicats de leurs héritiers. « Heureux, disait-il, ceux qui « vivent loin du Bourguignon ivre, les cheveux « graissés de beurre acide! heureuses les oreilles « qui n'entendent point le tumulte des chansons « des Germains! heureux le nez qui ne respire « pas dix fois le matin l'odeur empestée de l'ail « et de l'oignon qui leur sert de nourriture! » Et il continue ainsi la série des béatitudes, qui consistent toutes à vivre le plus loin possible de nos pères. Mais ces mêmes hommes aux mœurs grossières, aux coutumes barbares, portaient de ces âmes fières et vigoureuses qui devaient retremper la vieillesse du genre humain. Derniers champions de la liberté du monde, il semblait qu'un instinct secret leur eût dit qu'ils étaient appelés à la conquérir. « Peuples et « chefs, dit M. de Chateaubriand, remplissaient « une mission qu'ils ne pouvaient eux-mêmes « expliquer ; ils abordaient de tous côtés aux « rivages de la désolation, les uns à pied, les « autres à cheval ou en charriots, les autres « traînés par des cerfs ou des rennes, ceux-ci « portés sur des chameaux, ceux-là flottant sur « des boucliers ou sur des barques de cuir ou « d'écorce. Ces conscrits du Dieu des armées « n'étaient que les aveugles exécuteurs d'un des- « sein éternel ; de là cette fureur de détruire, « cette soif de sang que rien ne pouvait étein- « dre ; de là cette combinaison de toutes choses « pour leurs succès : bassesse des hommes, « absence de courage, de vertu, de génie. Gen- « seric était un prince sombre, sujet aux accès « d'une noire mélancolie. Dans une de ses expé- « ditions maritimes, tout était prêt ; lui-même « était embarqué : où allait-il? il ne le savait pas. « — Maître, lui dit le pilote, à quels peuples « veux-tu porter la guerre? — A ceux-là, répond « le vieux Vandale, contre qui Dieu est irrité. »

On sait comment il arriva que tandis que le monde antique et le monde barbare se ruaient l'un contre l'autre, le christianisme se présenta comme un arbitre, les mêla ensemble, et, les marquant de son sceau, en fit un nouveau monde. Il faut lire dans l'auteur l'histoire particulière de l'Église; c'est l'histoire universelle des peuples civilisés. La société moderne, qui, dans un instant de démence, tourna la religion du Christ en dérision, ne s'apercevait pas qu'elle mordait la main puissante qui la tenait par les lisières. Les barbares n'avaient donné qu'un corps à la société nouvelle, le christianisme lui donna une âme : pénétrant par tous les pores l'univers dont elle avait pris possession, cette âme immortelle l'a soutenu jusqu'à nous à travers les transformations des mœurs, les calamités de toutes espèces; notre état social n'est que le christianisme incarné; et pour être antichrétien, ce n'est pas à l'existence de Dieu, c'est à l'existence de l'Europe qu'il faut refuser de croire.

« Le christianisme, dit M. de Chateaubriand, « s'avançait à travers les siècles, changeant d'âge « en âge non de principes, mais de moyen; se « modifiant pour s'adapter aux modifications « successives de la société. L'Église (qu'il faut

« toujours distinguer de la communauté chré-
« tienne, mais qui était la forme visible de la
« foi et la constitution politique du christia-
« nisme) s'organisait de plus en plus. Sur les
« conciles se modelèrent les corps délibérans
« des deux premières races de notre monarchie ;
« les évêques se trouvaient tout naturellement
« le premier ordre de l'Etat, par la raison qu'ils
« étaient à la tête de la civilisation par l'intelli-
« gence. Le corps du clergé était constitué de
« manière à favoriser le mouvement progres-
« seur; la loi romaine qu'il opposait aux cou-
« tumes absurdes et arbitraires, les affranchis-
« semens qu'il ne cessait de commander, les
« immunités dont ses vassaux jouissaient, les
« excommunications locales dont il frappait cer-
« tains usages et certains tyrans, étaient en har-
« monie avec les besoins de la foule. Le clergé
« régulier était encore plus démocratique que
« le clergé séculier. Les ordres mendians avaient
« des relations de famille et de sympathie avec
« les classes inférieures. La milice de Saint-
« François se multiplia, parce que le peuple s'y
« enrôla en foule. Le capuchon affranchissait
« plus vite encore que le heaume, et la liberté
« rentrait dans la société par des voies inatten-
« dues. A cette époque le peuple se fit prêtre,

« et c'est sous ce déguisement qu'il faut le cher-
« cher. On s'est élevé contre les richesses du
« clergé, mais on n'a pas dit que les deux tiers
« au moins de ces richesses appartenaient à la
« partie *plébéienne* du clergé. J'insiste sur ce
« mot, parce qu'il mène à une nouvelle vue.
« L'esprit d'égalité et de liberté de la *république*
« chrétienne avait passé dans la *monarchie* de
« l'Eglise. Cette monarchie était élective et re-
« présentative; il arriva donc que le suprême
« pontife était très-souvent un homme sorti de
« la dernière classe sociale, tribun-dictateur que
« le peuple envoyait pour mettre le pied sur le
« cou de ces rois et nobles, oppresseurs de sa
« liberté. Les papes représentaient en Europe
« la vérité politique détruite presque partout;
« la querelle du sacerdoce et de l'empire est la
« lutte des deux principes sociaux au moyen
« âge, le pouvoir est la liberté; les guelfes étaient
« les démocrates du temps. Les papes, qui n'a-
« vaient ni armées ni puissance matérielle, ne
« pouvaient tout que parce qu'ils étaient les chefs
« de l'opinion. »

J'ai voulu reproduire presque complètement cette belle réponse à toutes les récriminations philosophiques contre l'Eglise; M. de Chateaubriand l'a vengée de la manière à la fois la plus noble et la plus victorieuse : il a fait son histoire. Nous voici amenés naturellement avec le christianisme, dont les annales embrassent tous les temps, au moyen âge, produit informe mais plein de couleurs et de vie, de l'action du culte nouveau sur le monde barbare et sur le monde antique, que tous les fléaux de Dieu versés à la fois sur l'univers s'étaient chargés de pétrir ensemble. Tous les élémens de la société rassemblés plutôt que coordonnés, toutes les formes de gouvernement confondues; passions ardentes, grandes vertus et grands vices, verve d'intelligence, exaltation d'esprit, tels furent les caractères de cet âge viril de notre société moderne. « Dans cinq ou six siècles, dit l'au- « teur, lorsque la religion et la philosophie sol- « deront leur compte, de quel côté sera la plus « large part de vie écoulée, la plus grosse « somme de souvenirs? »

On sent tout ce que le génie si varié de M. de Chateaubriand a jeté de charmes sur ces scènes de natures si diverses qui, au moyen âge, tourbillonnaient autour d'un centre unique, la croix. Ici c'est la cour d'Édouard, où Robert d'Artois se présente pour déterminer le monarque à la guerre par un moyen tout chevaleresque. Traversant les rangs des ducs, comtes et pages, des dames et des jeunes filles, il s'introduit dans la salle du festin, portant entre deux plats d'argent un héron tué à la chasse, *suivi de deux maîtres de vielles et de deux damoiselles filles de marquis.* Robert s'écrie : « *Ouvrez les rangs,* « *laissez passer les preux que l'amour a surpris,* « *voici viande à preux, à ceux qui sont soumis* « *à dames amoureuses ayant tant beau visage.* « *Le héron est le plus couard des oiseaux, il a* « *peur de son ombre. Je donnerai le héron à ce-* « *lui d'entre vous qui est le plus poltron : à mon* « *avis c'est Edouard, qui renonce au beau royaume* « *de France.* » Edouard rougit de cette colère « des héros et de mal *talent,* le cœur lui frémit ; « il jure par Dieu et par sa douce mère qu'a- « vant que six mois soient passés il défiera le « roi Philippe. Robert reprend alors le héron « et traverse la salle du banquet, suivi des deux « ménétriers qui viellaient doucement, et des « deux damoiselles qui chantaient ces paroles : « *Je vais à la verdure, car amour me l'apprend.* »

A côté de cette peinture délicieuse de la monarchie chevaleresque, on trouve des tableaux plus sévères et d'une couleur presque moderne.

« Artevelle n'avait point agi par la convic- « tion d'une opinion forte, mais par l'entraîne- « ment d'une petite jalousie plébéienne contre

« l'inégalité des rangs. Mais pour jouir en paix « du fruit de ses crimes, il fallait qu'Artevelle « descendît de sa puissance tribunitienne ou « s'emparât du pouvoir suprême. S'emparer du « pouvoir, demandait un génie qu'Artevelle n'a- « vait pas; se démettre, Artevelle ne l'osait. Il « n'y a pas de sûreté à abdiquer le crime; cette « couronne-là laisse des marques sur le front « qui l'a portée, il en faut subir la terrible lé- « gitimité. » Vient ensuite l'histoire de la chute de cet ambitieux tribun. Il proposait aux Flamands de déshériter Louis de Flandre et son jeune fils, pour se donner au prince de Galles. Le peuple était rassemblé sur la place publique.

Denys, chef des tisserands, prend la parole :

« Bonnes gens, s'écrie-t-il, si nous cessons « d'être libres, à l'instant tout nous accuse. « Comment nous justifierions-nous? Que nous « restera-t-il de nos sanglantes rebellions? des « crimes et des chaînes! Prince pour prince, « n'en avons-nous point un né de notre sang, « dont les pères vécurent et moururent avec les « nôtres? Parce que nous avons réduit nos an- « ciens comtes à être voyageurs, notre pays se- « ra-t-il une propriété forfaite? Ah! pour Dieu, « si nous voulons un maître, ne soyons pas « trouvés en telle déloyauté que de déshériter

« notre naturel seigneur pour donner son lit au « premier compagnon qui le demande! »

Artevelle fut massacré. « Le massacre par la « démocratie est inique, mais légal, dit l'au-« teur, parce que le peuple dans cette forme « sociale est législateur, juge et souverain. Arte-« velle avait consenti à un pareil gouvernement. »

Il y a des leçons dans l'histoire.

J'ai cherché, par le choix de ces citations, à donner une idée aussi complète que possible de l'histoire, telle que M. de Chateaubriand l'a conçue, non pas avec une physionomie officielle, une uniformité de tons et de couleurs systématiques, mais variée comme l'espèce humaine, changeante comme les siècles à travers lesquels elle voyage. Dans cette rapide analyse, j'ai fait passer successivement sous les yeux quelques traits des trois grandes figures qui se sont disputé l'empire de notre beau pays, l'aristocratie, la royauté et la démocratie. « *Toutes trois,* dit « l'auteur, *eurent successivement la puissance;* « *toutes trois en abusèrent, toutes trois la perdi-* « *rent.* »

C'est l'histoire universelle de la France en une phrase. Là est encore placé le fatal sinet; la révolution de juillet, qui s'est présentée pour tourner la page, l'a déchirée.

Equitable envers cette belle noblesse qui s'enterra presque toute entière pour la France aux champs funèbres de Crécy et de Poitiers, juste admirateur de la royauté et surtout de la royale maison avec laquelle la France a pendant tant de siècles vécu en famille, M. de Chateaubriand a fait la part aux vertus généreuses et énergiques de la démocratie, en flétrissant ses erreurs, ses impiétés, ses crimes : la révolution et le philosophisme ont pu reconnaître encore une fois l'auteur du *Génie du Christianisme*.

J'ai bien peur qu'en lisant cette odyssée historique, que j'ai réduite aux formes tronquées et étroites d'une analyse, le public ne m'accuse d'avoir mutilé un chef-d'œuvre. Je trouverai bien des précédens dans les circonstances présentes, mais j'ai une autre excuse à offrir, c'est que force m'a été d'imiter ce roi d'Espagne qui, ayant à remplir un cadre préparé d'avance dans la galerie de l'Escurial, fit découper un tableau de Raphaël trop vaste pour y tenir.

C'est avec un sentiment de tristesse que j'abandonne ici une tâche que j'ai peut-être mal remplie ; nous sommes dans un temps où ceux qui veulent voir la dignité nationale maintenue, le nom français entouré du respect qui lui appartient, doivent se réfugier dans l'histoire ;

maintenant une idée m'épouvante : je vais retomber de bien haut dans le présent.

Ceci expliquera la plénitude des éloges et l'absence des critiques. Nous nous sommes laissé aller aux sentimens d'admiration et de joie qui ont rempli notre âme quand nos yeux fatigués de tant d'excès, d'humiliations et de petitesses, se sont détournés des iconoclastes politiques et religieux du moment, pour suivre la figure imposante de ce glorieux solitaire, qui, comme ces vieillards chrétiens qui se retiraient dans les déserts à l'approche des barbares, après avoir laissé tomber ses mains qu'il avait levées inutilement sur les destinées de la France, a pris de l'une la royauté, de l'autre la religion, et s'est enfoncé dans les solitudes du passé, en traçant derrière lui de longs sillons de lumière.

18 avril 1833.

PROLOGUE DES FANTOCCINI.

Tous les comédiens ne sont pas au théâtre.

Il y avait dans le monde un empereur romain qui, après un long règne, se sentant près de sa fin, se tourna vers ses amis qui pleuraient autour de son lit de mort, et leur dit avant d'expirer : *Ai-je bien joué ma comédie?* C'est l'histoire du libéralisme, qui, après avoir gardé quinze ans son sérieux en parlant de son patriotisme, de son désintéressement, de son horreur pour l'hypocrisie et le parjure, reparaît sur la scène après le dénouement, et crie aux spectateurs ébahis: *Applaudissez maintenant, la farce est jouée!*

Bravo! cent fois bravo! comédiens de fidélité, de patriotisme, de liberté, d'indépendance; bravo! car, grâce à vos talens mimiques, une détestable pièce a réussi. Vous avez dit vos rôles de vertu et de probité à merveille, et cela est d'autant plus méritant, que, comme vous l'avouez maintenant au public, vous n'en pensiez pas un mot. Tout en conspirant, vous débitiez des tirades de franchise et des couplets de dévouement; vous jouiez les honnêtes gens à faire illusion, on doit le dire; et vous entriez si bien dans l'esprit de vos rôles, que la France, qui n'allait point dans les coulisses, s'y est laissé tromper. Bravo! encore une fois bravo! penser d'une manière, agir d'une autre; aimer tout haut ce que tout bas l'on déteste; renoncer à ses sentimens, à ses idées, à son langage, à sa nature, pendant quinze ans entiers; habiller la haine en dévouement, le parjure en fidélité, la révolte en soumission, et par-dessus tout parler de son honneur; en vérité, il faut avoir pour cela une imperturbable mémoire et une grande habitude de la scène.

On voit que si le libéralisme a bien joué la

comédie, je lui rends justice de bonne grâce dans le feuilleton. Eh bien! ce que j'ai fait pour le passé, je veux le faire pour le présent. Le théâtre du libéralisme est debout encore, comme on sait; le succès de sa comédie de quinze ans, succès d'argent, s'il en fut, n'est point fait pour le décourager : acteurs, auteurs se sont remis à l'ouvrage; il faut donc bien vite que je me remette au feuilleton.

La lionne du Cirque a son prix, je veux bien l'avouer, quoiqu'elle n'ait encore mangé personne; il est assez doux pour les bourgeois de Paris d'aller à Franconi chasser le tigre à domicile ou visiter de leur loge la fameuse forêt des Perroquets, tout en raisonnant sur la baisse ou en lisant leur *Constitutionnel;* on peut parler de Paganini même après la lionne, et Mlle Taglioni, qui détrône la pirouette et révolutionne la danse, est bien la meilleure des révolutions. Mais qu'est-ce que tout cela auprès du théâtre que j'ouvre au public? Théâtre immense, varié, où la politique joue chaque jour les pièces les plus gaies, les plus sérieuses, les plus graves, les plus bouffonnes, les plus tristes, les plus grotesques, les plus divertissantes, les plus lamentables, pièces où il faudrait à la fois rire et pleurer, chanter et gémir, applaudir et siffler. Qu'est-ce que les musiciens, les tigres, les danseurs, les lionnes, voir même les perroquets et les singes, auprès des orateurs, des ministres, des généraux qui composent ma troupe, où l'on compte tel sujet qui a joué vingt rôles différens, je dirai même opposés, et qui a réussi dans tous, ce qui annonce, on l'avouera, une rare souplesse de génie et une admirable flexibilité de talent.

Maintenant que mon *prospectus* est fait, il ne me reste plus qu'à trouver un nom pour mon théâtre. *Marionnettes?* Non, on crierait à la personnalité; les ombres chinoises sont bien vieilles, la lanterne magique court les rues. Eh bien! j'emprunterai, si l'on veut, à l'Italie, le nom de ses célèbres *Fantoccini*, ces acteurs de bois qui, suivant les rapports de tous ceux qui les ont vus, jouent les passions les plus pathétiques, les sentimens les plus exaltés et les plus nobles, avec une vérité et un naturel qui rendraient les libéraux jaloux. Voilà qui convient bien pour les scènes que j'ai à représenter, scènes fatigantes et variées, scènes de désintéressement, d'enthousiasme, de liberté, entremêlées de tirades éloquentes, de déclarations de principes, de professions de foi, de sermens de patriotisme et de courage. Messieurs et mesdames, ne vous attendrissez pas trop sur les émotions que ressentent mes personnages au nom de patrie, de liberté, d'indépendance, de gloire, car mes acteurs sont de bois, je vous en avertis.

Voyez d'abord ce brave général, qui commande à ses soldats de charger, avec *leur patriotisme bien connu,* ces groupes qui stationnent sur les ponts ; c'est bien le même qui, dans la pièce précédente, les invitait, toujours au nom de leur patriotisme, à ne point se porter à des violences contre les citoyens. Vous allez peut-être me demander, messieurs, si les citoyens ne sont plus des citoyens, ou si les charges de cavalerie sont devenues des moyens de persuasion. Tout ce que je peux vous dire, c'est que le brave général est devenu un homme en place. L'escadron s'ébranle, les piétons fuient ou sont foulés aux pieds, les femmes crient, les enfans pleurent, les chevaux galopent, ils sauvent le trône et les centres. Ah mon Dieu! les gens bien pensans que ces chevaux!

Mais il fait mauvais à rester en tiers avec un régiment de hussards et un néophyte ministériel ; voici une nouvelle scène ; regardez-la bien, messieurs, elle est à l'ordre du jour.

Pouvez-vous me dire de quel crime il s'agit dans cette audience? Le greffier lit l'acte d'accusation. Ecoutez-le bien, messieurs; la chose est plus sérieuse que vous ne le pensez peut-être. Vous ne savez sans doute point qu'il y a des morts pour lesquels on ne peut pas prier, et des jours où il ne fait pas bon de fréquenter les églises. *Etes-vous allé à la messe le 14 février?* — Oui, monsieur. — *Bon : conspiration notoire. Vous y avez quêté pour les pauvres?* — Oui, monsieur. — *Circonstance aggravante! A la suite du service on a pillé votre boutique?* — Oui, monsieur. — *Vous voyez bien que vous avez gravement compromis la tranquillité publique, et que vous êtes un mauvais citoyen.* C'est M. de Montalivet qui dit cela.

Je supplie l'auditoire de ne point se récrier ici, car nous sommes dans un lieu où les marques d'approbation et d'improbation sont sévèrement interdites; on est quelquefois obligé d'aider à ce sujet la mémoire du public, comme il arriva dans une occasion que je ne veux pas rappeler. Vous cherchez peut-être sur les bancs des accusés ceux qui ont pillé la boutique, dévasté l'église? Ils n'y sont point, messieurs; en mettant en pleine paix la capitale d'un royaume au régime des villes prises d'assaut, ils n'ont fait que céder, à ce que l'on dit, à un premier mouvement d'humeur qu'on a cru devoir respecter; mais en revanche, M. de Montalivet a envoyé devant les juges tous ces séditieux qui vont à l'office, tous ces mauvais citoyens qui ont des boutiques que l'on pille. Or, vous sentez combien on effraie les perturbateurs, combien on rend le retour des émeutes impossible, quand on jette en prison ceux qu'elles ont voulu noyer. Vous n'êtes peut-être pas précisément de cet avis, la justice n'en a pas été non plus : mais M. de Montalivet n'est pas toujours de l'avis de la justice, il l'a prouvé en plus d'une occasion.

Mais quelle est cette belle assemblée où l'on voit des broderies, des cordons de toutes les espèces et de toutes les couleurs? Bon! voilà *Horatio Girolamo!* le bouffon du théâtre; il porte sous son bras un énorme portefeuille; et les mots de *gloire*, de *fierté*, et surtout de *non-intervention*, sortent incessamment de sa bouche. Mon Dieu! qu'est-ce qui se passe derrière lui? le machiniste se sera trompé, je pense. Un personnage qui porte l'uniforme autrichien le suit, en se permettant avec lui cette pantomime expressive qui, suivant un mot connu, ne change rien à la figure des diplomates. *Je l'ai reçu*, crie Girolamo, *mais qu'importe? je n'y ai point consenti.*

Silence! silence! voici la scène qui s'anime.

L'acteur principal se fâche tout à fait contre un orateur qui soutient qu'il a vu cette troupe en habits brodés et en cordons, jouer de tout autres rôles dans d'autres occasions. On lui montre à côté de lui un personnage sous la simarre duquel on aperçoit encore un lambeau du costume des carbonari. Voyez la négligence du vestiaire! Mais l'acteur principal, tout entier au rôle qu'il joue, a oublié le reste du répertoire, et prétend ne l'avoir jamais su. Pourquoi s'en fâcher, ceci est dans l'esprit du personnage qu'il représente; l'on ne dit pas que Talma, qui était aussi bon comédien qu'un autre, eût, dans ses rôles de despotes, des réminiscences de conspirateur. Entendez-vous là-bas cet autre acteur portant la même livrée, qui rappelle à la *cantonade* la sainteté d'un serment prêté? Admirez comment il se drape en s'écriant *qu'il n'est le pair de personne,* pour pouvoir être le pair de tout le monde. Souffleurs, soutenez bien sa mémoire, car il a joué, dit-on, dans bien des pièces ou il était question de sermens.

Quelle chaleur! quel enthousiasme! Mais que demande-t-il à ces messieurs? Il leur demande de prononcer à jamais le bannissement d'une famille exilée. Dans une autre pièce, il jurait avec tant d'enthousiasme fidélité à cette famille!

Quelle variété de talens il faut pour embrasser ainsi, dans sa tête, tout un répertoire de dévouemens et de fidélités, et pour changer à chaque instant dans les coulisses de costumes et de sentimens! Bravo! bravo! il faut encourager ces génies flexibles qui valent à eux seuls toute une troupe, recevant des rôles de qui veut bien leur en donner, ingrats envers leurs bienfaiteurs qui tombent, et sachant tout apprendre comme tout oublier.

Je passe sous silence mille scènes qui pourraient affliger les spectateurs. Ici, c'est un magasin qui se ferme et un marchand qui lit en prison un article sur la prospérité du commerce. Là, ce sont des malheureux qui, après avoir jeté les yeux sur la cote des fonds, courent vers le quai d'un air égaré et furieux. Plus loin, ce sont des ouvriers qui mendient le pain qu'il ne leur est plus permis de gagner honorablement à la sueur de leur front. Partout des gens qui pleurent, qui gémissent, qui grincent des dents, et à côté de cela des fêtes où les braves du libéralisme prennent position contre Diebitsch en valsant la polonaise au profit de Varsovie, et où les grandeurs du jour font, avec une sensibilité exquise, des libations de punch aux mânes d'un peuple qui meurt.

Mais diable, qu'est-ce que ceci? Nous approchons, je le vois, d'une péripétie. Voyez cette vaste salle remplie d'acteurs, qui prennent successivement la parole, et prononcent les plus beaux discours du monde sur la liberté et sur l'économie. Pendant ce temps-là, il y a sur un banc particulier sept personnes assises qui vident des sacs d'or dans un tonneau vide, et frappant continuellement sur une enclume, forgent des entraves qu'elles jettent à des geoliers et à des commis. On lit sur le programme : *Huit mois en un acte.*

Au milieu de ces tableaux si variés, je n'ai sans doute pas bien rendu l'enchaînement des différentes scènes qui se succèdent à mes yeux sur le théâtre des *comédiens* de la politique; mais les épisodes sont si nombreux, les incidens sont si multipliés, l'intrigue est si compliquée, que la liaison des idées échappe, et qu'on ne peut qu'entaser ensemble des tableaux incohérens, sans suite, sans unité. D'ailleurs, il faut s'attendre à des inconséquences au théâtre, et j'ai promis de raconter la pièce qui se joue, et non de la faire.

Je finirai en disant où elle en est.

Le parterre, assez mécontent de la parade, paraissait assez disposé à siffler ses anciens favoris, lorsqu'on a vu tout à coup le directeur se présenter et faire les trois saluts d'usage. Il a lu un discours attribué à l'un des principaux auteurs de la comédie, et a annoncé au public qu'on chercherait à profiter de l'entr'acte pour le mieux satisfaire ; ajoutant, toujours au nom de l'auteur, qui est seul responsable de l'ouvrage, puisqu'il y met son nom, que le théâtre espérait toute espèce de succès, parce que cela était plus agréable ; mais que pourtant il fallait continuer à le soutenir par tous les sacrifices possibles, comme si on avait lieu de tout craindre. Cette harangue prononcée, personne n'applaudit, et on a baissé le rideau. On lisait en haut le chiffre de 1500 *millions*, et plus bas : *Les billets une fois pris, si le public est mécontent, on ne lui rendra pas son argent à la porte.*

26 avril 1831.

SECONDE

REPRÉSENTATION DES FANTOCCINI.

(Séance solennelle des quatre Académies.)

Tous les comédiens ne sont pas au théâtre

J'AI promis au public de le tenir au courant des nouvelles de ce grand théâtre qu'on appelle *le monde*, et de lui donner de temps à autre un aperçu des comédies qui s'y jouent. Quand on n'est ni ministre ni orateur, il faut tenir sa parole, et c'est ce que je veux faire aujourd'hui.

Il a plu à l'Institut d'avancer sa représentation annuelle de quelques mois : MM. Arnault et Dupin ont paru successivement sur la scène pour les menus plaisirs du public ; il y a eu grand spectacle aux Quatre-Nations, et les quatre Académies sont venues se montrer aux assistans en costumes officiels, en équipages d'immortels, avec l'épée au côté, le chapeau à trois cornes, et les lauriers sur toutes les coutures. On voit qu'il faut nécessairement que mes fantoccini dansent.

La pluie tombait par torrens ; je ne veux pas dire que ce fût pour cela que j'avais pris le plus court pour aller à l'Académie : toujours est-il qu'arrivé de bonne heure dans la salle, j'eus la satisfaction de voir entrer successivement toutes les célébrités scientifiques et littéraires, froissées, dépoudrées, ébouriffées ; çà et là des renommées toutes haletantes, des immortalités crottées, et des gloires qui tenaient encore le parapluie à la main. L'enceinte réservée au public était assez lentement remplie ; les toilettes et les figures étaient couleur du temps, et le temps d'un sombre à faire peur. L'huissier menant silencieusement chacune des spectatrices aux places réservées, rappelait assez Caron traversant et retraversant tristement son lac d'eau dormante, et débarquant les ombres dans le royaume des morts. La clarté jaune et blafarde qui se reflétait sur les physionomies, ces coiffures que la pluie avait rendu pendantes, ces toilettes défleuries, ces visages pâles et de mauvaise humeur, ne nuisaient point à l'illusion, et on m'aurait signifié mon acte mortuaire que je n'aurais point trouvé un mot à dire, quand les immortels ont paru.

A mesure que les acteurs se montraient successivement sur le théâtre, les habitués les nommaient à leurs voisins, en les signalant par leurs gestes et leurs postures; ainsi j'appris que l'auteur de *Pertinax* donnait la main à l'auteur de la *Parisienne;* je sus que l'auteur du *Complot de famille* portait perruque, ce que plusieurs romantiques m'avaient déjà affirmé; et une contestation très-sérieuse s'éleva à côté de moi, entre deux personnes qui soutenaient contradictoirement, l'une que ce *grand maigre qui ôtait sa redingotte,* c'était *l'immortel* M. Viennet, l'historiographe des mules qui versent les voitures; l'autre, que c'était l'*immortel* baron Dupin, qui a transporté l'arithmétique, avec armes et bagages, dans l'art oratoire, et qui s'occupe actuellement, à ce que l'on dit, à mettre tout Cicéron en règles de trois.

« *Je l'ai vu cent fois se moucher,* disait l'un

des interlocuteurs, *et je vous assure que c'est comme cela que M. Dupin se mouche.*

— *Voyez-le, il prend du tabac,* répondait l'autre : et *dans les troubles de février, j'eus l'honneur de prendre deux fois une prise dans la tabatière de M. Viennet.* »

Pendant que les spectateurs se disputaient sur le signalement des personnages, et que j'avais l'avantage d'apprendre comment M. Dupin se mouche, et comment M. Viennet prend du tabac, le président déclara d'une voix basse et sépulcrale que la séance était ouverte, et l'on nous lut le programme du spectacle, ou le menu du banquet littéraire, comme on voudra. Au milieu du frémissement qui précède le lever du rideau, au milieu de ce flux, de ce reflux de têtes nues ou couvertes, de cette oscillation des chapeaux bleus, blancs, verts, roses, jaunes, sans parler des plumes et des panaches, je parvins à comprendre que nous verrions successivement sur la scène, pour la grande pièce, ou pour le morceau de résistance, M. le baron Dupin, que M. de Laborde viendrait ensuite, et qu'enfin M. Arnault, le fabuliste, qu'il faut bien se garder de confondre avec le fablier, s'était chargé de nous faire rire : ce dont je lui sus un gré infini.

Le président entra le premier en scène, et commença par réclamer l'indulgence de l'auditoire, en promettant d'être court. C'était mériter d'avance qu'on acquiesçât à sa requête, car un discours concis à l'Institut est une innovation. Il est vrai que celui qui parlait ce jour-là était un peintre.

« Que dit-il? me demanda dès les premiers mots une vieille dame assise à côté de moi. — Il dit, madame, que les circonstances ayant changé, il était naturel que l'époque de la réunion annuelle des quatre Académies changeât en même temps, et il ne doute pas que le public ne comprenne pourquoi elle se réunit au 1er mai. — Le public comprend, dit la vieille dame, ce si cela continue, l'Académie finira par épuiser la liste des saints. »

Pendant ce petit dialogue, le monologue continuait, et suivant l'usage des panégyristes, le président prouvait que ce jour était le jour le plus solennel de l'année, sans parler d'une foule d'autres vérités de la même force que personne n'était en humeur de lui contester, car tout le monde sait que le saint du jour est toujours le plus grand des saints; et comme cela arrive à tous les saints à leur tour, à l'Académie comme dans le calendrier, dont l'*impartialité* est la même, il n'y a pas la plus petite objection à faire.

Quand le président eut dit tout ce qu'il avait à dire, il rentra dans le silence; et quand on n'entendit plus rien, on se mit à applaudir. C'est l'usage à l'Académie. Elle donne ses billets à ce prix, et chaque acteur, en montant sur la scène, sait qu'il touchera, en rentrant dans les coulisses, sa cote part de gloire et d'admiration. Les applaudissemens, pour me servir d'une expression technique, sont les *feux* des académiciens.

L'exposition finie, un nouvel acteur entra en scène; un voisin officieux me fit passer l'affiche, et j'y vis ce que je n'avais pas entendu au commencement de la séance, c'est qu'avant M. Dupin nous devions avoir M. Raoul-Rochette, rapporteur de la commission chargée d'examiner les travaux de l'ambassade savante envoyée par la France en Morée. Je compris avec terreur, dès les premiers mots, qu'il s'agissait du temple du Jupiter Olympien, et il y eut un mouvement d'effroi dans l'auditoire, quand on vit que le lieu de la scène était dans les ruines de la Grèce, et qu'il nous fallait sauter à pieds joints par-dessus quelques douzaines de siècles. Proposer une excursion dans l'antiquité à une assemblée où il y a des chapeaux roses, blancs, verts, bleus, ce n'est point avoir de l'à-propos, il faut l'avouer. Et puis le Jupiter Olympien dans les circonstances où nous sommes! le Jupiter Olympien dans un temps où l'on marche entre les révolutions et où il faut se faufiler entre les émeutes pour rentrer chez soi! la Grèce et ses monumens dans un siècle iconoclaste! Cela était bon du temps de la restauration, M. Raoul-Rochette; mais, de grâce, à quel propos nous parler de sculpture et de peinture aujourd'hui? Les chefs-d'œuvre sont des hors-d'œuvre, et les beaux-arts ont tout l'air de revenans. A quoi bon entretenir du Jupiter Olympien des gens qui vous demandent des nouvelles de la Pologne? A quoi bon faire des fouilles en Morée pour trouver de vieilles statues? On devrait bien plutôt trouver un roi à la Belgique, qui en cherche partout et n'en trouve nulle part, tant cette denrée est rare de notre temps. Il y a actuellement un endroit où l'on sait à quelques centimes près le cours des hommes et des choses. Prenez-moi votre Jupiter Olympien, M. Raoul-Rochette, portez-le moi à la Bourse, et vous verrez s'il produit quelque effet sur les fonds. De nos jours, voyez-vous, le Capitole c'est la hausse, et la roche Tarpéienne c'est la baisse.

Quant à votre Jupiter, vous ne trouveriez pas même à le troquer contre un ministre du juste-milieu.

Pendant que je faisais cet *à parte*, M. Raoul-Rochette se promenait de long en large dans le temple de son Olympien, marquant avec précision l'endroit où il commençait et l'endroit où il se terminait, décrivant le frontispice, analysant les bas-reliefs, déchiffrant les inscriptions, et avançant toujours côte à côte avec Pausanias, qu'il citait à chaque instant. L'assemblée sut bientôt, à ne pouvoir pas en douter, que l'on avait retrouvé cinq travaux d'Hercule; cinq sur douze, c'est quelque chose : Hercule terrassant le lion de Némée, Hercule triomphant de Diomède, Hercule mettant en fuite les Amazones, Hercule cueillant les pommes d'or, Hercule coupant les têtes de l'hydre. « Oh! le plus grand des travailleurs, venez travailler chez nous, dit un vieillard à côté de moi, nous vous fournirons l'hydre. » Je pensai que mon voisin était un saint-simonien ennemi des révolutions.

Cependant, M. Raoul-Rochette continuait son rôle, et nous racontait les fouilles. Il exprimait, en passant, le regret qu'il éprouvait en voyant marchander aux arts leur humble et bien humble part sur *notre énorme budget.*

J'étais derrière un académicien qui fronça les sourcils à ces paroles; je le vis se pencher vers son collègue, et j'entendis qu'il lui murmurait à l'oreille : *On ne dit pas des choses comme cela dans un pareil jour.* Brid'oison a dit quelque chose de semblable.

Dans ce moment, le savant orateur décrivait avec enthousiasme l'exhumation d'une statue de Minerve que les siècles avaient respectée, et il racontait, avec une indignation d'artiste, qu'un ouvrier grec, moins respectueux que le temps, avait eu la barbarie de casser le nez à la fille de Jupiter, d'un coup de pierre, et d'enlever ainsi, à la civilisation, la satisfaction de voir ce monument antique dans son intégrité. Ne parlez pas trop de notre civilisation, M. Raoul-Rochette; votre barbare aurait trouvé de la concurrence à Paris. Il n'y manque pas de sauvages qui mutilent les monumens, et qui cassent le nez aux chefs-d'œuvre, sans parler de ceux qui cassent le nez aux gens.

Après M. Raoul-Rochette et le Jupiter Olympien, M. le baron Dupin fit son entrée, se plaça sur le fauteuil, promena lentement les yeux sur l'auditoire, et but un verre d'eau sucrée. Ces cérémonies préalables remplies à la satisfaction générale, et, nous devons à la justice de le dire, avec une symétrie et une précision mathématiques vraiment admirables, il tira de sa poitrine des sons monotones et lamentables qui plongèrent l'assemblée dans la tristesse. On crut pendant quelque temps que, semblable à cet orateur romain qui se faisait donner le ton à la tribune par un joueur de flûte, M. le baron Dupin avait demandé le même service au beffroi ou au mélodramatique tam-tam. Mais bientôt quelques paroles articulées arrivèrent aux oreilles. « De quoi parle-t-il donc avec ce ton d'oraison funèbre? demanda quelqu'un. — Des richesses de la France, » répondit-on derrière moi.

Peu à peu M. le baron Dupin s'anima, et, tenant le grand commun diviseur d'une main et le multiplicateur de l'autre, il se mit à traverser le passé, faisant de l'histoire par addition et soustraction, pour nous prouver que notre énorme budget est le meilleur des budgets possibles, fait incontestable pour tous ceux qui y ont part, et que l'on ne peut refuser d'admettre, à moins d'être un mal pensant, un frondeur et un contribuable. Je ne dirai point tous les beaux résultats auxquels le docte baron est arrivé; car ainsi que M. son frère, qui cite si souvent La Fontaine du haut de la tribune, à l'appui de ses aperçus politiques, je sais encore mes Fables, et je pourrais dans l'occasion réciter, à M. le baron, celle où il est question de l'influence qu'exercent les beaux discours sur les oreilles des ventres affamés. En résumé, M. Dupin nous assure que nous sommes beaucoup plus riches et beaucoup plus heureux que nous ne le pensons; il se fait fort de nous démontrer que nous vivons, à notre insu, au sein de l'abondance et de la félicité. C'est un paradoxe qu'on peut soutenir comme un autre, lorsqu'on n'admet pas dans l'auditoire les ventres qui n'ont point d'oreilles, ou en d'autres termes, les sceptiques qui n'ont point dîné.

Après avoir fait l'énumération de nos béatitudes, M. Dupin a passé à l'éloge des machines; de l'éloge des machines il a passé à l'éloge de l'ordre. Alors les gestes de l'acteur se sont animés, son débit est devenu plus solennel, il a levé les bras au Ciel, et les laissant retomber, il a dit: *Jeunes gens!* On sent qu'immédiatement après cette exclamation, il a eu recours à l'inévitable verre d'eau sucrée; mais bientôt il a repris son apostrophe, et il a engagé les jeunes gens à vivre loin de la place publique, à se souvenir que l'ordre était la source de la puissance et de la richesse nationale; il a ajouté que les élèves des sciences et des arts devaient aimer et respecter l'ordre. Et les professeurs, monsieur Dupin, dites-le-nous la main sur la conscience, n'ont-ils jamais rien eu à se reprocher à ce sujet? Quoi qu'il en soit, cet épisode a été accueilli par quelques applaudissemens, réprimés aussitôt par des *chut!* énergiques qui partaient des loges d'en haut, et le monologue s'est terminé aussi mathématiquement qu'il avait commencé. Je ferai ici une remarque à l'avantage de M. Dupin, c'est qu'il a résolu par son débit un problème qui avait échappé à tout le monde; c'est le seul homme dont on puisse dire qu'il déclame les chiffres.

Jusqu'ici le public avait pris, comme on dit, son plaisir en patience, lorsque M. de Laborde, en lisant un fragment de son voyage à Jérusalem, est venu rompre l'uniformité du spectacle. Il y a bien dans ce morceau quelque affectation de philosophisme à la manière de Volney, mais on y a applaudi plusieurs passages remplis de grâce et d'abandon. D'ailleurs on voyait que le public avait besoin d'approuver, ne fût-ce que pour changer; et lorsque M. de Laborde, faisant à la fois ses honneurs et ceux des révolutions, a dit que peuples et voyageurs risquaient souvent beaucoup par curiosité pour l'inconnu, tout le monde a applaudi de bon cœur.

Faut-il parler des fables de M. Arnault, qui ont clos la séance? J'en dirai seulement un mot, c'est qu'il faut avoir du dévouement pour faire des fables après La Fontaine ; je le pensais avant d'avoir entendu *la Poste aux ânes* et *la Barre de fer;* je le pense encore bien plus après. Je dis cela d'autant plus franchement que je défends ici l'opinion de M. Arnault lui-même, qui, à la sortie de l'Institut, répondit du fond de son équipage aux complimens d'un admirateur : *Vous êtes bien généreux!* Je demande pardon au fabuliste de l'Institut de cette petite indiscrétion.

La représentation académique finie, chacun s'en fut chez soi, comme dit la vieille chanson, assez content d'avoir achevé son plaisir. Les uniformes militaires, les chapeaux de toutes couleurs disparurent successivement; les voitures s'éloignèrent. Tandis que je passais sur le Pont-des-Arts, j'entendis quelqu'un qui disait en ouvrant son parapluie : « Gare à la pluie! M. Persil dit qu'elle conspire. »

« Un roi de Perse fit donner le fouet à la mer, répondis-je; pourquoi un procureur du roi ne ferait-il pas un réquisitoire contre les giboulées? »

2 mai 1831.

LES FANTOCCINI.

RÉCEPTION DE M. VIENNET.

Tous les comédiens ne sont pas au théâtre.

La semaine a été bonne pour les *fantoccini*, messieurs et mesdames, et ils espèrent que vous rendrez justice au zèle du directeur, à l'intelligence des acteurs et au mérite de la pièce qu'ils vont avoir l'honneur de représenter devant vous. Cela est dit sans orgueil, comme vous l'entendez bien; mes acteurs de bois sont aussi intelligens que modestes; mais ils peuvent sans vanité aucune, ami public, faire l'éloge des scènes qui vont passer devant vos yeux. Nous ne tenons point, vous le savez, un théâtre ordinaire; si nous jouons la comédie, vous la faites : quand les ridicules, le grotesque et le burlesque viennent enrichir notre répertoire, ministres, orateurs, académiciens, hommes en place, il nous est doux de le reconnaître avec gratitude, c'est à vous que nous le devons. Cette affaire de reconnaissance réglée à l'amiable, nous n'abuserons pas plus long-temps de la patience de l'auditoire; pardon, messieurs et mesdames, si je ne vous fais pas distribuer des programmes; depuis que tout le monde en donne, personne n'en veut plus.

Quoi! la scène représente encore l'Académie! Entrez toujours, c'est une représentation nouvelle, et je vous réponds, sur ma tête, que M. Dupin n'y joue pas. La séance est nombreuse, comme vous le voyez : doctrinaires des deux sexes en chapeaux d'académiciens et en chapeaux de fleurs n'y manquent pas; çà et là filles, femmes, sœurs d'immortels, étoffes à tapisserie; tout *le juste-milieu* en famille, faisant sa méridienne à l'Institut. Bienheureux saint Simon! si vous étiez ici, votre livre sur les oisifs aurait un chapitre de plus.

Voyez, messieurs, cet acteur à la figure pâle et maigre, qui s'apprête à haranguer le public; c'est un traîneur de l'école platonicienne égaré dans le dix-neuvième siècle, et qui se demande tous les jours des excuses de s'être trompé le jour de sa naissance de quelques mille ans. Ecoutez-bien, messieurs, car vous avez affaire à un homme que l'on écoute quelquefois sans l'entendre. Mais M. Cousin a fait une exception en votre faveur, et pour un anachronisme il est aujourd'hui fort clair. Vous savez sans doute comme lui et moi que M. Fourier, qui fonda une science, a laissé son fauteuil à M. Cousin. Celui-ci, avec tout le zèle d'un héritier, nous apprend que son prédécesseur, non content d'être savant, fut aussi préfet; au moins ce n'était point sous l'ère du jeune ministre. Mais la restauration eut l'injustice de destituer le serviteur de l'empire; elle persécutait la science, suivant l'orateur. Hélas! monsieur le professeur, qui vous a donc nommé? Les Pyramides, l'armée d'Egypte, la perfectibilité sociale, Platon, le trône national, l'ordre et la liberté, prenez tous ces mots-là, secouez-les bien ensemble, et il en sortira le discours de M. Cousin.

Il y eut un évêque qui, répondant au nom de l'Académie à un auteur de romans, lui répéta tout ce qu'on disait à l'éloge de livres dont il ne pouvait rien savoir par lui-même ; il lui cita son panégyrique, au lieu de le faire. C'est précisément le parti qu'a pris M. de Feletz envers le scientifique Fourier et le platonique M. Cousin.

Mais tous les yeux se tournent du côté de M. Viennet, et je suis sûr que le poète-orateur cherche dans sa mémoire à quoi il doit ces marques d'intérêt général. « Est-ce à mes mules? —Non, monsieur Viennet. — A mes satires anti-romantiques? — Encore moins, monsieur Viennet. — A mes discours politiques? — Hélas! non, monsieur Viennet. — Vous verrez-donc que ce sera à mon poëme épique? — Dieu nous en garde, monsieur Viennet. — Mais pourquoi tous les yeux se tournent-ils de mon côté? — Que sais-je? peut-être parce que vous êtes à côté de M. de Châteaubriand, monsieur Viennet. »

C'était en effet l'auteur du *Génie du Christianisme* qui était venu bourgeoisement s'asseoir à l'Institut, et qui, bien qu'il n'eût pas tiré l'habit aux lauriers de sa garde-robe, suivant les statuts académiques, qui, bon gré mal gré, donnent à tous les immortels sans distinction la gloire pour uniforme, attirait sur lui seul tous les regards. « Quoi! il vient à l'Institut, et il n'a pas prêté de serment! s'écria une femme à côté de moi. — On ne demande point encore le serment au Pont-des-Arts, avec le péage, » dit quelqu'un.

Pendant ce dialogue, M. Viennet se leva et prit la parole ; et en vérité, je dois dire à l'honneur du récipiendiaire, que je ne le reconnus pas. Esprit, convenance, grâce, vous rencontrez parfois tout cela en parlant de littérature ; mais la politique! la politique hélas! elle vous détourne de votre chemin, monsieur Viennet. Il est vrai que la vie de M. de Ségur, qui vécut un siècle, et un siècle de révolution, offrait carrière à l'orateur. Il résumait dans son discours l'existence toute entière de son prédécesseur, existence semée de prospérités, de disgrâces, de petits vers, de grands emplois, de chansons et d'ambassades, et, ce qui est mieux encore, de bonnes actions, telles que celles que le récipiendiaire a racontées en ces termes, que je veux citer pour l'instruction des courtisans ingrats, en cas qu'il y en ait en France :

« En 93, le sort avait désigné M. de Ségur « pour monter la garde à la porte du Temple, « où gémissait l'infortuné Louis XVI. Le refus « de s'y rendre le conduisit à la barre d'un « de ces tribunaux où l'honneur et la vertu ne « trouvaient pas de défenseurs. M. de Ségur ne

« recula point devant cette accusation terrible. « Il osa même avouer le sentiment qui avait ins- « piré sa résistance. « Je fus, dit-il, l'ambassa- « deur de ce malheureux prince, j'ai été com- « blé de ses bontés, je ne devais pas m'exposer à « tirer sur lui s'il tentait de briser ses fers. » Cette « noble franchise étonna les juges, enthousiasma « l'auditoire, et M. de Ségur absous par l'admira- « tion, fut ramené en triomphe dans sa famille. »

Mais voici mes fantoccini dans le récitatif; mes spectateurs s'impatientent peut-être; qu'ils n'aillent pas faire comme les auditeurs de l'Académie, qui prenaient la fuite pendant que M. Parceval alignait en phrases polies un parallèle malhonnête entre le perroquet Vert-Vert et les romantiques, prédisant leur chute et leur mort, sans pitié pour M. Hugo, qui était là sur un banc, assistant tout vivant à son oraison funèbre.

L'avocat à qui l'on demandait s'il serait court, ne voulait répondre de rien : on est plus diplomatique à l'Académie, on répond de tout, et le public transige. Pauvre public! en vain il cherche le cadran habituel qui lui mesure son temps, ses plaisirs ou sa patience. Plus de cadran à l'Institut. Josué arrêtait les heures, Voltaire les faisait oublier : l'Académie cache son horloge.

Mais que disait M. Parceval? il louait le poëme

épique de M. Viennet, et le public disait en s'en-allant : « M. Viennet a donc fait un poëme? »

Messieurs et dames, nous en avons fini avec l'Académie; la pluie, que M. Persil n'a pas voulu saisir le 1er mai, s'en est encore mêlée à la fin de la séance; le cas est grave, messieurs du parquet, car la pluie est en récidive, je vous en avertis.

Le spectacle que vous voyez maintenant devant vous représente la place Vendôme : voyez ces aigles couverts de crêpes, cette foule d'hommes et de femmes portant des bouquets; je parie-rais que le ministère trouve qu'ils ne sentent pas bon. Vous savez, messieurs, à quel point le pou-voir chérit, admire, idolâtre Bonaparte; aussi a-t-il mis la moitié de la garde nationale sur pied pour venir regarder derrière elle les fleurs qu'on jette à un grand nom. Regardez bien : qui sait si on ne trouvera pas quelque conspira-tion prête à éclore dans un bouquet? Le juste-mi-lieu est fort, comme vous le savez; mais il n'aime pas les anniversaires. Voyez ces anciens soldats qui demandent la statue de leur général; le mi-nistère la leur a promise; mais, par distraction sans doute, il a donné à toutes les barrières le signalement du buste impérial, avec ordre de le saisir et de l'appréhender. Nous sommes dans un temps où la gloire n'a pas cours; c'est marchandise prohibée aux frontières. « Le gouvernement est fort, dit un passant. — Si fort qu'il ne veut pas se compromettre avec une statue, répliqua son voisin. — Il aura lu l'histoire du commandeur et de don Juan, dit un troisième. — Mais pourquoi tant se presser au sujet de cette statue? reprit le premier interlocuteur. » Celui-là avait raison : quand le juste-milieu parla de rendre des honneurs à Bonaparte, le vent était à la république, se dressant menaçante sur les bancs de la Cour d'assises; il pouvait être bon alors de tourner les esprits populaires à l'empire. Maintenant le juste-milieu fera, si l'on veut, des odes à la liberté; mais l'empire lui fait tourner la tête.

On dit qu'Alcibiade en fut bientôt à regretter d'avoir coupé la queue à son chien.

Mais que fait cette force armée autour de la colonne? « Vous le voyez-bien, messieurs, le pouvoir s'est fait le grand-maître des cérémonies de la fête impériale; de crainte de pis, il arrange lui-même les bouquets, et compte en soupirant les couronnes; la force publique, sous la royauté nouvelle, a pris le rôle de bouquetière du bonapartisme, de peur de voir un autre s'en emparer. — Cependant le juste-milieu est fort. — Oui, messieurs, fort au moins autant qu'habile. — Mais voici bien un autre spectacle : des hommes de tous les états et de toutes les conditions sont là délibérans; est-ce la Chambre des Députés? — Non, messieurs, car voici un quart-d'heure que j'écoute, et l'on n'a pas encore parlé d'impôt. D'ailleurs, vous ne voyez là ni ce M. Dupin, qui doit, dit-on, citer la France en police correctionnelle, pour lui faire reconnaître qu'elle a été sauvée par lui, ni M. Guizot, qui explique la révolution, ni M. Périer, qui la nie, ni M. Barthe, qui cherche un maître de bonnes grâces, ni M. Sébastiani, le néophyte de la diplomatie, qui, dit-on, voulant représenter dignement à l'étranger l'honneur de la France, a pris un maître à saluer. Cette réunion, messieurs, est composée des combattans de juillet : je sais que les 221, qui, au moment de la bataille, formaient, comme à l'ordinaire, la réserve, se sont enrôlés dans le corps après le combat. Mais vous ne les verrez point ici, messieurs ; et m'est avis que M. Agier, se remettant aussi à l'école, a pris un maître en fait d'héroïsme, pour pouvoir jouer convenablement son rôle de héros, car je ne l'aperçois nulle part, quoique je regarde dans tous les coins.

Entendez-vous les discours des orateurs et les

applaudissemens de l'assemblée? On exige des combattans de juillet le serment à la royauté nouvelle: eh bien! ils le refusent, messieurs, sans égard pour les convenances, sur lesquelles le juste-milieu leur fait un sermon. Voyez ce petit vieillard ridé qui porte sous ses bras les œuvres d'un grand auteur et les feuilletons de Geoffroy, et qui a les mains vides; c'est l'esprit de ce journal qui vit de son passé, et qui vaut le Bulletin des lois pour la variété de ses opinions. Ecoutez avec quelle ferveur il engage ces messieurs à lever la main et à prononcer les paroles sacramentelles, proposant à leur admiration la collection complète de ses sermens. Prêtez toujours serment, leur dit-il, ne fût-ce que pour montrer que vous savez vivre. J'en prête, moi, à tous ceux que je rencontre; aussi je ne suis mal avec personne. Se brouille-t-on, entre amis, pour de pareilles misères? Un serment, voyez-vous, ne se donne pas, il se prête. Quand on en a besoin pour un autre usage, tout est dit, on le reprend. » Bravo! casuiste de la bonne foi, vous serez d'une utilité grande à ceux que vous soutenez. Tirez le rideau, machinistes, et écrivez sur la toile : *Ah! le bon billet qu'a La Châtre!* »

9 mai 1831.

UNE TOURNÉE POLITIQUE.

Je ne dirai point si c'est la pluie, le beau temps, le mauvais air, l'air du juste-milieu ou l'air des émeutes, mais ce qu'il y a de certain, c'est qu'à voir ce qui se passe, on dirait que Paris n'est tenable pour personne. D'abord ce n'est que l'Europe, en visite chez nous avant les journées de juillet, qui, le lendemain, demande ses passeports et se sauve; était-ce d'admiration? on l'a dit, et je veux le croire : mais nos admirateurs exotiques nous tournaient le dos avec un rare empressement. Puis vint le tour des provinces, qui, en personnes tranquilles, rangées, nous dirent adieu et rentrèrent chez elles, aimant mieux lire les émeutes que les rencontrer. Puis les 221, qui, après avoir répété sur tous les tons, pendant six mortels mois : *Nous nous en allons,* saluent, font leurs paquets et s'en vont, sans trouver une voix qui leur rende leur politesse en criant : *Bon voyage!* Enfin, pour couronner tout cela, nos ministres, érudits en matières commerciales s'il en fût, déclarent qu'ils savent trop ce qu'ils se doivent pour oublier qu'une maison nouvelle débute toujours dans les affaires par faire sa tournée ; et dès lors la tournée ministérielle, officielle, royale est arrêtée, annoncée, commencée, racontée, commentée.

Oh! la belle chose qu'une tournée politique, messieurs et mesdames, et que mes *fantoccini,* quand ils voyagent derrière leurs grands confrères, voudraient avoir une carrière aussi facile à parcourir et des élémens de succès aussi sûrs!

D'abord on fait le programme, ou, si vous voulez, l'itinéraire : les noms des villes, villages, bourgs où doit se jouer la comédie, puis, en regard, enthousiasme, applaudissemens, ivresse publique. Tout cela est affaire de famille, affaire domestique si l'on veut, qui se règle du ministre au préfet, et du préfet au maire. A tel jour, à telle heure, vous tiendrez tant d'enthousiasme à ma disposition. — Oui, monseigneur. — La population sera toute entière sur la route, dans la gazette de la préfecture. — Oui, monseigneur. — Elle sera dans la joie, dans l'ivresse, dans l'exaltation. — Elle meurt de faim, mais qu'importe, puisque monseigneur le veut, elle ne peut se dispenser d'être heureuse. — Si Sa Majesté est contente du département, vous aurez la croix d'honneur. — Elle le sera, monseigneur.

Voilà, en six lignes, toute la correspondance administrative qui précède la tournée. Ci-joint en *post-scriptum* le discours ministériel avec les interruptions admiratives, laudatives, enthousiastes : le tout indiqué d'avance à la marge, crainte de confusion. — Et la réplique ? — Dévouement, amour, ivresse ; ivresse, amour, dévouement ; l'arrangement des mots laissé au libre arbitre des autorités locales, tant on a de respect pour la liberté des opinions et pour l'indépendance inviolable de la conscience des fonctionnaires.

Pouvez-vous me dire la date de tout cela, et

le lieu de la scène? —L'œil de bœuf, la monarchie absolue, 1700? — Eh non! mille fois non; le roi-république, la royauté des barricades, la souveraineté du peuple, 1831.

« Sur ma parole, si je ne connaissais votre « répertoire, gens du libéralisme, je serais quel« que peu surpris de cette nouvelle comédie. « Attendez donc encore; vos voix tout enrouées « de *Marseillaises* et de *Parisiennes* n'ont point « repris leur souplesse primitive; et quand vous « criez *vive le roi!* il semble que ce soit de votre « part anachronisme et distraction. N'est-ce « point merveille de voir ces tribuns d'hier épe« lant aujourd'hui le dévouement et la fidélité? « ces Brutus si austères tournant à l'églogue, « et se faisant thuriféraires à la suite des car« rosses de cour? ces ennemis de protocoles, « qui voulaient convertir la langue à la républi« que, ne parlant plus que de personnes *au« gustes,* de bouche *royale,* de fidèles *sujets,* de « nobles *souverains?* Or çà, mes beaux messieurs, « vous avez appris bien des choses, mais vous « en avez aussi beaucoup oublié. Vous souvient« il de vos superbes dédains pour la monar« chie? je parle de celle qui, pour aller jus« qu'à Hugues Capet, passait par Louis XIV. « Dans ce temps-là, vous vous étonniez que

« pour être roi de France, on se crût quelque « chose ; et quand l'héritier de tant de généra- « tions royales, le représentant de tant de siècles, « de puissance et de gloire, passait, vous dé- « tourniez la tête, et vous disiez du haut de « votre fierté romaine : « Ce n'est qu'un roi. » « Soyez donc Romains jusqu'au bout, puisque « vous avez voulu l'être, et ne faites pas tant de « fracas pour un homme qui passe, qu'il porte « un habit de cour ou un frac, la couronne ou « le chapeau gris. Il fallait à la France une ma- « jesté bourgeoise, disiez-vous, et c'est pour « cela que la révolution fut faite. Eh bien! quand « vous promenez la monarchie des barricades « à travers la France, que ne dites-vous pour « tout protocole et tout programme : C'est un « bourgeois de plus? »

Voilà mot pour mot le petit discours que tint un homme de cœur et de sens au sujet des tournées royales, des félicitations officielles, et des réjouissances publiques délibérées en conseil secret par les ministres, et qui valent des croix d'honneur aux préfets. Avait-il tort? avait-il raison? Ce n'est pas mon affaire, mais c'est encore bien moins celle du ministère, comme vous l'entendez bien.

Si vous aviez été à Marseille quand la tournée

y a eu lieu, vous sauriez comme les choses se passent. Les bouquetières refusent-elles de croire qu'elles pensent bien? les autorités sont là pour les persuader. « Nous voulons conserver nos opinions. — Nous voulons garder nos places. — Nous ne voulons pas présenter des bouquets. — Vous vous trompez, car vous ne voulez pas aller en prison (1). »

Cela répond à tout, explique tout, arrange tout; des bouquetières ne sont point entêtées comme des philosophes; et plutôt que de se faire mener aux *carrières*, elles jettent à la tête de qui on veut un bouquet ou un compliment. Si l'un est fané, l'autre récité de mauvaise grâce, peu importe, le préfet garde sa place, et *le Moniteur* murmure avec une sentimentale niaiserie : *Comment résister aux fleurs?* tandis que l'autre, géant de la presse officielle, ministérialiste jusqu'à l'hyperbole, s'écrie en toute hâte que les voyageurs *avaient des roses jusqu'à la ceinture*, tout prêt à ajouter, pour calmer la sollicitude publique, que l'enthousiasme n'a pas été jusqu'à l'asphixie. Cela vous paraît niais, trivial, ridicule à mourir: et à la vue de ces lourdes joies, de ces tristes ravissemens, vous

(1) *Voir* la *Gazette du Midi*.

êtes au moment de vous rappeler les vers caractéristiques d'Homère :

D'aise on voyait bondir la pesante baleine.

Je crois, entre nous, que les ministres sont de votre avis; et lorsqu'on conduit le prince voyageur dans le cachot où la *Terreur*, devenue maîtresse, enferma ce duc d'Orléans son aïeul, qui, après avoir voté la déchéance et la mort de son roi, après avoir renoncé à son rang, à son nom, à sa famille, tomba victime de la révolution dont il avait été complice; ils sont peu flattés, sans doute, qu'on ressuscite les souvenirs de malheurs d'autant plus tristes qu'ils furent causés par des crimes. Mais que voulez-vous, il y a des autorités qui ont la main maladroite et une impitoyable mémoire. Les marins de Marseille, moins dociles que les bouquetières, avaient refusé de passer par l'enthousiasme : il fallait placer deux ou trois mots faits par le ministère pour la circonstance, et l'érudition historique des fonctionnaires aux abois n'a pas trouvé mieux que le cachot de Philippe-Egalité. On sait ce juge qui disait : « La torture fait toujours passer une heure ou deux. »

Et puis, qu'importent ces petits mécomptes

à la politique ministérielle? On va de Paris à Saint-Cloud, de Saint-Cloud à Saint-Germain, de Saint-Germain à Mantes, de Mantes à Rouen, de Rouen au Havre, et dix fois par jour on entend des orateurs à la solde du budget qui vous adressent une harangue qui commence par *sire*, et finit par *fidèles sujets;* comme tous ces harangueurs dépendent du ministère, ils parlent comme le ministère; et comme ils se déclarent officieusement les mandataires et les représentans de la France, la France se trouve ministérielle sans s'en douter. Or, quand les harangues ouïes, les villes parcourues, les revues passées, le juste-milieu rentrera dans Paris; il dira à toutes les oppositions, avec cette imperturbable gravité qu'on lui connaît : « Je suis la France, demandez plutôt au *Moniteur* et aux préfets!! »

Voilà la sublime idée éclose dans les têtes ministérielles, voilà le but de la grande *tournée*. Voyez-vous, les fleurs de la colonne napoléonienne empêchaient le pouvoir de dormir; grâce au journal *le Temps*, il a fait litière de roses en Normandie. L'extrême gauche lui donnait des inquiétudes: il va la lapider à coup de discours d'ordre, de repos, de fermeté, composés, sur ses instructions expresses, par les fonctionnaires des provinces, auxquels il a expédié la circulaire d'enthousiasme et de dévouement. D'autant plus disposé à céder à ces invitations qu'il les a dictées lui-même, le juste-milieu dira à son tour aux électeurs : « Nommez-moi, car, j'ai trop de franchise pour ne pas vous l'avouer, je suis l'idole de la nation. » Et au fait, le juste-milieu a raison; car il a trouvé absolument le même dévouement à Pontoise, à Rouen, à Marseille. De la part de qui? C'est là ce qu'il ne faut pas chercher, si vous savez votre cour. Il y a une anecdote que tout le monde connaît et qui ressemble admirablement à la tournée que nous voyons : c'est celle de cet auteur qui, las de ne voir la nature que dans ses idylles, quitte un beau jour Paris et se met en campagne, mais non sans en avoir averti ses amis. Ceux-ci, abusant de son innocence, échelonnent tout l'Opéra sur sa route : nymphes en habits de satin et couronnées de guirlandes, bergers d'églogues, moutons peignés, frisés, parfumés, tout le personnel d'une bucolique, enfin ; à chaque relais, l'Opéra, qui prenait la poste derrière, se représentait au voyageur, et lui disait : « Je suis la nature ; » tant qu'enfin l'auteur revint de sa tournée en disant à qui voulait l'entendre : « La nature, c'est Florian. »

C'est une mystification de cette espèce que le ministère a entreprise, avec son enthousiasme de commande et ces dévouemens convoqués à lieu et heure fixes, faisant, au besoin, voyager en poste les bons sentimens quand ils font défaut dans les localités. A la bonne heure, puisque cela l'arrange; mais qu'il se souvienne que, dans mon histoire, ce fut au voyageur seulement que l'Opéra fit illusion et non à la nature. Nous sommes dans un temps, comme on l'a dit, où il y a quelqu'un qui a plus d'esprit que Voltaire et Rousseau : c'est tout le monde. Ainsi, quand le juste-milieu dira : « Je suis la France, » le voyageur le croira peut-être bien; mais la France, qui n'a pas besoin de voyager pour savoir ce qu'elle pense, parlera assez haut pour faire voir que si le juste-milieu a de la disposition pour le rôle de Mercure, elle ne veut pas prendre celui de Sosie.

22 mai 1831.

SI J'AVAIS L'ANNEAU DE GYGÈS!

J'AI toujours envié le privilége de cet homme qui ayant la faculté de se rendre invisible, si l'on en croit la fable, courait le monde pour étudier l'histoire sur place et non pour recueillir des adresses municipales et des harangues officielles qui sont pleines de vérités, si l'on en croit le *Moniteur*. Avec l'anneau de Gygès ou le talisman du héros des *Mille et une nuits*, on en apprendrait plus en une heure que dans toute une tournée, telle longue qu'elle pût être, durât-t-elle aussi long-temps que celle de ce romantique israélite qui promène, dit-on, ses remords depuis dix-huit siècles, pénitence un peu longue, il faut l'avouer, eût-il dépouillé la veuve et méconnu les droits de l'orphelin. Oh! que de belles et franches vérités les puissances de ce monde gagneraient à voyager dans un pareil équipage! quelle expérience et quelles lumières elles recueilleraient sur leur route, si elles précédaient leur grandeur d'une étape et déroutaient ainsi l'admiration officielle qui les attend au relais!

En mille endroits ce seraient les lamentations de la misère, que plus tard les harangues administratives vont couvrir du tumulte de leur félicité et du fracas de leur gratitude, comme ces Esculapes du dixième ordre, qui dans les foires de nos campagnes tenaillent les mâchoires rurales, tandis qu'un bruyant orchestre étouffe sous les roulemens du tambour et le bruissement de la trompette, les plaintes du désolé patient, qui est censé être placé sur un lit de roses, parce qu'on ne l'entend pas souffrir.

« Voyageur, dirait l'un, qu'il nous soit per-

« mis d'approcher de vous, puisque les bons « sentimens ne font pas encore la haie; nous « parlons moins haut que la flatterie, parce que « la voix de la faim est faible; mais quand on « vous dira que la révolution a fait notre bon-« heur, souvenez-vous de nos visages hâves, « pâles et décharnés. »

« Voyageur, dirait l'autre, vos envoyés et vos « mandataires militaires et civils vous diront « que l'âge d'or date de leur arrivée dans nos « contrées, et nous vous dirons, nous, que les « protecteurs que vous nous avez donnés nous « oppriment, et que vos soldats, les soldats que « vous nous faites payer si cher, nous tuent. »

Ainsi se passeraient les choses sur toute la route: ici, ce serait une discusion entre la garde rurale et son commandant; celui-ci voulant lui faire cueillir des bouquets, celle-là voulant aller cueillir ses pois, dont elle a plus affaire. Là, ce serait encore les soldats laboureurs maudissant la pluie et la manie des voyages, tandis que le maire bénit l'un et l'autre pour se mettre en verve de bénir. C'est ainsi qu'au lieu de ces formules de dévouement répétées comme un mot d'ordre sur toute la ligne, on entendrait des avis sincères, des révélations utiles; comme on n'aurait point écouté ce que les autorités disent, on saurait ce que le pays pense, et l'on n'aurait point à répondre en arrivant : J'ai touché toutes les acclamations que le télégraphe avait tirées sur les provinces, et tous les soins que vous avez bien voulu prendre pour empêcher la vérité d'arriver jusqu'à ma voiture, ont été couronnés d'un plein succès.

Quant à moi, qui trouve souvent la vérité parce que je la cherche toujours, si je portais à mon doigt la bague merveilleuse, je sais bien l'usage que j'en ferais. Je voudrais assister chaque jour au conseil des ministres, non pas pour les secrets que je pourrais leur surprendre, mais pour les avis que je voudrais leur donner. De curiosité, point n'en ai à satisfaire, l'on peut m'en croire, la presse disant chaque jour les secrets de la politique à l'oreille de la renommée. Je connais les personnages de la *comédie de quinze ans* aussi bien que tout autre personnage comique du répertoire; je sais mon Sébastiani comme un autre sait son Lazarille ou son Matamore; mon Montalivet comme on peut savoir son Scapin, et je possède aussi bien mon Périer que M. Périer peut posséder son Barême. Quand on voudra, j'écrirai l'historique d'un conseil sans y être allé, et je veux parier cent contre un que je ne me tromperai pas d'un mot. Si l'on désirait, par exemple, savoir ce qui s'est passé dans le conseil des ministres avant l'invasion officielle de l'Abbaye-au-Bois, je suis en état de mettre tous les considérans à côté du décret.

On a demandé à M. Sébastiani ce qu'il pensait; et il a expliqué son système de non-intervention, qui n'est qu'un non-consentement, proposant d'en faire l'application à l'Abbaye-au-Bois, et de ne pas consentir à la profanation, sauf à lui ouvrir la porte.

On a demandé à M. Barthe ce qu'il pensait; et il a dit, pendant près d'une heure, ce que les morts et les vivans ont pensé, tant en français qu'en latin, sur cette matière, si bien que lorsqu'il a fallu conclure, il s'est trouvé qu'il ne lui restait plus rien à dire.

On a demandé à M. Montalivet ce qu'il pensait sur les funérailles de M. Grégoire; et il a répondu : « Je suis botté, boutonné, éperonné; mon cheval et moi nous sommes prêts. »

On a demandé à M. d'Argout ce qu'il pensait; et M. d'Argout pensait à M. Decazes.

Enfin il s'est trouvé que M. Casimir Périer pensait comme tout le monde, ou que tout le monde pensait comme M. Casimir Périer.

Si quelqu'un doute de l'exactitude du procès-verbal, qu'on nomme des arbitres vérificateurs, j'accepterai tout le monde, si l'on veut le ministère lui-même; quoiqu'il soit partie dans l'espèce, je ne le crains pas pour juge. Vous vous imaginez bien que si j'étais là présent, en chair et en esprit, comme Gygès chez le roi Candaule, les affaires prendraient une tout autre tournure. Je laisserais d'abord parler tout le monde, et je tiendrais ferme contre les périodes disciplinées de M. Sébastiani, les dissertations de M. Barthe, les talens équestres de M. Montalivet, et même l'éloquence impérative et impétueuse de M. le président du conseil, qui introduit quelquefois avec tant de bonheur les attaques de nerfs dans la politique. Mais enfin mon tour viendrait, et la vérité, qui se serait retirée avec moi dans un coin pendant les harangues des conseillers titrés et dotés, n'aurait pas perdu pour attendre. Il me semble assister à la délibération où l'on a décidé que, pour la plus grande gloire de la liberté, on ne risquait rien de sacrifier un peu la gloire de Dieu, en proscrivant toute la solennité de ses fêtes.

« Messieurs, aurais-je dit aux ministres, du « sein de mon nuage, sûrement vous n'êtes pas « étonnés de ne pas me voir, car on dit que

« céans on ne voit pas grand chose. Quoi qu'il « en soit, je suis venu pour vous porter un bon « conseil, voyez si vous voulez le recevoir. Il y a « bientôt huit jours, vous avez décidé qu'en vertu « de la liberté, il fallait ouvrir d'autorité une « église, pour y exposer les restes d'un homme « que la loi religieuse réprouve ; vous n'avez pas « craint de blesser les légitimes répugnances « des catholiques en profanant leur basilique « par la présence de l'hérésie, venant attrister « la religion du spectacle d'une impénitence « qui survivrait à la mort même. Aujourd'hui, « vous défendez aux processions du christia- « nisme de traverser les villes chrétiennes, sans « doute de peur de choquer les répugnances des « Osages, ou d'alarmer la susceptibilité des mu- « sulmans. Cependant vous êtes chrétien, mon- « sieur Casimir Périer ; vous êtes chrétien, mon- « sieur Montalivet, et vous aussi, monsieur le « comte Sébastiani, et je pourrais vous fournir « au besoin votre acte de baptême signé et pa- « raphé par toute la corporation des honnêtes « tonneliers de la ville d'Ajaccio, que j'estime, « pour ma part, cent fois plus que beaucoup de « grandeurs du monde. Bien des choses se sont « passées depuis, je le sais, et l'on vous a vu, « sans compter le reste, général, député, am-

« bassadeur auprès de la Sublime Porte ; mais « enfin vous êtes chrétien, vous n'êtes plus à « Constantinople, et c'est à Paris que vous êtes « ministre. De privilége, les catholiques, vos « frères, ne vous en demandent pas; mais ce « qu'ils ne peuvent comprendre, c'est que vous « et vos collègues, si méticuleux quand il s'agit « de causer un désagrément aux yeux judaïques, « ou de laisser troubler par des chants chré- « tiens l'inviolabilité des oreilles mahométanes, « vous traitiez si peu cérémonieusement la foi « du Christ, notre foi et la vôtre aussi, mes- « sieurs les ministres, du moins je l'espère. « Nous nous demandons si nous devons être « exclus du droit commun parce que nous som- « mes la France? Si dans un pays éminem- « ment catholique, où le chef du gouvernement « actuel a, dit-on, des prétentions officielles « au titre de très-chrétien, le catholicisme est « hors la loi? Comment il se fait qu'on en- « joigne aux autorités civiles et militaires de « prêter main-forte à quiconque, pour l'insulter, « veut forcer son sanctuaire même, tandis que « lui, s'il veut faire un pas hors des églises, la « loi civile est là pour appréhender au corps la « loi religieuse et lui signifier l'amende ou la « prison? Est-ce là, messieurs les ministres, ce

« que vous appelez l'égalité, l'impartialité, la « justice, et ne voyez-vous pas que l'on va dire « que vous avez deux poids et deux mesures « dans vos jugemens? Serait-ce qu'en agissant « ainsi, M. Horace aurait voulu que M. Tiburce « portât au calife la nouvelle de la Fête-Dieu « supprimée en réjouissance de son joyeux avè- « nement à la succession de M. Guilleminot? « nouvelle bien propre à édifier toutes les mos- « quées et à servir d'occasion aux danses des « derviches danseurs, et aux chants des der- « viches hurlans? Quelque popularité que cet « acte anti-chrétien puisse obtenir à Constan- « tinople, messieurs les ministres, il réussira « mal en France et en Europe, je vous en aver- « tis; c'est du christianisme qu'on peut dire, « avec vérité, qu'il porte malheur à ses enne- « mis; après avoir traversé dix-huit siècles, il « est jeune encore, plus jeune même que le jeune « ministre; et avant de le persécuter, vous auriez « dû vous rappeler qu'il lui a été donné de prier « sur le tombeau de tous ses persécuteurs. »

Cette harangue dite d'un ton ferme et à la fois modeste, j'aurais pris M. le président du conseil à part, et j'aurais ajouté : « Ça, monsieur Pé- « rier, vous êtes homme de calcul, habile à sai- « sir le côté financier des choses; vous êtes minis-

« tre, moi je suis invisible; mettons nos avan-
« tages ensemble, et parcourons un peu, non
« pas le *Moniteur,* mais le monde, nous y ga-
« gnerons quelques vérités. M. Sébastiani, vo-
« tre collègue, érudit s'il en fut dans l'histoire
« mahométane, vous dira qu'Araoun-Al-Ras-
« chid visitait sa capitale sous un déguisement:
« un président du conseil tel que vous peut
« bien, sans déroger, suivre les traces d'un sul-
« tan. Etes-vous prêt? partons. »

Nous voici dans les rues; grâce à vous, elles sont désertes, et l'une des fêtes les plus solennelles du christianisme n'est pas plus chômée que si nous étions dans un royaume infidèle ou payen; c'est quelque chose, sans doute, mais ce n'est pas tout encore. Vous avez une tête commerciale, et nous sommes dans un siècle positif où l'on aime à évaluer en numéraire la politique, la morale et la religion. Eh bien! étudions un peu les résultats financiers de votre dernière ordonnance relative au culte; soumettons-la à un congrès, non pas de juges ecclésiastiques ou politiques, mais à un congrès industriel; vous ne déclinerez pas la compétence de vos pairs dans cette occasion.

Bouquetières, vous avez la parole. Que pensez-vous de l'ordonnance de M. Périer? — Nous pensons que nous n'avons pas vendu un bouquet, et qu'aux Fêtes-Dieu précédentes nous en vendions mille. — C'est assez; à vous tapissiers. — Nous perdons le meilleur jour de l'année, puisqu'il faut renoncer à louer nos tentures; si l'on nous ôte cette dernière ressource, il faudra renoncer au commerce. — Fort bien; à vous rubaniers. — Les rubaniers parlent de même; de même les gantiers, de même les ciriers, de même les charpentiers; ainsi voici, de compte fait, sept professions commerciales que l'on ruine pour le plaisir d'empêcher le catholicisme de traverser processionnellement les places et les rues, et de prier à la face du Ciel pour la patrie. En vérité, monsieur Casimir Périer, votre philosophie nous coûte un peu cher, et vous devriez nous permettre de faire du bien aux hommes, quand même il faudrait pour cela nous laisser rendre gloire à Dieu.

Voilà comme j'entends l'éducation ministérielle, et l'on voit que sur ce plan je ferais de belles choses si j'avais l'anneau de Gygès. Que si vous me demandez pourquoi mes conseils s'arrêtent aux ministres, et ne s'adressent point à celui qui les nomme, je vous dirai qu'il n'a pas de conseils à recevoir, et qu'il s'est mis dans une position à ce que je ne puisse lui en donner. Le gouvernement, tel que l'a fait la révolution de juillet, est une singulière machine, et je ne sais si je réussirai à vous l'expliquer. Ennius prétendait qu'il avait deux âmes parce qu'il parlait deux langues ; la royauté de juillet pourrait dire qu'elle a sept âmes, depuis qu'avant de parler elle est obligée de demander ce qu'elle pense à l'un des sept tuteurs qu'on nomme, je ne sais pourquoi, ses conseillers. Il s'agit de l'extérieur : « Ministre des affaires extérieures, qu'est-ce que je pense? » De l'intérieur : « Ministre de l'intérieur, qu'est-ce que je pense? On me harangue, qu'est-ce que je veux répondre? On me prend pour juge, quelle est ma décision? » En vérité, puisque nous sommes dans une époque où tout le monde est exposé à être roi, je prends mes précautions d'avance, et je déclare qu'à de telles conditions, je ne veux régner sur personne. Il m'est avis qu'en acquérant sept âmes, la royauté a perdu la sienne, et ce sont âmes souvent si mesquines, si rétrécies et si laides, âmes de rebut et de pacotille que celles qu'elle a acquises, qu'elle a perdu cent pour cent au marché.

6 juin 1841.

D'UN MANUEL DES HOMMES LIBRES,

A L'USAGE DES HOMMES EN PLACE.

Nous sommes dans un temps d'austérité et de vertu difficile à décrire ; partout on trouve une noblesse d'âme égale au moins au respect général pour la foi jurée ; c'est un échange merveilleux des sentimens les plus purs et les plus sublimes ; pas un préfet qui n'ait une ressemblance plus ou moins éloignée avec Brutus : si

Caton revenait au monde, sa toge s'humilierait devant le frac, et il reconnaîtrait que nos sous-préfets mêmes sont ses maîtres en fait de rigidité républicaine et de franchise. Mais au sein de mon admiration pour les miracles des vertus contemporaines, une crainte me poursuit. Depuis que le libéralisme s'est chargé de faire la fortune de la France, en commençant par faire la sienne, sans doute pour se tenir en haleine, la liberté est devenue un art qui a, comme tous les autres, ses lois et ses règles; depuis que les préfets sont des hommes libres ou que les hommes libres sont préfets, l'indépendance est un métier lucratif, il est vrai, mais parfois difficile; il faut l'avoir appris pour le faire; et malheureusement dans ce siècle si fécond en manuels, ce siècle où maçons, architectes, ébénistes, modistes, tailleurs, coëffeurs, tous, jusqu'aux artistes culinaires, trouvent leur génie imprimé et leurs inspirations reliées et dorées sur tranche, les hommes libres n'ont point des facilités pareilles, point de chemin tracé au cordeau qu'ils puissent suivre, point de ces dictionnaires complaisans où ils soient à même de trouver toute leur conduite dressée et ordonnée d'avance par ordre alphabétique, leurs sentimens classés et leurs vertus numérotées à la table. Certes, les capacités de juillet sont grandes, et en plus d'une occasion je leur rendis justice; mais cependant je tremble de les voir livrées à elles-mêmes chaque fois qu'elles sont mises à l'épreuve. Il y a bien parmi elles de ces esprits transcendans auxquels on n'a rien à apprendre, de ces génies naturels qui peuvent se passer d'art et d'étude; et certes ce bienheureux maire de Parthenay, qui, voulant fêter dignement la Saint Philippe, conçut la sublime idée de suspendre un gigot de mouton à un mât de cocagne où la garde nationale devait monter en grande tenue, et sans doute tambour battant et les enseignes déployées, n'a que faire d'un obscur manuel. Mais les supériorités intellectuelles de ce genre sont rares, même chez le libéralisme; et quelle commodité ne trouverait pas un homme libre, qu'il fût adjoint, préfet, procureur-général, substitut ou maire, à pouvoir, la veille de quelque passage officiel ou solennité politique, dire à sa gouvernante : « Jeanneton, ouvrez le Manuel de l'homme libre à l'article dévouement, et lisez-moi ma conduite de demain? »

Avec un pareil livre, tout devient simple et facile; on vous trouve là le menu de son éloquence et son maintien officiel, comme dans la *Cuisinière bourgeoise* on trouve le menu de son dîner. « Videz-moi cette oie, et mettez-la à la broche, » dit le *Manuel* à la cuisinière; « habit noir, écharpe municipale, cocarde tricolore d'un demi-pied, et salut à quarante-cinq degrés, » dit le Manuel à l'homme libre : partout de la muscade, partout du dévouement; du persil haché pour liaison, de la fidélité et du respect, du poivre et du sel, Jemmapes et Valmy; et en un tour de main on vous saute un poulet, on vous fête un roi.

Cette idée m'avait tellement frappé que j'en rêvais vraiment; j'avais presque résolu de suppléer à cette omission de notre littérature; mais le temps est court, les gouvernemens vivent vite, et je craignais toujours que mon livre n'arrivât trop tard pour être utile. Nous sommes dans une époque où les goûts, les modes, les lois, les sermens, les rois de la veille sont des anachronismes le lendemain; et l'avenir suit de si près le présent, qu'il n'y a pas d'autre moyen d'arriver à temps pour être de circonstance, que de prédire les évènemens au lieu de les raconter. Aussi cette méthode a-t-elle aujourd'hui, comme on sait, beaucoup de partisans. Pour moi, plus timide ou moins habile, j'allais renoncer entièrement à mon manuel, lorsque le hasard me fit tomber sous la main les instructions paternelles d'un ancien préfet de l'empire à son jeune fils, que le gouvernement actuel venait de nommer sous-préfet. Comme je les ai trouvées je les donne, m'inclinant avec respect devant un si dangereux rival : les préfets sont les commentateurs naturels du *Moniteur,* et en fait de liberté et d'indépendance, on sait que ceux de l'empire ont toujours fait autorité, comme ceux d'aujourd'hui.

« Mon fils, lisait-on au commencement de ce rescrit, souvenez-vous que le premier devoir d'un fonctionnaire est de garder la place où il peut être utile au pays, et que le meilleur moyen pour y parvenir est de plaire en tout au gouvernement ; ainsi, c'est un acte de bon citoyen que d'être bon courtisan. Qu'aucune démarche ne vous coûte donc pour obtenir la faveur du ministère ; que toutes ses intentions, quelles qu'elles soient, trouvent chez vous sympathie et concours ; s'il le faut, faites votre fortune par patriotisme, et passez-en par tout ce que le gouvernement voudra, pour travailler au bonheur de la France et devenir préfet.

« D'autres vous diraient : étudiez la législation, approfondissez l'art administratif, recherchez les intérêts des localités ; pour moi, j'ai été préfet, je suis votre père, et je n'ai qu'un conseil à vous donner : lisez le *Moniteur*. Là vous trouverez formulés la fidélité à tous les régimes, l'amour des dynasties, et tous les enthousiasmes qui se sont succédés dans notre belle France ; lisez le *Moniteur*, mon fils, c'est le manuel du patriotisme en place, c'est le bréviaire de tous les dévouemens.

« Que si vous avez un journal ministériel dans votre département, les instructions à lui donner dépendront des circonstances ; si l'on attaque l'autorité avec les armes de la logique, si les argumens sont susceptibles de paraître concluans à ceux qui ne jouissent pas de l'indépendance d'esprit que donne une sous-préfecture, ou toute autre position ministérielle, il faut faire répondre que, hors d'état de soulever contre le pouvoir des résistances matérielles, l'esprit de parti est contraint de se réfugier dans une opposition verbale, et qu'il n'a plus d'autres armes que des théories et des mots. Que si, le cas contraire échéant, des obstacles matériels naissaient sur les pas du pouvoir, si des résistances énergiques remplaçaient les argumens, vous avez trop bien profité de vos études pour avoir oublié ce Grec qui disait à un argumentateur raisonnant le bâton à la main : *Frappe, mais écoute*. Cette citation, assaisonnée de quelques développemens sur la logique de la violence, a toujours fait bon effet, et l'on pourra s'écrier à la fin : « L'opposition quitte le terrain de la discussion pour en venir aux voies de fait : l'opposition est vaincue. » Vous le voyez, mon fils, avec de l'esprit et de l'à-propos, l'autorité peut tirer parti de tout, même des coups de bâton.

« Mais comme le ministère actuel, étendant la bienfaisante influence de la police, vient de créer un bureau de logique, votre tâche sera simplifiée d'autant. Vous correspondrez assidument avec les écrivains chargés par le gouvernement de prouver qu'il a raison, et vous ferez enregistrer dans votre journal une approbation à laquelle le pouvoir a d'autant plus de droit qu'il la paye comptant.

« Si par hasard le ministère changeait, ce qu'à Dieu ne plaise! je ne vous dirais point comme ce détestable flatteur de l'ancien régime, que vous devez être le serviteur de tout nouveau ministre, et même vous croire un peu son parent: mais je vous dirais que tout ami du pays doit acquiescer à son jugement, et que si tout ministre debout a droit à votre affection et à vos respects, parce que c'est l'homme de la France, tout ministre renversé a droit à votre réprobation, parce qu'il est réprouvé par le pays. Je veux vous citer ici l'exemple d'un de mes anciens amis qui a traversé toutes les révolutions sans être atteint par aucune, et qui a fait, comme on dit dans la langue bureaucratique, trente-deux ministres en restant immuablement fidèle à son pays et à sa place. Le lendemain de chaque nomination nouvelle, il entrait dans le cabinet de l'excellence du jour, et prononçait cette phrase unique qui, répétée trente-deux fois, lui a trente-deux fois réussi : « Monseigneur, je suis franc et sincère; j'avais déplu à votre prédécesseur parce que je désapprouvais le système qui l'a perdu ; c'est dire assez que je hâtais de mes vœux le jour où je pourrais offrir mon zèle et mon activité à votre excellence. » Retenez cette phrase, mon fils; dans un temps comme le nôtre, elle vaut un million.

« Je ne vous cacherai point que jamais les circonstances ne furent plus difficiles pour un fonctionnaire. Ces allées et venues continuelles du gouvernement, ces tournées officielles, ces voyages politiques ont été inventés pour le tourment des préfets. Mais les difficultés ne servent qu'à donner un relief aux grands caractères ; et si dans ces occasions importantes on peut tout perdre, on peut aussi tout gagner. C'est ici où le *Moniteur* vous sera d'une utilité incomparable, et je veux vous citer quelques exemples qui pourront devenir pour vous des leçons. Ne craignez pas d'introduire dans vos harangues les mots de liberté et d'indépendance; on peut tirer bon parti de ces mots quand on a l'art de les faire valoir. Voyez dans le *Moniteur* le discours du maire de Château-Thierry : *Sire,* s'écrie-t-il, *franchise et loyauté, voilà notre devise, notre seul langage, c'est celui de la vérité.* A de telles paroles le harangué craint une sortie républicaine, des plaintes, de l'opposition. Alors le harangueur continuant sa mission d'audace et de franchise, reprend : *Sire, vous fûtes notre ancre de salut, vous nous sauvâtes du naufrage; c'est pour moi un inappréciable bonheur de déposer aux pieds de votre majesté l'hommage respectueux des habitans de cette ville; partout nos cœurs suivront vos pas; l'amour et la bénédiction des peuples vous appartiennent et vous sont garans des bénédictions que la postérité réserve à votre mémoire* (1). En un mot, tout ce qu'un sous-préfet peut dire quand il s'adresse à celui qui l'a nommé. Cette formule de harangue est bonne à retenir, quoiqu'on en ait déjà fait souvent usage; car une louange dite sur le ton d'une injure

(1) Voir *le Moniteur* du 9 juin.

sort du genre ennuyeux et commun, ce qui est une bonne fortune pour un préfet. Tacite rapporte bien à ce sujet qu'un sénateur, après avoir proposé de décerner des autels à Tibère, répondit aux modestes refus de l'empereur en disant qu'il était un homme libre, incapable de sacrifier par condescendance l'opinion qu'il trouvait dans sa conscience : et que dût-il exciter la colère de César, il soutiendrait avec l'énergie d'un républicain, qu'il fallait élever des autels au maître du monde. Tacite ajoute que les ressources de l'adulation étant épuisées, celle-là seule demeurait encore (1). Bien des siècles se sont écoulés depuis, et en dix-huit cents ans, on a quelquefois flatté, je ne le nie point ; mais, mon fils, nous croyons au *Moniteur* et non pas à Tacite, écrivain de l'opposition s'il en fut, incapable, je vous l'assure, d'avoir place dans ce bureau de logique que le ministère vient d'instituer à la police, acerbe libelliste et même quelque peu pamphletaire, dont M. Persil devrait écrouer la mémoire à Sainte-Pélagie, pour l'instruction de la postérité et la vengeance du gouvernement de Vitellius et de Claude.

« Si vous êtes jamais mis à la tête d'une loca-

(1) *Ea sola species adulandi supererat.*

lité dont le nom rappelle quelque souvenir célèbre, ne manquez point d'en profiter, mon cher fils. Ainsi, voyez tout le parti que les autorités de Châlons ont tiré de Valmy! comme elles ont fait entrer dans leurs discours les lauriers, la France sauvée, l'Europe repoussée (1)! tellement qu'un étranger qui passait par-là a demandé si enfin la guerre venait d'éclater, et si M. Sébastiani avait vaincu, ce à quoi on lui a répondu qu'il s'agissait d'une victoire remportée il y aura au mois de septembre prochain trente-neuf ans, par le général Dumouriez, et dont les vainqueurs et les vaincus sont aux Invalides. Cela fait bien répéter à quelques personnes qu'en France on n'a pas ordinairement besoin de se souvenir si long-temps d'un triomphe, parce que chaque jour amène sa gloire, comme on dit; mais enfin cette méprise fait honneur à la fraîcheur de la mémoire des autorités de Châlons, et à la vivacité d'une reconnaissance qui en trente-neuf ans n'a rien perdu de sa verdeur.

« Que j'aime aussi cette canonnade d'allusion dont le signal est parti du chef-lieu, et qui, sui-

(1) S'il s'agissait de Jemmapes, vous pourriez suivre en tout point le même cérémonial qu'on a observé à Valmy.

vant une expression officielle, était *le simulacre de la canonnade de Valmy!* Dût-on dire qu'en fait de gloire et de courage nous en sommes aux simulacres, je déclare, moi, que le préfet est un habile homme, et qu'un maître des cérémonies n'eût pas fait mieux. Cela doit vous apprendre, mon cher fils, que le véritable dévouement a ses miracles; et l'histoire de cet habit municipal qui, prêté au général Égalité au mois de septembre 1792, reparaît trente-neuf ans après sous les yeux du roi Louis-Philippe, et sur le dos de son propriétaire, aussi intact que son enthousiasme, aussi bien conservé que son amour, est un des plus agréables incidens administratifs qui puissent se rencontrer dans l'esprit d'un préfet. N'écoutez point ces esprits satiriques qui, trouvant à mordre sur tout, prétendent que de pareilles aventures sont arrivées de tout temps, et que, s'il y a des gens qui conservent des antiques, d'autres plus habiles se chargent d'en faire pour la circonstance. Ne permettez pas qu'on parle mal devant vous des reliques qui attendent l'exaltation du saint pour paraître; et si l'on vous dit qu'il est merveilleux qu'un habit et une taille faits l'un pour l'autre il y a trente-neuf ans, se conviennent encore après tant d'années de séparation, répondez hardiment que lorsque chacun y met du sien tout s'arrange, et que d'ailleurs le véritable dévouement ne maigrit ni n'engraisse, puisqu'il est toujours le même. »

Signé M***, ex-préfet de l'empire,

Pour copie conforme,

N.

13 juin 1831.

REQUÊTE EN FAVEUR DES LIS.

VIENNE le 30 juillet, il y aura un an que je suis souverain, je veux dire souverain comme un autre, souverain comme tout le monde, pour un trente millionième, ni plus ni moins: car, depuis la bienheureuse révolution, le plus mince bourgeois, comme on sait, fait souche de dynastie, et il n'est âme vivante qui n'ait sa portion de souveraineté, sa cote part de toute puissance, son coupon de royauté. La couronne a été divisée et subdivisée à l'infini, si bien qu'on a vu que, pour représenter ma portion et celle de chacun de mes co-propriétaires, j'ai été obligé de me servir d'une fraction dont le numérateur est 1 et le dénominateur 30,000,000. C'est depuis l'avènement de tout le monde au trône que j'ai senti le besoin de me distraire des soucis et des ennuis inséparables de l'empire; car tous tant que nous sommes, nous avons un règne orageux, il faut l'avouer, et je n'ai jamais si mal dormi qu'à partir du jour où l'on m'a signifié de par l'émeute que j'étais tout puissant, et que la souveraineté était partout, excepté là où elle avait toujours été jusqu'ici.

C'est le peuple souverain qui se plaint, qui crie, qui murmure, qui tempête, organise des émeutes, sans doute contre lui-même, et conspire probablement pour se détrôner. Puis c'est le souverain qui fait des patrouilles, se prend au collet, s'arrête sans s'épargner les bourrades, et se traîne de ses propres mains en prison. C'est encore le souverain qui pille le souverain, le souverain qui se jette des pierres et qui se rend en échange des torrens de pluie, à l'aide d'une artillerie hydraulique, se traitant sur le pied d'un incendie et s'accordant avec lui-même comme le feu et l'eau.

En vérité, au milieu de toutes ces agitations et de tous ces phénomènes inexplicables, on a besoin de respirer quelquefois. La politique est la terre des énigmes, des contradictions, des mystères ; il faut en sortir si l'on aime le sommeil et le repos. On ne peut pas suivre toujours les émeutes de sa fenêtre et les Polonais sur la carte. Les voyages officiels ont leur charme ; mais quand on en a vu un, on les a vus tous ; et à force de contempler la joie, l'allégresse et l'ivresse formant l'escorte, l'enthousiasme criant à pleine voix, et le dévouement saluant jusqu'à la livrée et les chevaux, on se sent le cœur affadi, on bâille au nez de l'enthousiasme et de l'allégresse, et l'on s'endort sur le dévouement. Quant au choléra, il a son prix sans doute, surtout depuis qu'il a l'honneur de défrayer des éloquences royales, et l'on disait à ce sujet qu'il faut que les peuples soient bien malades pour que les discours des rois ressemblent tant à des consultations de médecins. Mais nous ne sommes rien moins que sûrs de posséder chez nous le fléau voyageur : n'a pas la peste qui veut, et on a beau nous donner l'itinéraire de sa route, nous indiquer religieusement ses étapes ; on a beau nous envoyer la statistique des progrès et des succès de la contagion, et les bulletins de sa santé, rien n'a transpiré sur le but de son voyage, et l'on ne sait point encore, même à la Bourse, si le choléra-morbus voudra accepter la survivance de la révolution de juillet.

Las donc de la politique et des émeutes, des tournées des gouvernemens et des voyages de la peste, j'avais adopté un genre de distraction qui me faisait oublier parfois mes traverses et mes peines, mes regrets du passé et mes craintes sur l'avenir. Le calme renaissait dans mon cœur, et le sourire sur mes lèvres, et pourtant je le déclare, et au besoin je le jure, je ne faisais ni satire sur M. Périer, ni épigramme contre M. Sébastiani. Connaissant peu les puissances de la terre, inconnu d'elles, je n'ai vu des ministres que leur portrait, et encore était-ce chez Martinet. On ne trouve qu'eux, on le sait, dans ce musée des grotesques; et il y a des connaisseurs qui prétendent que c'est de leur part attention délicate, vrai dévouement de patriotes qui, voyant bien qu'ils ne réussissent à rien pour notre bonheur ou notre gloire, veulent au moins qu'on puisse dire que le Ciel les a mis ici-bas pour nos menus plaisirs. Vrai ou non, on le dit, et je le répète, si loin je suis de vouloir rien leur retirer de leur mérite, rien cacher des services qu'ils rendent au pays. Mais que les ministres aient d'eux-mêmes élu domicile dans les galeries de la caricature, peu m'importe; que la médisance prétende à ce sujet que, lorsque Curtius sauta dans le gouffre, on poussait son dévouement par derrière, et qu'il sauva son pays parce que le pied lui glissa, peu m'importe encore; que M. Sébastiani soit l'homme le plus propre du monde à amuser les loisirs du corps diplomatique, et qu'on prise partout la convenance parfaite avec laquelle il traite si sérieusement les choses plaisantes, si plaisamment les choses sérieuses, point ne l'affirme, point ne le nie; mais ce n'est point là encore le sujet de mes distractions, ni l'occupation de mes loisirs.

Depuis qu'il a plu à la révolution de sortir de ses quartiers d'hiver, ou depuis qu'on a démuselé le tigre, comme disait M. de Mirabeau, qui s'y connaissait, mon seul bonheur est de m'écarter le plus possible du voisinage des hommes. Je m'éloigne de la société pour revenir à la nature, ou bien, pour parler sans métaphore, je cesse de m'occuper des harangues des orateurs, des discussions des publicistes et des fautes des hommes d'Etat, pour ne penser qu'aux champs, aux fleurs et aux jardins. L'ordre immuable qui règne dans le monde naturel me console de l'anarchie du monde social, et il me semble admirable de pouvoir sortir d'une sphère d'idées où l'on ne peut rien calculer ni prévoir, où tout est en contravention avec les règles du bon sens, où jamais le vraisemblable n'est vrai, et où le vrai n'est jamais vraisemblable, pour vivre dans un ordre de choses où tout est régulier, arrêté, constant, où le cours périodique du temps ramène avec une précision merveilleuse les mêmes évènemens et les mêmes phénomènes.

En vérité, pour un légitimiste, il n'y a de refuge, dans les temps de révolution, que dans la botanique et l'astronomie; car il n'y a plus que là que chacun attende son tour pour paraître, et l'on ne dit point jusqu'à présent que les fleurs aient manqué à l'appel du printemps, que le soleil ait été forcé d'abdiquer ses rayons, ou que l'hiver ait usurpé sur l'été, même depuis la révolution de juillet. Si vous me demandez donc ce qui fait ma consolation, je vous nommerai la botanique. Je suis botaniste de conviction et d'enthousiasme, et cette prédilection s'explique par les exemples que nous a légués le passé. Quand la révolution et l'anarchie bouleversaient tout dans Rome, Virgile chantait l'ordre immuable de la nature, les lois inaltérables des saisons, et le code immortel des champs et des prairies. Quand la révolution et l'anarchie frappèrent aux portes de la France, Delille écrivait le poëme des *Jardins*. C'est que l'esprit humain se plaît à ces contrastes, c'est que l'amour de l'ordre et le sentiment de l'harmonie que nous portons dans notre cœur ont besoin de réparer d'un côté les pertes qu'ils font de l'autre, et personne ne niera qu'ils n'aient terriblement perdu depuis la révolution de juillet.

Je suis donc un homme tranquille, n'ayant pas une once de fiel dans l'âme, fort ignorant dans la science de la politique, mais non dans celle des jardins, un véritable ermite vivant plus avec les tulipes qu'avec les hommes, ôtant respectueusement mon chapeau aux émeutes, et les laissant passer outre, pourvu qu'elles n'en aient pas aux fleurs. Que M. Laffitte triomphe ou que M. Périer l'emporte, je ne m'en soucie guère plus que de Pompée ou de César, de Sylla ou de Marius. J'ai vu toutes les espèces libérales se succéder au ministère; j'ai vu M. Sébastiani greffé sur M. Périer, et M. Montalivet prouver qu'il prend sur toute espèce de terrain; et au milieu de tant de célébrités avortées et d'immortalités mortes-nées, je me suis contenté de dire qu'il en est des révolutions comme des éducations de serres chaudes, et que les unes et les autres viennent vite et meurent de même. Mais ma longanimité a été inutile; le ministère en veut à mes foyers, le ministère me prend à partie, et je garderai le silence. Non! de par Dieu et de la botanique! Qui attaque les fleurs m'insulte; et le public et les deux Chambres futures, auxquels j'en appelle, jugeront si les fleurs ont été attaquées.

« C'était un vendredi, jour de néfaste mémoire, leur dirai-je; j'avais étudié mon herbier, et j'allais au Jardin-des-Plantes rendre visite à mes lis. J'aime les lis, messieurs, comme un ministre aime sa place, un aveugle son chien, un auteur son dernier ouvrage, comme les Français aimaient jadis leur roi. Je les avais quittés brillans de tout l'éclat de la jeunesse, avec leurs fleurs blanches et odorantes, symbole d'innocence et de pureté, leurs pistils verdâtres et leurs étamines surmontées d'un jaunâtre sommet. Je me représentais en idée les progrès qu'ils avaient faits en mon absence; je jouissais d'avance de mon bonheur; respirant à peine, hors d'haleine, j'arrive, je cherche, je regarde.... La place où ils fleurissaient était vide, vide comme un champ moissonné. Les barbares étaient encore là, la faux à la main, riant de ma douleur, insensibles à ma peine; et l'on balayait mes pauvres lis comme s'il s'agissait d'une Constitution ou d'une dynastie. Eperdu, désolé, je vole aux Tuileries : même spectacle, même désastre. La botanique, comme la politique, faisait ce jour-là sa Saint-Barthélemy; partout les parterres jonchés de lis flétris, languissans, sans couleur, sans vie, et moi j'étais là, assistant aux funérailles de mes fleurs bien aimées!

« De par Dieu! messieurs les ministres, que signifient de pareils actes, et où voulez-vous en venir? Qu'y a-t-il entre vous et nos parterres? Ces innocentes plantes vous effraient-elles, et mes lis vous empêchent-ils de dormir? Et vous, monsieur Montalivet, vous, mon ancien condisciple, vous, couvert encore des lauriers que vous avez rapportés de vos classes, vous, en état d'en remontrer à tous les ministres de l'Europe, soit en latin, soit en grec, vous ne vous êtes point écrié à la vue de pareils sacriléges :

Barbarus has segetes!

« Et au nom du Ciel, qu'avez-vous à faire de ces lis? En ferez-vous litière pour vos chevaux?

« En vérité, messieurs, je ne sais que penser, car rien n'explique, rien n'excuse cette violation du territoire de la botanique, que jusqu'aujourd'hui tous les partis avaient respecté. Le libéralisme devrait se renfermer, avec la révolution, dans le règne animal ; mais venir nous poursuivre jusque dans le règne végétal, c'est pousser un peu loin la tyrannie.

Auriez-vous eu par hasard, messieurs les ministres, la belle idée de supprimer les lis pour ne point choquer le soleil de juillet? Voudriez-vous ainsi souhaiter la fête aux trois journées avec un bouquet de circonstance, et mettre la révolution de bonne humeur en ne laissant au monde que des fleurs de son goût? Alors, m'est avis que vous avez fort affaire, et que vous ne vous figurez pas même la moitié du travail que vous entreprenez. Me diriez-vous seulement combien il y a d'espèce de lis, vous, monsieur Périer, et vous, monsieur Sébastiani, et vous tous messieurs les destructeurs des parterres et les vainqueurs des jardins? Savez-vous que Tournefort compte quarante-six membres dans la grande et noble famille des lis, et que, lorsque vous aurez tué le lis blanc, il faudra tuer le lis asphodèle, sans parler du lis de saint Bruno, du lis jacinthe et du lis des vallées? Allez, allez, les lis sont immortels en France : ils fleuriront sur votre tombe. Si quelqu'un trouve quelque chose à y redire, je demanderai si Tarquin, le coupeur de pavots, a réussi à détruire cette fleur. Et puis, voyez-vous, messieurs les ministres, nos sommes beaucoup de botanistes en France qui ne laisserons pas périr la fleur que vous proscrivez. En Hollande, on achète une tulipe au prix de son patrimoine : soyez sûrs qu'en France il y a tel lis qu'on croirait encore payer bon marché en l'achetant à ce prix. Cela dépend de la passion de l'acheteur, de la beauté de la plante; mais vous ne comprendriez pas sans doute mes raisons, car je suis sûr que vous ne distingueriez pas le lis aspholède du lis de saint Bruno, et que vous seriez hommes à confondre les pétales avec les pistils. »

Ce discours prononcé, j'attendrai sans crainte le jugement des Chambres. Sera-t-il favorable ou non au lis? Peu m'importe, après tout, car ils survivront à leurs juges comme à leurs profanateurs. Dans le règne végétal, il n'est point facile de créer et de détruire, et il faut bien qu'on se persuade que la révolution de juillet n'a rien changé à la nature. Que M. Périer et M. Sébastiani s'unissent pour détrôner les rois de nos jardins, leur victoire peut durer un hiver, mais ils n'empêcheront pas les semences de germer, les jeunes plantes de grandir; et si les lis ont un moment disparu, le soleil brille toujours, et le printemps est un grand faiseur de restauration.

27 juin 1831.

SOUVENIRS

DE LULWORTH, HOLY-ROOD ET BATH.

Nous ne sommes plus au temps où l'on dictait son testament avant de partir de Paris pour Rouen, ou de Rouen pour faire un pélerinage à Sainte-Geneviève de Paris; dans ce siècle-ci, tout le monde voyage; il n'est fils de bonne maison qui ne songe à faire le tour du monde pour perfectionner son éducation ou la corrompre, et je ne croirais pas adresser une question impertinente à mes lec teurs et à mes lectrices, en leur demandant s'ils n'ont pas par hasard fait caravane dans les solitudes de Zahara, et rencontré le terrible vent du désert sur leur route. — Non. — En ce cas, vous ne savez pas comment toutes les têtes se baissent, tous les genoux se courbent, toutes les bouches se taisent, tous les manteaux se croisent pendant le passage du fléau? Mais, du moins, vous vous êtes bien rencontrés une fois dans votre vie à Marseille avec le mistral? alors vous n'ignorez pas que la moitié de la ville prend la fuite, et que l'autre moitié n'existe qu'à huis clos, renfermée, scellée, claquemurée, n'ouvrant la porte à personne de peur de l'ouvrir au vent voyageur, vivant d'une vie d'ermite, et laissant le haut du pavé au mistral. Le vent du désert n'est point attendu à Paris, que je sache; son frère de Marseille n'émigre point en notre faveur, et l'on n'entend parler pourtant que de gens qui se cachent, et de gens partis, partans, ou prêts à partir; la ville presqu'entière est en habit de voyage, et il est officiel que Paris passe la fin du mois à la campagne : on ne voit qu'hôtels dépeuplés, salons vides : et je déclare ici, sous le sceau du secret, que je connais trois maisons du Marais qui font des provisions de siége, et qui ont embrassé leurs parens du quartier d'Antin comme des amis qu'on ne doit plus revoir.

La raison? faut-il la dire? en vérité je l'ose à peine. Ce sont les glorieuses journées qu'on met en tiers avec le mistral et le vent du désert, les glorieuses journées qu'on traite en fléau. Heureux jour! M. d'Argout le dit, il faut l'en croire, puisque nous lui devons le ministère de M. d'Argout; anniversaire fortuné, je le veux bien encore; mais chacun a peur de son bonheur, et l'on ne rencontre que gens pressés de mettre quelques lieues entre eux et leur félicité; en un mot, à mesure que les glorieuses journées arrivent, tout le monde s'en va.

Je déclare, pour ma part, que depuis le commencement du bienheureux mois, je ne puis entrer nulle part sans voir des préparatifs de retraite. *Quand partez-vous?* c'est là la phrase de rigueur, la formule qui a remplacé le protocole des salutations ordinaires; d'enthousiasme, d'ivresse, on n'en parle guère autre part que dans les journaux, mais on parle partout de chevaux de poste; la Chaussée-d'Antin ellemême émigre, le quartier du Palais-Royal est en voiture; et quand les joies de juillet arriveront, il faudra faire, je crois, une réquisition dans la banlieue pour les recevoir. « En vérité, disait quelqu'un, quand la fin du monde serait attendue à Paris, on ne ferait pas plus de frais pour ne pas s'y trouver avec elle. »

Il y avait là une jeune femme que tout le monde entourait, plaignait, consolait; je voulus savoir si elle avait perdu un mari, une ambassade, un enfant, un équipage. Tout au contraire, me dit-on, mais on ne veut la laisser partir que dans quinze jours; c'est une cruauté, une barbarie, une inhumanité : il y a là vraiment cause de séparation, presque motif valable de divorce. C'était chez un fonctionnaire qu'on disait tout cela, et la jeune femme était là, entendant prêcher d'avance son martyre, se mettant à la hauteur de son rôle de victime, et disant : *Je reste dans mon hôtel,* comme on dit : *Je reste sur la brèche.* Un de mes voisins m'apprit alors qu'on avait partagé tous ces voyageurs en trois catégories : les effrayés ont quitté Paris en juin, les braves dans la première semaine de juillet, les héros veulent voir le danger venir : ils ne fuiront que la veille. « Et ceux qui resteront à Paris pendant les trois journées? interrompis-je. — Le ministre m'a dit qu'ils auraient tous la croix, répondit mon interlocuteur d'un air encourageant. » Sauve qui peut! » cria t on derrière nous.

« C'est un salon ministériel qu'il faut voir maintenant, me dit tout bas mon voisin ; c'est là que le courage se montre sous toutes ses formes : demandes de congés, visites de départs, c'est à ne pas y suffire. Et puis de quel air le fonctionnaire partant salue le ministre restant ! avec quelle emphase le fatal adieu sort de sa bouche ! avec quel touchant intérêt sa main presse la main de l'excellence ! Il la félicite, et ses félicitations semblent dire : Courage ! On croirait voir vraiment le parrain d'un chevalier qui lève sa visière pour embrasser le combattant une dernière fois avant que, la dague au poing, il ne descende dans la lice. « Nous vous laissons à Paris pour présider à la joie et au bonheur, disait-on à la femme d'un ministre. — Les amis vous abandonnent toujours au moment du danger, répondit-elle involontairement. — Son Excellence est bien heureuse ! — Hélas ! oui. — C'est un admirable homme, ajouta quelqu'un ; il vous attend la fête de pied ferme, et jamais je n'ai vu faire tête avec plus de courage.... — A son bonheur, reprit un fonctionnaire. — Et votre gendre vous reste-t-il ? — Sans doute ; dans de pareils momens on ne se sépare pas ; on se recrute. — Et vous ? — Moi, je pars. — Quant à moi, je demeure, dit fièrement un député en regardant le ministre, et je ne crains rien, car j'ai fait ce que j'avais à faire. — Et qu'est-ce encore? — Mon testament. »

« De quoi parle-t-on donc depuis une heure d'un ton si lugubre? me demanda un étranger. — De réjouissances, répondis-je; » et je sortis laissant là tous ces gens heureux, se mettre en règle pour attendre leur plaisir, comme on fait pour attendre la fièvre, et je quittai l'étranger, qui s'osbtinait à ne pas comprendre que l'on demandât son notaire la veille d'une fête, et que l'enthousiasme dût faire son testament avant d'éclater, et la joie prendre ses passeports.

Mais puisqu'il est convenu qu'il faut voyager, je veux suivre l'exemple général. J'ai un voyage à proposer au public; qui m'aime me suive! Mais où encore? Que personne n'écoute, et que tout le monde entende. — Quoi! à Holy-Rood? — Oui. — Lulworth? — Précisément. — A Bath? — Vous l'avez dit; et puisque la France a des loisirs à perdre, qu'elle vienne, elle sera de la partie; je la débauche; nous allons, sous les auspices de l'auteur des *Souvenirs,* rendre une visite de circonstance à l'exil et au malheur. Partons vite, nous serons les bien-venus, je le jure; je sais le mot d'ordre des habitans du lieu; et quand nous crierons: « Ouvrez, c'est la France, » les portes ne se refermeront pas devant nous.

J'ai parlé du guide qui doit nous tracer la route; il faut le faire connaître, car enfin, on aime savoir quelque chose de ses compagnons de voyage, surtout quand c'est à Holy-Rood qu'on va. Nous pouvons nous trouver en tiers avec celui-ci sans nous compromettre; si la France est en humeur de faire des imprudences, il ne la dénoncera pas; elle rencontrera, où nous allons, des oreilles pour écouter l'histoire de ses maux, des cœurs pour les ressentir, et nous verrons à trouver des mains pour les réparer.

« Je connais, dit l'auteur au commencement « de son livre, des gens fort assidus naguère à « faire leur cour aux princes et qui ne peuvent « maintenant entendre prononcer leur nom sans « pâlir. Moi qui n'ai pas été élevé dans cette « sage réserve, j'ai résolu d'aller à Lulworth, « pour m'assurer de ce que je désirais tant d'ap- « prendre et pour le répéter à tous ceux qui au- « ront la témérité de le demander. J'ai trouvé « Dieppe encore tout paré des noms de MA- « DAME et de MADEMOISELLE, les marchands « ne les ont point effacés de leurs enseignes, et « j'ai été charmé de passer ma journée d'attente « dans une ville où toute la reconnaissance de

« la France semble s'être réfugiée. Cependant, « je l'avoue, je craignais le moment du départ. « Je voyageais hors de France pour la première « fois, et l'état où je la laissais me faisait crain- « dre de ne plus la revoir (1). Mais l'instant de « l'embarquement au contraire a été bien doux. « Les marins de Dieppe s'empressaient autour « de nous; ils pensaient que dans le nombre « des passagers, quelques-uns seraient assez « heureux pour voir MADAME; et ils les char- « geaient de leurs souvenirs et de leurs regrets. « Vous lui nommerez Pierre! nous disaient-ils : « vous lui nommerez Paul! » Hélas! j'avais ou- « blié tous ces noms que MADAME eût sans « doute reconnus; mais je n'ai pas eu peur de « me tromper en lui disant qu'elle était toujours « adorée à Dieppe, et que tous ses marins for- « maient pour elle les mêmes vœux. »

Je suis de l'avis de Marie-Stuart, de toutes les côtes du monde, celles qui, devant les voyageurs qui les quittent, fuient le plus vite, sont les côtes de France : à peine partis, nous voici arrivés à Edimbourg. Ce vaste palais, situé à l'extrémité de la ville, au bout de cette place qui s'étend jusqu'au triste et sale faubourg de la

(1) Ce voyage a été écrit à la fin de l'année 1832.

Canongate, c'est Holy-Rood. Parmi ces maisons blanches bâties sur la montagne qui s'élève à gauche, voici la maison de Mme la dauphine, voici celle qu'habitait MADAME pendant son séjour à Edimbourg. Je suis sûr que si nous pressions notre guide, il nous raconterait la noble résignation de toute cette famille de rois, qui habite cet asile, qu'il nous répéterait ce que Mme la dauphine lui a dit de ses derniers malheurs, lorsque, sortant de Dijon, « elle rencontra Mgr le duc de Chartres, qui lui offrit ses services et ceux de son régiment, avec l'empressement le plus vif, et qui paraissait le plus vrai. » Quant à Mgr le duc de Bordeaux, je ne sais vraiment pas s'il est bon d'en parler; le baromètre est au réquisitoire; le ministère, voyez-vous, a quinze cent mille francs pour trouver des conspirateurs, c'est assez pour en faire; et puis, si la France, sans crainte de nous compromettre, allait s'aviser de crier : *Vive Henri!* nous aurions sur les bras tout un monde, et peut-être qu'adoptant la logique des docteurs du juste-milieu, le Code, opinant du bonnet, prouverait à l'almanach que les plus dangereux *carlistes* du monde sont ceux qui veulent Henri. Cependant il y a une histoire de moustaches qu'il faut que l'auteur des *Souvenirs* nous raconte. On faisait devant le jeune Henri l'éloge des moustaches : « *Pour moi*, dit-il, se tournant vivement vers un officier qui l'a suivi à Holy-Rood, *j'aime mieux la balafre de Vilate.* » Bravo ! jeune prince, la France aime à voir que vous préférez le solide à l'agréable, et Henri-le-Victorieux, votre aïeul, n'eût pas mieux dit à votre âge, lui qui, monté sur le trône, aimait tant à montrer le brave homme qui l'avait si rudement chargé à Ivry.

Quand on est en Angleterre et qu'on n'est pas à Holy-Rood, il faut aller à Bath. Suivons notre guide à Johnston-Street. Cette maison si petite, que, selon l'auteur, pas un négociant de Paris ne voudrait s'en contenter, c'est celle de MADAME. Deux pièces au rez-de-chaussée, autant au premier, autant au second, voilà de quoi elle se compose. « Je lève la tête, nous dit le « voyageur, et je m'écrie : Si je n'avais pas laissé « MADEMOISELLE à Holy-Rood, je croirais la « trouver ici. Cette personne si ressemblante à « MADEMOISELLE, c'était MADAME. Ce qui « frappe en voyant la mère et les enfans, c'est « leur ressemblance identique. Mêmes traits, « même coupe de visage, même teint, mêmes « cheveux. Il semble que la Providence a voulu « protester d'avance contre cette *protestation* « prétendue qu'on n'a pas eu le courage d'a-

« vouer, et que la France s'est chargée de dé-
« mentir. Les connaissances de MADAME sont
« étendues, son coup-d'œil est juste et prompt;
« mais ce qu'on ne peut se lasser d'admirer,
« c'est cette abnégation profonde, c'est cet ou-
« bli d'elle-même qui paraissent la rendre in-
« sensible aux privations. Que lui importe si
« son habitation est étroite, si son repas est
« frugal, si une seule lampe éclaire la table,
« deux chandelles l'escalier de la fille des rois;
« que lui importe, pourvu que ses pauvres con-
« tinuent à être secourus, et que son hôpital
« de Rosny ne manque de rien! Elle donnait
« son superflu ; elle partage son nécessaire.
« L'amour des lettres, la protection des arts
« et les douces jouissances d'une ingénieuse
« bienveillance avaient fait en France le charme
« et l'occupation de la vie de MADAME; ici
« elle paraît livrée à des pensées plus élevées,
« à des réflexions profondes; on croirait qu'elle
« se prépare à l'accomplissement de quelque
« grand devoir; sa simplicité a quelque chose
« de plus grave. MADAME, qui pendant sa gros-
« sesse avait la certitude que le Ciel lui accor-
« derait un prince, n'a pas perdu sa foi dans
« la Providence. Elle marche, pour ainsi dire,
« les yeux fixés sur l'avenir. »

Terre! terre! nous voici revenus de notre pèlerinage: amis lecteurs, puisque pendant les journées de juillet tout le monde voyage, croyez-m'en, lisez les *Souvenirs*, et pendant que le canon retentira, que M. le ministre haranguera, et que la garde nationale campera, faites comme moi le voyage d'Holy-Rood autour de vos chambres.

Sans doute qu'en l'achevant, vous répéterez comme l'auteur, en voyant tant de vertus dans l'exil, « qu'on a besoin, pour se consoler, de croire à l'instabilité des choses humaines. » Il y a des gens qui la craignent, d'autres sans doute l'espèrent. « La roue de la fortune tourne, dit Sénèque. » Ami Sénèque, voilà la meilleure de toutes vos sentences.

11 juillet 1841.

TESTAMENT DE Mgr LE PRINCE DE CONDÉ.

Dans un moment où nous approchons de l'anniversaire de ce triste jour qui effaça la race des Condé de la terre de France, le livre de M. le général Lambot a le triste à-propos d'une oraison funèbre. Un trône qui tombait, une révolution qui se levait, la confusion, l'anarchie, la ruine, telles furent les images que rencontrait le cercueil du descendant du vainqueur de

Rocroy en s'avançant silencieusement et sans pompe vers les royales solitudes de Saint-Denis. Après la voix de la France qui s'écriait, en présence des malheurs du présent et des menaces de l'avenir : « Les jours d'humiliations et d'épreuves arrivent, » la voix du cercueil fut entendue, qui disait : « Les Condés s'en vont. » Les dernières funérailles de cette maison de héros se confondaient ainsi avec le convoi de la monarchie. Le mystère qui a environné les momens suprêmes de Mgr le duc de Bourbon n'a point été pénétré ; mais, par une fatalité attachée à cette race glorieuse, il semble que la mort d'un Condé doive marquer l'exaltation de chaque race nouvelle : le duc d'Enghien dans les fossés de Vincennes, son vieux père à Saint-Leu, ont laissé leur mort comme un triste augure à la France, le jour de l'arrivée de deux nouveaux venus au trône. Cela ne vous rappelle-t-il pas ce Génie de Brutus, qui se dressa devant lui pâle et menaçant le jour de son désastre, et les merveilleuses histoires de l'Ecosse, sur les apparitions mystérieuses qui venaient ébranler le beffroi de la gothique chapelle, la veille des malheurs de famille ?

Malgré l'importance des évènemens au milieu desquels le père du duc d'Enghien a cessé de vivre, malgré la préoccupation des esprits en présence d'une situation qui, au-dehors comme au-dedans, se complique de jour en jour, les Français auront encore à donner à un Condé une larme et un souvenir. Le douloureux étonnement avec lequel on a accueilli la nouvelle de cette mort si rapide et si mystérieuse, l'intérêt qu'excitèrent les enquêtes sur les causes inconnués de la catastrophe, sont des marques de cette sympathie que ce nom glorieux n'a jamais manqué d'exciter en France. On aimera donc à relire les trois dernières années du père du duc d'Enghien, écrites par une main qui lui fut connue, et à suivre les dernières traces d'un Condé dans les jardins de Chantilly. Mais outre cet intérêt mélancolique qui s'attache aux souvenirs d'une grandeur détruite et d'une gloire éteinte, il y a dans ce livre un intérêt plus vivant et plus actuel. L'intérieur du duc de Bourbon était un peu l'intérieur d'une grande partie de la famille royale, et l'on verra là dans toute la franchise et la familiarité de la vie privée, des personnes qu'on ne voit plus à présent qu'à travers l'apparat de la vie publique. Rien n'est indifférent de la part de ceux qui règnent, et l'on sait cet homme qui disait qu'il faudrait faire écrire l'histoire des rois par leurs valets de chambre. Celui-là comprenait merveilleusement la science historique, et il est probable que si Tacite avait été valet de chambre de Tibère, il eût revu et corrigé ses Annales.

La grande affaire des trois dernières années de M. le duc de Bourbon fut son testament. Il n'avait point d'héritier direct; Buonaparte et la révolution y avaient mis bon ordre dans les fossés de Vincennes, et pourtant il s'agissait de ne point laisser périr ce beau nom de Condé qui forçait les escadrons et gagnait les batailles. Avec l'héritage de ce nom il y avait une immense fortune à recueillir; elle est allée à la famille d'Orléans, comme on sait, et cela était bien juste, puisqu'ainsi que le général Lambot le raconte, elle prit l'avance sur tout le monde pour se mettre sur les rangs. « Dès le commen-
« cement de l'année 1828, dit l'auteur, je com-
« pris qu'il y avait une négociation sur pied
« pour engager Mgr le duc de Bourbon à adopter
« un des fils de M. le duc d'Orléans. Lorsque
« je fus présenté à Neuilly, il en fut légèrement
« question. M. le duc de Bourbon m'ayant déjà,
« dans une occasion, parlé de son testament,
« je pouvais croire qu'il me demanderait peut-
« être des renseignemens à ce sujet. J'avais la
« direction du cabinet, et le testament pouvait

« devenir une affaire de cabinet comme d'ad-« ministration. Dans cette position, et d'après « ce que j'avais appris d'un projet d'adoption, « je crus devoir chercher à connaître les sen-« timens du roi. Je demandai une audience à « Sa Majesté; je lui exposai que M. le duc de « Bourbon avait été gravement indisposé; que « son Altesse Royale n'avait encore fait aucune « disposition testamentaire, mais qu'elle pou-« vait y penser d'un moment à l'autre; que « dans le cas où je me trouverais avoir quel-« qu'influence sur la décision du prince, je « serais heureux de savoir s'il serait agréable à « Sa Majesté que M. le prince de Condé fît choix « d'un des frères de Mme la duchesse de Berri « pour succéder à ses titres et à sa fortune, ou si « elle préférerait que cette disposition fût faite en « faveur de l'un des fils de M. le duc d'Orléans. »

Le roi ne s'expliqua pas sur ce sujet avec M. le général Lambot; sans doute il répugnait à son âme royale de s'occuper de la succession d'un prince vivant : et quant à l'intérêt que le général attachait à l'adoption d'un prince de Naples, « qui, oncle du duc de Bordeaux, eût été, disait-il, dans le présent comme dans l'a venir, le plus ferme appui du jeune prince et de la monarchie, » Charles X y répondait peut-être par l'exemple du régent, qui eut plus beau de respecter la couronne de Louis XV enfant, que de la prendre. Il n'y avait point de place pour Joseph-Philippe-Égalité dans la mémoire du chef de la maison de Bourbon.

D'après ces dispositions du monarque, aucun obstacle sérieux ne semblait plus devoir s'opposer aux espérances et aux désirs de la famille d'Orléans; cependant le testament ne se faisait pas, et l'on eût dit que la fortune voulait ménager à M. le duc d'Orléans l'occasion de déployer toutes les ressources que peut montrer un grand caractère dans la poursuite d'un héritage. D'abord il juge d'un coup-d'œil toutes les difficultés de la situation. « M. le duc « de Bourbon, dit-il à monsieur le général Lambot, sait parfaitement ce qu'il aurait à faire « comme prince du sang; cependant il ne le « fait pas; et il est probable que si Mme de Feu- « chères ne lui en parle, il ne s'en occupera pas. « Il fera comme font les princes, et ce qui leur « est plus commode; lorsqu'une chose les em- « barrasse, ils ne font rien du tout. » M. le duc d'Orléans, quoiqu'embarrassé, ne fit pas comme les princes, car je vois quelques lignes plus bas, que Mme la baronne de Feuchères avouait confidentiellement à l'auteur *qu'il lui avait été fait des offres magnifiques si elle voulait s'occuper de décider le prince à une adoption.*

Mais si M. le duc d'Orléans entendait les affaires aussi bien qu'homme du monde, il avait à traiter avec forte partie dans la personne de Mme de Feuchères, qui commençait chaque séance du comité testamentaire par déclarer *qu'il fallait, avant tout, qu'elle gagnât quelque chose*. Le prince avait beau parler et écrire, le testament ne faisait point un pas; et plus on allait, plus il était facile de comprendre qu'on avait affaire à un de ces auxiliaires intéressés qui demandent leur solde au moment du combat, et ne gagnent la bataille que sous bénéfice d'inventaire. En un mot, il semblait écrit que M. le duc d'Orléans n'aurait point *sa succession* si Mme de Feuchères n'avait point *ses entrées à la cour;* car, ainsi que le prince l'avait fait observer, il fallait que Mme de Feuchères parlât pour que la maison d'Orléans héritât, et Mme de Feuchères ne voulait parler qu'à condition qu'elle gagnerait quelque chose. Les puissances confédérées auraient pu rester un siècle dans ce cercle vicieux; mais le duc d'Orléans se montra le plus généreux, et ce fut lui qui le premier se mit en campagne. D'après la position que Mme de Feuchères occupait au Palais-Bourbon, lui faire rendre ses entrées à la cour n'était point chose facile, et tout ce que M. le duc d'Orléans put d'abord obtenir, ce fut que le roi chargeât le général Lambot de dire à cette dame que Sa Majesté la verrait avec plaisir engager M. le duc de Bourbon à l'adoption d'un prince d'Orléans. Le coup était habile. M. le duc d'Orléans fut assurément, à cette époque, pénétré de reconnaissance pour un monarque qui intervenait dans une affaire aussi délicate, afin d'assurer une fortune immense à l'un de ses nombreux enfans; et si cette reconnaissance n'éclata pas, c'est sans doute parce que les occasions manquèrent. Mais l'habitante du Palais-Bourbon n'était pas une femme ordinaire; elle avait signifié son *ultimatum*, elle s'y renferma; et comme le dieu Terme, qui ne voulut point reculer, même pour faire place à Jupiter, elle ne cédait pas un pouce de terrain au duc d'Orléans; neutralisant les mines et les contre-mines par sa seule immobilité, et portant l'hérédité ou l'exhérédation dans les plis de sa robe. On pourrait vraiment résumer toutes les négociations qui remplirent des jours, des mois, des années, en deux phrases : « *J'hériterai*, disait la partie d'Orléans. — *Oui*, répondait la baronne, *si j'entre.* »

Cette condition préalable était difficile à remplir, je l'ai déjà dit; et le général Lambot nous apprend que Mme la Dauphine continuait à se montrer d'une sévérité absolue sur ce point. « La duchesse d'Orléans lui avait parlé de la « visite de Mme de Feuchères à Neuilly, dit l'au- « teur, et sa seule réponse avait été : *J'espère « que vous n'avez pas reçu cette femme-là?* « La duchesse répondit : *Non, c'est mon mari « qui l'a reçue.* » Toutes ces circonstances sont bonnes à enregistrer, pour donner une idée des obstacles que le duc d'Orléans eut à vaincre, et qu'il vainquit, pour mener à terme la grande affaire du testament; car on ne saurait sans cela rendre justice à l'activité, je dirai presque à l'opiniâtreté qu'il montra dans cette occasion.

Vers le milieu de l'année 1828, on s'occupa de la fondation de l'école d'Ecouen, destinée à perpétuer le nom de la maison de Condé par un bienfait, au moment où elle allait s'éteindre. « Toutes les gloires françaises sont de la même « famille, disait le rapport, et toujours il a ap- « partenu à un Condé d'en être le chef et l'ap- « pui. » Ce projet ne put s'effectuer, au grand regret du roi et du duc de Bourbon; quant à M. le duc d'Orléans, il était tout entier à ses projets d'héritage. Mais, malgré ses efforts, le bienheureux dénouement semblait reculer devant lui; et, si l'on en juge par l'anecdote suivante, à la fin d'octobre 1828, il n'avait point fait de très-grands progrès dans l'esprit du testateur. « Monseigneur me fit appeler après dîner « dans son petit salon de réception, dit le gé- « néral Lambot : *M*^me^ *de Feuchères,* me dit-il, « *a proposé à M. le duc d'Orléans de venir à* « *la Saint-Hubert; je crains bien que cela ne* « *l'ennuie, car il n'est pas chasseur, et c'est un* « *goût qui ne peut venir que d'enfance. A pré-* « *sent, on élève les jeunes princes d'une toute* « *autre manière qu'on ne le faisait jadis. Ils sont* « *plus instruits que nous, et par conséquent,* « *dit-on, plus capables. Mais revenons à notre* « *affaire : au temps de la révolution, le duc* « *d'Orléans m'aurait....... et à vous aussi.* Il « s'arrêta un moment, et puis il ajouta : *Tout* « *cela est à présent loin de nous et dans l'oubli.* »

Le duc d'Orléans dîna donc à Chantilly, mais ce dîner ne décida rien. Le duc de Bourbon avait, comme le dit l'auteur et comme on a pu le voir par l'anecdote ci-dessus rapportée, des préventions sévères contre son neveu; et Mme de Feuchères, qui ne voyait rien à gagner pour elle, puisqu'il n'était pas question de ses entrées à la cour, se contentait d'observer une exacte neutralité. Le duc d'Orléans comprit, en homme habile, qu'il fallait payer de sa personne. Il accepta un dîner chez Mme de Feuchères. « Ce « fut la première concession faite à l'amour-« propre et à l'ambition de cette dame par la « maison d'Orléans, dit l'auteur, et elle en fut « si enchantée, que dès ce moment elle se « décida à s'occuper avec persévérance des in-« térêts de cette maison. » Elle commença donc à agir auprès du prince, qui, connaissant l'intimité qui existait entre Mme la dauphine, Mme la duchesse de Berri et les habitans de Neuilly, croyant, comme le public, au mariage prochain de MADEMOISELLE avec le duc de Chartres, et sentant ses préventions s'effacer devant les vœux de Charles X, pour lequel il professait une obéissance et une vénération profondes, paraissait, de jour en jour, plus disposé à montrer, dans sa conduite envers le Palais-Royal, toute l'estime et la tendresse qu'il avait pour les Tuileries. « *Il ne demandait qu'à ne pas être pressé,* » dit le général Lambot. Mais M. le duc d'Orléans avait à cela d'excellentes choses à répondre : « *Nous avons le vent bon*, disait-il, *les circons-« tances sont on ne peut plus favorables. Il faut « en profiter, mon cher général. Il y a des gens*

« *remplis de préjugés : selon eux, les princes* « *sont toujours des ambitieux qui en veulent au* « *trône de leurs aînés. C'est ainsi qu'on traita* « *le régent, et que l'on me traitera peut-être,* « *mais vous pouvez en juger.* » C'est au mois de mai 1829 que M. le duc d'Orléans disait cela.

Le général Lambot témoigna combien il trouvait injustes les personnes qui osaient soupçonner M. le duc d'Orléans de ne point vouloir imiter la noble conduite de son aïeul envers Louis XV, et l'on dit de part et d'autre les plus belles choses du monde sur les gens à préjugés, qui prétendent qu'on voit quelquefois « des princes aspirer au trône de leurs aînés. »

Cette conversation ne fut pas stérile, car, quelques jours après, on voit les programmes de testamens partir de chez le général Lambot pour le cabinet du duc d'Orléans, puis, corrigés et approuvés par M. Dupin, qui semble prédestiné à mettre la main à tous les héritages du Palais-Royal, revenir au Palais-Bourbon. Pendant ce temps-là Mme de Feuchères était sur la brèche, et ses attaques étaient si vives, sa reconnaissance pour la maison d'Orléans si impétueuse, que M. le duc de Bourbon écrivit à son neveu pour le supplier d'intercéder en sa faveur auprès de sa formidable alliée, se reconnaissant vaincu et prêt à entrer en composition, si, content d'hériter de lui, on voulait lui accorder un peu de repos. Le Palais-Royal eut la condescendance de le promettre; mais il paraît que ses remontrances ne furent pas heureuses, car l'impitoyable baronne redoublant d'insistance, déclara qu'il fallait signer ou la laisser partir. Le prince, vaincu par des efforts qui duraient depuis deux années, et ne pouvant résister seul à une coalition que M. le duc d'Orléans avait formée avec tant d'habileté et conduite avec tant de résolution, vit bien qu'il n'avait rien à refuser à une famille qui avait une vocation naturelle pour sa succession, et il comprit que lorsque des gens si persévérans vous choisissent pour bienfaiteur, il ne reste plus qu'à les accepter pour héritiers.

Ce fut le 30 août que le testament fut signé, et vraiment je ne puis m'empêcher de faire remarquer en passant, que si le ministère actuel avait montré en 1831 la moitié de la vigueur et de l'habileté que Louis-Philippe déploya en 1830 dans l'affaire du testament, nous aurions maintenant la Belgique. Mais il s'agissait dans ce temps-là fort peu du congrès, et beaucoup de Mme de Feuchères, qui poussait les hauts cris et voulait plus que jamais être présentée. La brillante conduite qu'elle avait tenue dans l'affaire de la succession, justifiait bien un peu ses exigences. Et puis l'auteur fait observer qu'à cette époque M. le prince Louis de Rohan fit de fréquens voyages à Chantilly, ce qui donnait des inquiétudes à M. le duc d'Orléans. « Son « Altesse Royale, dit le général Lambot, aurait « voulu aller à Chantilly voir Monseigneur, qui, « étant obligé de garder la chambre, ne pouvait « pas le recevoir. *Cependant, le prince de Rohan* « *y va,* dit M. le duc d'Orléans. » Et sur la réponse que lui fit le général, il ajouta : *Un codicile est bientôt fait.* C'est une remarque bien profonde que celle-là !

Mme de Feuchères fut reçue au Palais-Royal, puis aux Tuileries, et l'on ne fit pas de codicile.

« L'influence d'une princesse dont les hautes « vertus rendaient les avis d'une grande prépon- « dérance, se fit reconnaître dans cette déter- « mination de la cour, dit l'auteur. On a vu « quelle fut l'observation sévère que fit Mme la « dauphine la première fois que la baronne fut « reçue à Neuilly; mais aux objections qu'on « lui faisait, Mme la duchesse d'Orléans répli- « quait : *Si vous étiez mère, vous sentiriez comme* « *moi dans cette circonstance :* alors Mme la dau- « phine ne trouvait rien à répondre. »

Je suis tenté vraiment d'exprimer une idée qui m'est venue en lisant ce passage : c'est que ce sont peut-être toutes ces marques récentes de bontés et d'affections ajoutées aux faveurs passées, dont la branche aînée a comblé la branche cadette, qui, malgré les dénégations officielles, ont accrédité, chez les âmes honnêtes et candides, l'opinion singulière que « Louis-Philippe travaille pour Henri V. » Les cœurs simples sont portés à supposer la mémoire des bienfaits dans ceux qui les ont reçus, et l'on accuse ici la maison d'Orléans de reconnaissance.

Le moment d'une grande épreuve approchait; et ce fut peu d'instans avant les journées de juillet, que le général Lambot ayant eu l'honneur d'être reçu de MADAME, cette princesse lui dit ces propres paroles : *Je suis bien aise de ce que M. le duc de Bourbon a fait pour les d'Orléans; ce sont de si bonnes gens.*

Quelques jours après, les ordonnances parurent, et la révolution éclata. Le 28 juillet, M. le général Lambot se présenta à Neuilly. « Mme la « duchesse d'Orléans, dit-il, paraissait accablée. « Vous direz à M. le duc de Bourbon, s'écria- « t-elle, que depuis deux jours nous sommes « ici dans la consternation. Au milieu des af-

« freux évènemens qui se passent à Paris, on « ne nous a rien fait dire de Saint-Cloud, et nous « restons chez nous à pleurer et à gémir. » On sait le reste.

La fin du livre du général Lambot est consacrée à peindre les instans qui précédèrent la mort de M. le duc de Bourbon. Il résulte de ces détails que trois semaines avant sa mort, ce prince avait formé le dessein de quitter Saint-Leu et la France. Son valet de chambre Manoury n'ayant pu réussir à obtenir des chevaux de poste, revint à Saint-Leu sans avoir rien conclu. « Le prince persista cependant dans la « résolution de partir; mais il ne voulait pas « qu'elle fût connue de qui que ce soit. Il en « conféra plusieurs fois avec Manoury, qui le « conjura de consentir à prendre au moins avec « lui un des officiers de sa maison. Manoury « eut lieu de présumer qu'il s'était decidé pour « M. de Choulot, et il est remarquable qu'il « avait prescrit, dans l'après-midi du 26, de « dépêcher à cet officier un courrier à Chantilly, « avec l'ordre de venir le lendemain matin à « Saint-Leu; et ce fut le 27 que M. le duc de « Bourbon fut trouvé mort dans sa chambre. « Un autre fait bien remarquable, c'est que no- « nobstant la rumeur si naturelle qui s'était ré-

« pandue de la possibilité d'un assassinat, il « ne parut pas que les personnes auxquelles « étaient dévolus le gouvernement et la respon- « sabilité du château et de la maison du prince « eussent pris, dès les premiers momens, les « mesures les plus propres à découvrir la vérité « à cet égard. Ce fut seulement après que notre « malheureux prince eut été déposé dans le « caveau de Saint-Denis, qu'on commença des « recherches sérieuses sur la manière dont sa « mort avait pu arriver. »

Voici la conclusion de M. Lambot :

« Tout le monde a cru avoir le droit de « prononcer un avis sur cet évènement. Les « rapports intimes qui m'ont rapproché du « prince pendant trois années consécutives, « m'ont mis à même de former autant que « personne une opinion à cet égard, et je dé- « clare qu'il m'est impossible de croire que la « mort du prince ait été volontaire. »

Nous avions besoin de cette déclaration ; elle fait du bien à l'âme ; partout où il y aura des Français il se trouvera des voix pour la répéter et des cœurs pour y croire. Quelles que puissent être les apparences et l'ignorance des hommes, on peut dire quand il s'agit d'une opinion qui réhabilite la mémoire du père du duc d'Enghien :

« Je ne le sais pas, mais je l'affirme ; » et il nous sera toujours impossible de penser que ce soit un suicide qui ait fait tort du dernier des Condé au champ de bataille.

18 juillet 1841.

UN QUART D'HEURE A TORTONI

LE JOUR D'OUVERTURE DE LA CHAMBRE.

Il y a à Paris un endroit où tout le monde va parce qu'on y voit tout le monde; c'est une espèce de juste-milieu auquel mille rayons viennent aboutir; c'est le chef-lieu des caquetages politiques, le rendez-vous des nouvellistes, le sanctuaire des indiscrétions, le refuge des oisifs et la Providence des bavards. Si vous avez un bon mot à mettre au jour, une nouvelle à apprendre ou à répandre, un secret à dire à l'oreille de l'univers, allez à Tortoni, c'est le centre de ce monde de l'opinion dont la circonférence n'est nulle part; et si Paris est la capitale de la France, le café Tortoni est la capitale de Paris. La tolérance, qui, dans ce siècle de fer, semblait avoir émigré devant la révolution de juillet, s'y est refugiée sous les ailes de la gastronomie; toutes les opinions, ailleurs divisées, sont là réunies; toutes les nuances de la politique y sont représentées; le juste-milieu prend des glaces à côté de la république, portant impunément l'œillet rouge à la boutonnière et le chapeau gris en tête; et je peux affirmer, par expérience, que les habits verts entrent et sortent, sans que l'esprit de parti vienne disputer avec eux des goûts et des couleurs.

C'était le jour de l'ouverture des Chambres; il faisait un temps de circonstance, comme on sait; car le soleil, ce grand faiseur de révolutions, qui entra bien pour un tiers dans les journées de juillet par son influence brûlante sur les têtes parisiennes, semble, comme bien d'autres, se repentir de son ouvrage; il bat froid à l'anniversaire, et tient rigueur au bout-de-l'an. Les paroles officielles étaient tombées sur l'assemblée: les ministres avaient assisté modestement au panégyrique du ministère : trois cents et quelques voix avaient dit sur tous les tons de la gamme : *Je le jure*, et trois cents et quelques consciences avaient porté en ligne de compte un nouveau serment. « La session est ouverte, dit M. Barthe. — Elle va s'ouvrir à Tortoni, répondis-je ; allons-y. »

Je m'acheminai donc vers le boulevard de Gand, et je vis en sortant des seigneuries qui se saluaient de la main en montant dans des équipages armoriés, semblant se féliciter mutuellement d'être encore de ce monde, de ne point avoir trouvé leur épitaphe dans le discours, et d'en revenir vivantes.

J'aperçus là la figure séculaire de M. de Sémonville, qui s'était déridée avec une satisfaction toute paternelle pendant le paragraphe énigmatique de l'hérédité. « Gare à la Chambre de 1831 ! me dit un vieillard ; le référendaire a la main heureuse avec les parlemens. » Alors il me rappela, tout en marchant, comment M. de Sémonville et une autre personne furent, il y a près d'un demi-siècle, les intermédiaires de la cour auprès du parlement, pour obtenir les trois vingtièmes.

« La fille du médecin Sénac, disait-il, connue sous le sobriquet de *Sodo*, était l'émissaire et l'Iris de cette haute conspiration. La gourmandise de cette fille et les égards qu'on avait pour sa passion favorite étaient incroyables; il fallait payer toutes ses démarches en friandises, et l'on peut dire qu'elle conspirait moyennant bonbons. Un soir j'entre sans me faire annoncer chez Mme de ***; je la trouvai fort préoccupée avec son inévitable associé, devant la plus singulière figure du monde. C'était *Sodo* qui se mourait de la maladie du perroquet Vert-Vert, et que le futur référendaire secourait de la plus plaisante manière. Mme de *** éclairait : tableau digne de Charlet (1)! »

Je demandai le dénoûment.

« Semonville eut 100,000 écus;

« Mme *** fut *présentée ;*

« La cour eut les trois vingtièmes.

— « Passons aux mémoires contemporains, interrompis-je, car nous voici à Tortoni. »

Il y avait chambrée complète dans les brillans salons du boulevard de Gand; et à l'ombre du comptoir, rival du fauteuil de la présidence, l'opinion tenait ses états-généraux. Là, point d'exclusion arbitraire qui fît du scrutin un monopole, et du droit de tous le privilége d'un

(1) Historique.

parti. L'esprit de faction n'était point debout à la porte, imposant sa marque à tous ceux qui se présentaient, faisant lever la main, réciter la formule, et ne laissant entrer que sous peine du serment. Si toutes les opinions ne jurent pas, toutes les opinions prennent des glaces, quand on est dans la canicule. Aussi, qu'on en dise ce qu'on voudra, je maintiens, envers et contre tous, que la France était plus complèment représentée ce jour-là à Tortoni qu'au Palais-Bourbon. Du temps de Charlemagne, de belliqueuse mémoire, l'opinion, le casque en tête, armée, bottée, éperonnée, votait à cheval, au Champ-de-Mars ou au Champ-de-Mai. Autres temps, autres mœurs. Aujourd'hui elle vote, nonchalamment assise, minaudant, lorgnant, ricanant, et savourant le sorbet sur les boulevards.

Si vite que j'eusse couru, je trouvais encore que la renommée m'avait gagné de vitesse, et le discours d'ouverture que j'avais laissé à la Chambre était déjà aux trois quarts arrivé à Tortoni. Chacun apportait son mot, sa phrase, sa période; on voyait à chaque instant entrer un nouveau venu et un nouveau paragraphe; l'éloquence ministérielle arrivait en détail, et le texte était déjà aux prises avec les commentaires. De toutes parts les voix s'élevaient, les épigrammes se croisaient, les discussions s'entrechoquaient; cent questions se succédaient sans qu'on eût le temps d'entendre une réponse; c'était une confusion, un chaos, un tumulte tout à fait parlementaire; et je doute qu'au palais Bourbon on s'en fût mieux tiré.

Au milieu de ce conflit de paroles, il n'était point facile de saisir les opinions au passage, et je fus un moment tenté de regretter l'enthousiasme paraphé et numéroté de M. Viennet, et les inspirations manuscrites de M. Petou.

— « Voilà un discours ferme, s'écriait mon voisin de droite. — Vous voulez dire un discours têtu, répondait mon voisin de gauche. — Le ministère s'est bien montré du côté du Portugal. — Oui, il a tiré un feu d'artifice devant Lisbonne, avec la permission de l'Angleterre. — Il aurait mieux fait de garder sa poudre pour les Polonais, cria un jeune homme qui portait l'œillet proscrit à sa boutonnière. — On ne peut pas tout faire, répondit une autre personne. — C'est pour cela sans doute qu'on ne fait rien, » reprit le premier interlocuteur.

Dans ce moment le tumulte devint si grand, que je n'entendis plus que des mots sans suite, et un bruit confus que dominait de temps à autre une épithète désobligeante pour le système ministériel, qui, suivant le ministère, peut seul sauver la France, car la France serait déjà morte, quoi qu'elle en dise, si on ne lui avait pas appliqué le cabinet du 13 mars, qui a d'autant plus de mérite à continuer à faire nos affaires, qu'en nous servant il nous sert malgré nous-mêmes, et que ce n'est qu'à notre corps défendant que nous nous laissons sauver.

Enfin le tumulte se calma un peu, et je pus suivre la discussion qui se continuait à la table voisine de la mienne. « Beaucoup de mots et peu de sens, voilà l'analyse du discours d'ouverture, disait un orateur; la politique étrangère traitée en paraphrases et en énigmes, la politique intérieure en métaphores. Des complimens de condoléance au commerce et des variantes renouvelées du vieux proverbe qui dit que les jours se suivent et ne se ressemblent pas. Tous les besoins mis au régime des promesses, les intérêts au régime de la résignation, les misères engagées à se pourvoir devant l'avenir, et les estomacs vides à proroger leur faim. Le ministère renforçant sa voix pour dire : « Je suis faible, et criant d'un ton protecteur : à moi! au secours! en un mot, le sublime du genre officiel, le chef-d'œuvre du style fanfaron. »

Pourquoi M. Sébastiani n'est-il pas là? pensais-je; il aurait de belles choses à dire sur les politiques de café!

La discusion dura long-temps de cette manière, et en vérité, il faut bien le dire, les ministériels n'étaient point en force, et le juste-milieu, tombé en minorité, ne se défendait plus que par son silence. Il assistait là à son oraison funèbre, sans oser protester contre les épitaphes; et je cherchais en vain, à mesure qu'on entrait, quelque figure officielle qui vînt faire tête à l'orage, et demander en même temps une glace et la clôture. Le courage du ridicule est rare en France; aussi pas un des auditeurs ne semblait disposé à passer par les épigrammes, pour le compte du cabinet du 13 mars; et s'il y avait là quelque personnage ministériel, c'était un personnage muet.

Enfin vint quelqu'un qui dit presqu'à voix basse, et comme effrayé de son audace : « Le ministère ne demande à la Chambre que de l'ordre. — C'est précisément ce que la Chambre demande au ministère, » lui répondit-on à côté.

« Voilà, s'écria quelqu'un, l'histoire de ces deux pauvres qui s'entre-regardent pendant long-temps et finissent par s'aborder : « Faites-moi la charité, » dit l'un. « J'allais vous la demander, » répond l'autre.

Il y eut ici un éclat de rire universel, et tout le monde se leva. Le moment du dîner approchait; et l'on sait que les appétits parisiens, qui ne se *désheurent* pas pour une révolution, se désheurent encore bien moins pour un discours d'ouverture. Je suivis pendant quelque temps la même route que le désolé champion de l'éloquence ministérielle, qui cheminait le long des allées du boulevard, veuves de leur ombrage, et je faisais en moi-même des réflexions sur la révolution, qui, partout où elle passe, laisse son signalement par des ruines, abattant des arbres quand les trônes lui manquent, touchant à tout et gâtant tout ce qu'elle touche. Je comptais sur mes doigts toutes ses œuvres, et vraiment j'aurais été long si je n'avais craint de lui faire quelque mauvais compliment pour sa fête, lorsque je fus interrompu par un crieur public qui passa entre l'homme du juste-milieu et moi, en criant : *Le superbe discours du roi!*

Le ministériel s'arrêta d'un air fier, tira ses tablettes, et écrivit : « Le peuple pense admirablement bien, et M. Périer parle comme la France. »

Le crieur optimiste eut un écu. Roquelaure

était plus généreux; il fit donner une pension au gentilhomme auquel il devait, disait-il, l'avantage de ne pas être l'homme le plus laid du royaume.

26 juillet 1831.

LE MINISTÈRE VIT ENCORE.

« Si c'est impossible, ça se fera, » répondait un homme d'esprit à cette reine de France qui lui exprimait un désir. Si j'écrivais l'histoire contemporaine, je ne voudrais pas d'autre épigraphe; je déclare ici, pour ma part, que, pour peu qu'on me prouve qu'un évènement est ridicule, improbable, incroyable, absurde, je serais toujours prêt à parier cent contre un qu'il est vrai. — Et s'il est impossible? — Un million. Nos grands hommes du jour semblent avoir pris à tâche de rompre en visière avec la logique; la politique est devenue un roman qui a ses incidens et ses épisodes, et il faut que le bon sens et le libéralisme aient à se reprocher des torts réciproques, car ils se traitent de Turc à Maure. La révolution, dans sa rage de fraterniser avec tout le monde, court frapper aux Petites-Maisons. On va l'accuser de contre-façon à Bedlam; l'on dit déjà que tout Charenton crie au voleur.

Le 3 août, je consulte les baromètres politiques de la Bourse; le ministère s'en va, disent-ils tous. Les journaux ministériels disent comme les baromètres, le *Moniteur* dit comme les autres journaux, le ministère dit comme le *Moniteur*. C'est une nouvelle certaine, un fait aussi sûr que s'il était accompli; le décès du cabinet est officiel : cent personnes le tiennent de sa propre bouche. « Il ne passera pas la journée, dit l'un; il a fait son testament, dit l'autre; lui-même, ajoute un troisième, vient de m'assurer qu'il est mort. »

Pourquoi ne partirai-je point, pensai-je, je trouverai à mon retour l'extrait mortuaire du 13 mars. Je n'ai jamais eu de goût pour les funérailles, et puis porter le deuil de M. Montalivet n'est-ce point un devoir de reconnaissance pour l'épigramme? Ne sied-il point à la satire de mettre un crêpe à son chapeau, elle qui perd tant en perdant M. Sébastiani? Me voilà donc sur les grandes routes, allant me recueillir dans les déserts d'Ermenonville et de Mortefontaine en commémoration du ministère défunt, m'attendant au détour de chaque allée à voir apparaître le spectre du 13 mars, et chaque fois qu'au prône du village on disait : « Priez pour les morts, » songeant involontairement au juste-milieu.

Je donnai trois jours entiers à la retraite et au silence, au milieu de ces vertes allées et de ces lacs tranquilles qui virent couler les dernières années du dernier des Condé. La révolution de juillet a aussi visité Mortefontaine; et ces belles solitudes qui aux temps des prospérités publiques et privées se peuplaient de voyageurs, désertes et silencieuses maintenant, semblent par leur abandon payer leur tribut de regrets aux mânes de leur infortuné propriétaire. Quand on sort du tumulte et du fracas de Paris, trois jours au milieu des bois passent vite; il semble que ce n'est qu'à mesure qu'on s'éloigne de ce centre de feu que l'on commence à vivre de sa propre vie. A Paris, les mots d'*indépendance* et de *repos* sont des mots sans emploi, des expressions vides de sens; l'on est enveloppé dans une atmosphère qui vous enlace, dans un tourbillon qui vous entraîne; de tout côté, on entend craquer les ressorts du mécanisme politique, qui vibre jusqu'aux extrémités du corps social; Paris, c'est ce point qu'Archimède demandait pour remuer le monde, c'est la machine de Marly de la centralisation.

Le temps donné à la mémoire du ministère du 13 mars étant écoulé, je me remis de nouveau en route. Les politiques de Mortefontaine sont en retard; il n'y a point là de ces nouvelles de serres chaudes qu'on voit ici éclore avant l'évènement; le passé de Paris est reçu avec tous les honneurs du présent dans le village. Seulement, un de ces prophètes rustiques qui tirent tous leurs augures de l'histoire des champs, m'avait fait observer que les moissonneurs étrangers venus de la Belgique laissaient la moisson imparfaite, et replaçant leurs faux sur leur épaule, se hâtaient de reprendre le chemin de leur pays. « C'est un pronostic de guerre, » avait ajouté le prophète du village en branlant la tête. Le prophète de village avait raison.

Cependant je refusai de l'écouter; j'avais emporté le discours d'ouverture: le moyen de croire à la guerre quand j'avais la paix dans ma poche! Il fallut bien, malgré mes répugnances, m'y décider à quelques lieues de Paris. L'aîné des jeunes princes d'Orléans passait en équipage militaire; tout était armé autour de lui; et sans doute par un excès d'ardeur martiale dont nos braves soldats l'auraient dispensée, la livrée, dépensant son humeur belliqueuse aux barrières, marchait le sabre au côté, à la hauteur de Pantin. « Le duc d'Orléans a offert son régiment à la revolution, » dit un des spectateurs. « Est-ce le même que le duc de Chartres offrit à Mme la dauphine? » répondis-je.

Cependant je hâtai le pas; tout ce que je voyais me semblait un songe, et si l'on dormait en marchant, j'aurais juré que j'avais le cauchemar. En trois jours, on passe d'une extrémité à l'autre, et après des considérans pacifiques, dont les variantes ont duré six mois, le pouvoir, pressé de conclure, conclut à la guerre. « Mais du moins le ministère du 13 mars est toujours mort, » m'écriai-je, voulant prendre mes sûretés. On me rit au nez sans pitié; car on rit de tout à Paris; et j'appris ainsi que la politique a aussi ses revenans.

« C'est une journée des dupes, disait l'un; c'est une mystification, ajoutait l'autre: c'est une énigme. » Et plus les paroles se croisaient, plus les explications se multipliaient, plus je trouvais la chose inexplicable. Ce ministère qui dit et puis écrit, à qui veut l'entendre, qu'il s'en va, et qui reste par *post-scriptum ;* ce système de conciliation qui mène à la guerre ; cette administration pacifique, qui se décide à demeurer, parce que la paix se retire ; il y a là une de ces contradictions qui font peur, parce qu'elles ressemblent au délire. On sait ce Romain qui, lorsqu'il partait, avait derrière lui un joueur de flûte. Pourquoi nos ministres ne se feraient-ils pas suivre partout de leur médecin ? la consultation précéderait le conseil, et le bulletin servirait à juger la loi.

Les interprétations ne manquent point à leur conduite, comme on l'entend bien ; il y en a cent, il y en a mille. Cela ressemble à ces vieux livres que tout le monde explique, parce que personne ne les comprend. Les habiles s'en vont disant à l'oreille de la renommée, que ce n'est là qu'une illusion d'optique destinée à satisfaire les idées belliqueuses de notre nation, par un mensonge de guerre, où le cabinet du Palais-Royal aurait la France pour dupe, l'Europe pour compère ; que ce n'est qu'une hypocrisie de courage, un second acte de la parodie du Luxembourg, la mise en scène de l'à-propos patriotique de M. de Sémonville, qui, froid à la lecture, a besoin d'un peu de spectacle pour réussir. Explication bien savante pour être vraie, jeu bien périlleux pour qu'on le joue. Nos Français ne sont point de nature à se contenter d'un simulacre de gloire; si on leur en présentait l'ombre, ils iraient d'eux-mêmes à la réalité. Ce n'est point au pays de France qu'on trouve des soldats de l'espèce de ces *condottieri* italiens qui passaient une journée à se gourmer avec courtoisie, et faisant d'un champ de bataille un théâtre, ne se tuaient que par accident. Chez nous les victoires et les défaites ont de sanglantes livrées. On ne saurait jouer à la guerre avec des armées françaises; et les morts de notre façon ne se relèvent point après la bataille pour boire avec le vainqueur. Non, non, cette ruse coûterait trop cher à ses auteurs, il ne faut pas badiner avec la flamme; ce feu d'artifice, qu'on voudrait tirer sur les frontières, deviendrait peut-être l'incendie de l'Europe.

Voilà, pour ma part, ce que je dis et répète aux explicateurs de la politique ministérielle, attendant le commentaire du temps, qui vaudra mieux que celui des hommes. Mais, en attendant, j'ai bien juré de ne plus croire aux démissions que sous bénéfice d'inventaire, et de ne tenir pour ministères morts que les ministères enterrés. Que M. Sébastiani reprenne sa place aux bancs de la gauche, que M. Périer vante la tranquillité des eaux, que M. Montalivet fasse une idylle sur les charmes de la campagne, que M. d'Argout, en habit de voyage, ait embrassé les centres sur l'une et l'autre joue, peu m'importe : je n'irai plus à Mortefontaine sans avoir d'autres sûretés, et l'épigramme et la satire ne porteront le deuil que lorsque le juste-milieu aura donné caution de son décès. Il y a des léthargies qui trompent l'œil le plus exercé, et je crains par-dessus tout les ministères-revenans. Quand je verrais, de mes propres yeux, le ministère du 13 mars porté en terre, j'y regarderais encore à deux reprises, et comme ce mari, modèle de la prudence conjugale, qui avait vu sa femme se relever une première fois de son lit de mort et de sa léthargie, en ressentant l'atteinte des épines d'un buisson, contre lequel le convoi passait, je crierais aux porteurs du juste-milieu : « Au nom du Ciel! évitez les haies! »

8 août 1831

LE MUSÉE FERMÉ, LA CHAMBRE OUVRE.

J'AI toujours plaint la malheureuse étoile des artistes qui sont nés dans ce siècle raisonneur plutôt que raisonnable, ergoteur plutôt que logicien. Les sociétés ressemblent un peu, de nos jours, à ces propriétaires qui reprennent leurs maisons par la base. Occupées qu'elles sont de savoir si tout l'édifice ne va pas crouler sur leur tête, elles prêtent peu d'attention aux agrémens de l'intérieur. Si les arts et les lettres, avec leurs brillans prestiges, n'obtiennent qu'indifférence, c'est qu'on ne décore guère sa maison quand on sait qu'elle tombera demain ; c'est qu'on ne pare point un vaisseau quand le vent gronde ; c'est que personne ne songe à enjoliver le cratère quand le volcan fume. Dans les temps où nous sommes, M. Odilon-Barrot a plus d'importance que le Primatice, M. Guizot que le Titien, M. de Lafayette est un tout autre homme que le Corrège ; en un mot, quand la Chambre est tout, le Musée n'est rien. Les arts languissent, et la poésie n'est plus qu'un anachronisme ; aussi la voit-on se convertir à la politique, mettre des amendemens en rimes, enter la Charte sur l'Art poétique, et demander à l'esprit de parti une aumône de gloire et de pain. Si Raphaël présentait la Transfiguration à notre siècle, on l'accuserait de superstition ; et s'il proposait de peindre les fresques d'une coupole, on lui donnerait à faire le portrait de M. Petou.

C'était le dernier jour du Musée, je voulus lui faire mes adieux, et contempler encore une fois ses pompes tranquilles : les arts reposent l'âme des agitations de la vie ; et par le temps actuel, vivant un siècle au jour, tout citoyen actif qu'on soit, on peut avoir besoin de repos. Quelques partisans incorrigibles des beaux-arts partageaient seuls mon pieux pélerinage, et traversaient silencieusement les solitudes du Musée; on aurait dit vraiment que nous assistions aux funérailles des arts : et qui sait, au fait, les destinées de cette galerie? Le sort de l'église Saint-Germain-l'Auxerrois me fait frémir! Si on allait noircir le Musée dans l'opinion, dire que les tableaux pensent mal; que, lorsqu'ils représentent Henri IV ou Louis XIV, ils ont l'incivisme d'arborer le drapeau blanc! Il suffit d'un propos pour les perdre, car les iconoclastes de Paris ont la conscience délicate et la main vive; ces gens-là vous auraient purifié, en un tour de main, Athènes de tous les chefs-d'œuvre de Périclès.

Mais voici pourtant chose qui me rassure. Voyez, à tous les coins du salon, Valmy et Jemmapes, ou du moins Jemmapes et Valmy. C'est là, à vrai dire, la sauve-garde du Musée, la cocarde tricolore qu'on porte au chapeau quand on craint l'émeute; de talent point, de coloris encore moins; l'art n'est pour rien dans les représentations multipliées des deux batailles : or, comme il faut bien qu'on les ait faites dans un but quelconque, il est à croire que ce sont les cartes de sûreté du Musée.

Je demandai là-dessus l'avis d'un de mes voisins qui portait l'œillet rouge à sa boutonnière ; il me répondit par un anathème fort énergique contre l'adulation. Il ne concevait pas, disait-il, comment l'on mettait ainsi la gloire de la France à la portion congrue, emprisonnant ses souvenirs dans deux batailles, et s'enthousiasmant par réminiscence. Moi, je comprenais tout cela à merveille, et j'admirais l'adresse de la flatterie, qui, se souvenant que les paroles s'envolent, immobilise ses fadeurs en les fixant sur la toile, et, faisant sa cour avec la brosse et le pinceau, dessine ses complimens et colorie ses louanges. « Mais, disait l'homme à l'œillet rouge, la France a d'autres victoires, et l'on n'en parle pas. — Fouquet eût-il parlé de ses trésors devant l'homme aux vingt écus? » répondis-je.

Saluons! voici la déesse de la Liberté dans cette toilette de guerre que M. Barbier lui a donnée. La révolution de juillet ne manque pas de portraits au Musée ; il y en a de tous les genres et de toutes les couleurs ; et cela rappelle un peu les cent statues élevées un jour à Athènes, et les cent piédestaux vides du lendemain. Cependant je puis affirmer qu'à travers tous ces dessins, esquisses, tableaux jaunes, rouges, noirs, verts, car chaque école a sa couleur au Musée, comme cet artiste campagnard qui a mis sur l'enseigne de l'auberge de Senlis le déserteur de Sédaine avec la maréchaussée en culottes roses et en figures bleues; je puis, dis-je, affirmer qu'à travers toutes ces personnifications où la révolution est représentée sous toutes les formes, dans toutes les poses, je n'ai trouvé nulle part qu'on ait adopté la définition ministérielle, car nulle part je ne l'ai vue peinte en évènement.

A deux pas de la révolution de juillet, voici le tableau de l'entrée à Alger. On dirait d'un reproche ou d'une épigramme. Inclinons-nous devant Alger, et fasse le Ciel que la France n'en soit pas bientôt à n'en avoir que la peinture!

Les portraits ont la majorité au Musée; et tout ce qui pense ou doit penser, écrit, parle, négocie, gouverne ou veut gouverner, y a mis son image. On peut prendre là le signalement de toutes les célébrités nées ou à naître. Tous les portraits de famille du libéralisme y sont à cheval, à pied, couchés, debout; c'est une espèce de *rout* où tout le monde entre. Les célébrités font leur purgatoire au Musée avant d'être admises au Panthéon. Voyez où en sont les arts! De tous côtés on abandonne le grandiose du tableau pour descendre au portrait ; le génie se matérialise ; l'artiste, au lieu de laisser aller son pinceau aux inspirations de son âme, chiffre des ressemblances, sténographie des figures ; et les beaux-arts, descendant des fresques de Raphaël, marchant de chute en chute, et attristant les yeux de leur longue agonie, semblent courir se perdre dans la miniature, comme le Rhin qui n'est plus qu'un ruisseau quand il finit.

Préoccupé de ces tristes réflexions, je passais en courant devant toutes ces images entassées dans un étroit espace, et je voyais successivement rouler devant mes yeux ces pages incohérentes, qui toutes pourtant se réunissaient pour exprimer une même idée, la décadence des arts. Enfin, j'arrivai devant un tableau qui ranima mon attention. Un homme au regard dur, au front sévère, sondait d'un œil curieux une bière qu'il venait d'ouvrir : c'était Cromwell en face des restes de Charles Ier, l'usurpation qui rendait à la légitimité sa funèbre visite ; c'était le régicide qui demandait à un cadavre royal un certificat de mort qui pût servir à rassurer la victoire, à empêcher le sujet couronné de défaillir sous le sceptre. Mais ce sceptre ne devait faire que passer dans sa famille : la postérité des régicides ne vieillit point sur le trône ; quand on marche dans le sang pour y aller, le pied glisse, et le crime peut faire un roi, jamais une dynastie.

Livré tout entier à ces mélancoliques idées, j'avais oublié l'heure. Il fallut me retirer sans avoir jeté un dernier regard sur ma chère galerie. J'ai toujours pensé, comme Fielding, que Virgile, lorsqu'il a peint Cerbère, avait en idée les concierges de Rome : cette pensée me revint dans ce moment; car l'impitoyable geolier des beaux-arts sollicitait ma retraite de la voix et du geste. Après tout, me dis-je en sortant, il a peut-être raison : qu'ont à faire les tableaux du Musée dans l'ère de la politique? Le palais Bourbon fait tort au Louvre; c'est le temple de Janus : on n'est tranquille que lorsqu'il est fermé. Allons, il faut me remettre au régime des paraphrases de M. Sébastiani, des allégories de M. Guizot, de l'éloquence chiffrée de M. Thiers; au régime des paroles sans pensées, des discussions sans résultat, des promesses sans effet, des clameurs, des trépignemens, du tapage; au régime parlementaire, en un mot. Le Musée ferme, la Chambre ouvre.

15 août 1831.

PARIS ET LES PROVINCES.

A Paris, il n'y a que trois choses dont on puisse parler sans être traité sur le pied d'un homme rétrograde, d'un ci-devant, d'un anachronisme ; c'est Mme Pasta, la Chambre des pairs et le choléra-morbus. Hors de là, point de conversation ; il faut entrer partout où l'on entre avec une cadence, un bruit de bureau, un bulletin sanitaire ; il faut avoir à citer une lamentation de M. de Sémonville, un mot de

M. Talleyrand, une ariette d'Anna Bolena, où le décès d'une ville; il faut dire où en est la révolution, où en est la peste: sans cela, on n'est bon à rien dans le monde, on se fait consigner aux portes de tous les salons qui ont encore des locataires, car la révolution de juillet a donné bien des congés, dépeuplé bien des maisons, sans parler de ce bail amphitéotique entre la France et une famille qui a fait quelque bruit dans le monde: bail de tant de siècles rompu en trois jours! Allez de la Chaussée-d'Antin, ce riche faubourg d'une aristocratie dorée, aux boutiques plus humbles de la rue Saint-Denis: entrez chez le libéralisme-pouvoir, ou chez le libéralisme-opposition, frappez à la porte des bénéficiaires des journées de juillet ou à celles de leurs décorés, toujours le même sujet. « Vous ne savez rien de Pasta ni de la pairie, disait quelqu'un, et vous voulez réussir à Paris? Eh bien! tâchez d'avoir eu le choléra-morbus. »

Au fait, cela plaît, séduit, intéresse, c'est quelque chose d'avoir eu la peste quand on vit avec des gens qui s'attendent à l'avoir. Cela donne de l'autorité, une sorte de priorité, de suprématie; on est le juge né de toutes les recettes de la Faculté; les femmes vous consultent, les hommes vous écoutent, les médecins vous saluent, et à travers toutes ces conversations d'où s'échappe un merveilleux parfum de camomille, vos paroles ont le rang d'oracles, les puissances du jour se disputent vos visites, on vous retient à l'avance un jour, une soirée; quand vous paraissez, on oublie le dey d'Alger et don Pédro; on vous présente, on vous fête à la ronde, et le maître de la maison dit, en vous montrant d'un air capable: « C'est Monsieur un tel, mon ami, qui a eu le choléra-morbus. »

Voilà Paris, cette ville des villes, où l'on achète au poids de l'or des sensations. On y use tout, on y fane tout; les institutions, les antipathies, les enthousiasmes, les trônes, les robes, les chapeaux, la peste, tout cela n'est que l'affaire d'une matinée, un vrai déjeuner de soleil, comme on dit. Aujourd'hui, c'est l'hérédité de la pairie; elle passera, suivant les uns, elle ne passera pas, suivant les autres. « Qu'elle passe ou non, elle est morte, dit un notaire. —La raison?—Les fils de pairs qui ont été cotés jusqu'à un million dans nos études, n'ont plus cours. » Raison excellente, selon moi, car la monnaie une fois décréditée, ne se réhabilite plus. « Qu'est-ce qu'un pair maintenant? » demandait-on à un homme d'esprit. Il répondit : « C'est un assignat. »

S'il est vrai que ce monde sublunaire soit le Charenton de l'univers, comme on l'a souvent répété, il faut avouer que Paris en est le chef-lieu. Tout y est à l'envers, antipathique au bon sens, factice, controuvé; on y traite sérieusement les choses légères, légèrement les choses sérieuses; les romans se font en maximes, et la politique en quolibets. Je ne sais vraiment où l'on est allé prendre de l'admiration pour cette Lutèce. Avec ses vieilles corruptions et ses prétentions de nouveauté, ses vices séculaires et ses caprices puérils, ses quartiers modernes jetés comme un manteau sur son ensemble gothique, ne ressemble-t-elle pas à un vieillard qui tranche du jeune homme, ou à un sépulcre blanchi? Athènes est à Paris ; ce sont de ces choses que l'on répète toujours parce qu'elles ont été dites une fois, et où encore ? A Paris sans doute. Regardez-y de plus près, et vous verrez que tout cela n'est que déception et mensonge; au lieu des réalités, vous ne verrez que des simulacres, au lieu d'objets palpables, des illusions d'optique; toute cette splendeur est un masque; et si vous soulevez un coin de cette pourpre, ce sont des haillons que vous trouverez.

A Paris l'on vit de la vie des joueurs, d'une vie d'intrigue, de passion, d'ivresse ; les sentimens et les principes ne sont que des enjeux ; quand ils sont épuisés, on en change ; il faut des sensations et des émotions ; à tout prix on en achète ; la liberté et le patriotisme ne sont que des cartes sur lesquelles on joue son avenir ; si elles perdent, on les jette au talon, on en demande d'autres, et tout est dit. Admirez tant qu'il vous plaira ce mouvement et cette chaleur qui viennent de la fièvre, cela ressemble à ce médecin qui s'extasiait sur les belles couleurs d'un malade pendant que l'apoplexie le frappait. Toutes les forces vitales de la France ont été réunies au centre ; beau chef-d'œuvre de la centralisation en vérité, sublime idée dont il faut l'applaudir. Qu'en est-il arrivé? au 29 juillet la France a eu un coup de sang.

Quand on passe de Paris aux provinces, on est tout surpris de voir que le pays n'est point renfermé entre la barrière de l'Étoile et celle du Trône, et qu'il y a sur la terre une France qui parle peu, chante encore moins, salue mal et raisonne bien. Au lieu de cette frivolité qui brille sans éclairer, de cette corruption décrépite, on découvre avec étonnement de la vie et de la jeunesse. En quittant le monde parisien pour le monde provincial, on éprouve une impression en quelque sorte pareille à celle d'un homme qui sort de l'atmosphère épaisse et étouffante d'une salle de bal, et se retrouve au grand air. Que les ministres n'aillent point parler de l'hérédité de la pairie aux provinces, c'est chose dont elles ne se soucient guère ; elles leur répondraient libertés locales, institutions municipales, choses dont ils ne se soucient pas, car elles ont l'égoïsme de s'occuper davantage de leur présent que de la postérité de M. Decazes et de celle de M. Pasquier. Autant vaudrait, voyez-vous, leur parler des pairs de Charlemagne ; et à leurs yeux la différence n'est pas grande entre un chant de l'Arioste et l'élégie dédiée à la pairie par M. Casimir Périer. Savez-vous une anecdote scandaleuse ? gardez-la, on n'en fait point cas ici : on donnerait tous les sourires de M. de Sémonville et tous les parallèles de M. Guizot pour ôter un chiffre au budget. « Nous vous enverrons des nouvelles de la cour, du ministère, de la Pologne, de l'Europe, des théâtres, disent les Parisiens aux provinciaux. — Grand merci, mais donnez-nous plutôt des nouvelles de l'impôt sur le sel. »

C'est qu'ici vous n'êtes plus dans ce monde parisien qui souhaite la bienvenue à tous les usuviers politiques qui l'aident à manger son avenir. Dans les provinces on jouit de l'existence et on ne l'escompte pas; les intérêts locaux administrés et ruinés par les passions parisiennes trouvent dur de payer au poids de l'or les frais de leur ruine. En dehors de ce cercle enchanté où l'on prend des paroles pour des réalités, les provinces voient les choses comme elles sont et non comme on les représente, et trouvant que les séances d'un an sont longues, elles sont lasses d'écouter, le boulet au pied, le panégyrique de la liberté que la révolution prononce depuis sa naissance.

C'est la lutte de l'indépendance contre le despotisme, des mœurs contre la corruption, de toutes les villes contre une ville; il y a un peu d'histoire romaine là-dedans. Les cités reines sont des marâtres, mais les enfans devenus grands s'émancipent: on a vu cela de tout temps.

En attendant, la chute des feuilles approche, les ressources diminuent, les impôts augmentent, les ouvriers sont sans ouvrage, les pauvres se multiplient, le pain est hors de prix, et M. Louis nous lapide à coups de budgets. Pour mettre tout au complet, voici que la peste, représentée par M. d'Argout, monte aussi à la tribune et nous soumet sa facture: il faut des cordons sanitaires, des médecins, du vinaigre, que sais-je? le Nord, sur lequel la révolution a tiré une lettre de change, nous renvoie le choléra-morbus pour en toucher le montant. Un million, c'est peu de chose, il est vrai, et jamais on ne vit fléau plus conciliant, calamité plus modeste : le choléra tient seulement à rentrer dans ses fonds. Un million! la police en demande la moitié plus, vous le savez; aussi comme il faut de la hiérarchie dans tout, nul doute que dans le budget général, la peste ne prenne rang qu'après la police.

Tout cela soit dit sans fâcher M. Périer; car M. Périer, suivant ses amis, représente la France, la France de Paris, sans doute, car celle des provinces ne ressemble au monde qu'à ce brave M. Shirmer, et cela parce que, sans avoir été jamais député, huissier, ministre, vivant en compte courant avec toutes les législatures, il demande toujours et n'obtient jamais. O homme de la supplique, héros de la plainte, Hercule de la pétition, je vous salue! et je souhaite aux provinces une constance pareille à la vôtre, mais je leur souhaite aussi des divinités plus propices. Chez les Grecs, beaux parleurs et grands faiseurs de métaphores, Homère, qui ne fit que *l'Iliade*, et qui aurait pu enfanter *Cendrillon*, parle quelque part de deux tonneaux d'où Jupiter tire les félicités et les maux pour les répandre sur les hommes. Français, *l'Iliade* parle d'or : le tonneau de gauche est vide, c'est à l'autre qu'il faut puiser maintenant.

3 septembre 1831.

UN PEU D'ASTROLOGIE HISTORIQUE.

NOUS sommes dans le siècle des originalités, le merveilleux et le grotesque courent les rues, l'impossible a obtenu chez nous droit de cité, la politique empiète sur le roman, et l'histoire en est aux contes des fées. Comme le texte est un chaos, chacun propose son commentaire; les systèmes se comptent par tête d'homme, encore en est-il qui en ont deux ou trois. On vient, on va, on parle, on écrit, on rit, on pleure, on vante, on blâme, on sauve le monde, on le perd, on demande la paix, on veut la guerre, c'est un cliquetis de paroles, un choc de principes, une profusion de livres à remuer à la pelle; il semble que l'esprit humain vienne de passer par un hiver sans fin, et que le jour de la débâcle soit arrivé, ou plutôt on dirait vivre au milieu de ces bienheureux du paradis de l'opium, qui, entourés d'illusions vaporeuses, se créent un monde fantastique au milieu du monde réel, et jouissent du double privilége de voir ce qui n'est pas et de ne pas voir ce qui est.

Si je connaissais à Paris un homme sage, je voudrais lui faire interdire le feu et l'eau : car au sein de la folie universelle, la sagesse sent bien le privilége. Mais, Dieu merci, je n'ai point de communications aussi menaçantes à faire ni aux Chambres ni au ministère. Tout au contraire, puisque nous sommes dans un moment où chacun présente son commentaire pour résoudre l'énigme de la situation, je veux faire connaître celui d'un homme qui n'a d'autre mérite, peut-être, que d'avoir un genre de bizarrerie qui lui appartient en propre, une folie qui ne doit rien à personne, une folie avant la lettre, en un mot. Ce personnage singulier vit depuis quarante ans dans une retraite profonde, se dérobant à la vue de toutes les créatures vivantes, et cela, non pas en raison d'une aveugle misanthropie, mais en raison d'un système dans lequel il a une foi religieuse. Selon lui, le monde moral, aussi bien que le monde physique, est soumis à des révolutions périodiques qu'il doit accomplir; l'histoire a son zodiaque; et à l'époque où nous sommes, le genre humain, déjà bien des fois, a parcouru les douze signes. «Tout ce qui est a été, me disait-il un jour; le présent n'est que la seconde édition du passé; je ne m'étonne pas plus de la naissance et de la fin d'un peuple que du lever et du coucher du soleil. Qu'ai-je besoin d'entendre vos nouvelles? il y a deux mille ans qu'elles dorment dans les annales. Qu'ai-je besoin de voir mes contemporains? Je les ai lus.»

Les argumentations, les citations, les apostrophes, les métaphores, rien n'a pu le faire revenir de cette opinion extraordinaire; j'y ai perdu mes efforts et ma logique. A l'entendre, tout est renfermé, pour ceux qui savent lire, dans les annales des temps passés; il ne s'agit que de déchiffrer l'astronomie de l'histoire;

mais il y a mille astronomes et il n'y a qu'un Newton. Cependant ne perdant pas l'espérance de ramener mon vieil ami à des idées moins originales et moins absolues, chaque fois qu'il y a quelque grand évènement, quelque catastrophe éclatante, je force sa porte, et je viens, ma nouvelle en main, jeter le gant à son système. Je puis dire que voilà vingt ans que je suis servi à souhait par la fortune. Quand elle jouerait avec des dés pipés pour m'amener les chances dont j'ai besoin, elle n'aurait pas fourni plus d'argumens à ma logique, et elle m'a jeté les révolutions, les bouleversemens, les calamités, les désastres, avec une munificence dont je lui sais un gré infini, pourvu qu'elle s'arrête. Mais tout cela a été inutile; le vieux reclus a persisté à garder son idée favorite; chaque tentative que j'ai faite pour le tirer de sa croyance l'y a enraciné, et je crois vraiment que si cela dure, le monde sera détruit avant que mon ami soit corrigé.

Le 20 mars, j'entrai chez lui. « Vous savez la nouvelle, lui dis-je, oubliant dans mon trouble à qui je parlais. Bonaparte est ici, et l'armée tout entière a défectionné. Louis XVIII vient d'abandonner les Tuileries. »

Il ouvrit, sans répondre, un volume de Tacite. « Que faites-vous ? demandai-je.—Je cherche votre nouvelle, répondit-il ; elle est au sinet. »

Je jetai les yeux sur la page, et j'y lus que, Galba régnant à Rome, Othon se présenta à l'armée, qui, tout entière, passa sous ses drapeaux. La ville suivit l'armée, le sénat mit au nom d'Othon le panégyrique de Galba, et tout fut fini. S'il n'y a pas identité, il y a ressemblance, pensai-je.

Quand vint la fin de l'empire, je comptais prendre ma revanche : mais au nom seul de Waterloo, mon ami éclata. « Jeune homme, dit-il avec impatience, vous savez passablement l'histoire, mais vous défigurez les noms de la plus étrange maniere. Croyez-vous que ce sobriquet de Waterloo m'empêchera de comprendre que vous me racontez la bataille qui livra Rome aux légions du nord ?— Mais les Russes ! les Prussiens ! les Cosaques ! cria sa vieille gouvernante, qui rompait ce jour-là un silence de vingt ans.—Tacite les appelle des Sarmates, des Teutons, des Gètes, et Tacite, madame, est votre aîné de quinze siècles. Sortez, vous êtes un plagiat. »

Je commençai à désespérer de retrouver l'occasion de combattre le paradoxe chéri du savant têtu, qui, depuis qu'il avait congédié sa vieille gouvernante, vivait dans une retraite plus profonde que jamais; ennuyé, disait-il, de voir des gens qui tiraient leurs nouvelles les plus fraîches de l'histoire de Rollin, et qui venaient en grande hâte l'avertir de ce que Tite-Live écrivait il y a deux mille ans. Les quinze années de prospérité qui coulèrent sans interruption pour la France, à partir de cette époque, furent pour ma logique quinze années stériles. Pas la plus légère catastrophe à raconter, pas un désastre à faire valoir; la fortune de la France avait mis ma rhétorique à la portion congrue, car je n'osai pas aller glisser le plus petit mot sur Navarin, de peur d'entendre le récit de la bataille de Lépante, ni parler de la gloire de la France à Alger, de peur qu'on n'accusât nos soldats d'être les plagiaires de Duquesne.

Vint enfin la révolution de juillet, qui releva les affaires de ma logique, et l'on se battait encore que j'étais déjà à la porte de mon vieil ami, heurtant de toutes mes forces avec une impatience de quinze années, et espérant tenir cette fois la réfutation de son paradoxe, la guérison de sa manie. Pendant que je lui racontais les événemens des trois jours, il m'applaudissait de la voix et du geste. « C'est cela, me disait-il, c'est parfaitement cela. Vous venez de me raconter ce qui s'est passé à Rome l'an 150 de l'ère chrétienne, lorsque le ministre Cléante promulgua une loi qui déplut à la foule. La garde prétorienne, envoyée pour soumettre la ville, fut accablée de pierres, de meubles et d'autres projectiles. On eut recours aux légions, qui passèrent du côté du peuple. Eh! mon ami, vous êtes étrange avec vos nouvelles! — Mais le télégraphe? — Le télégraphe fait de l'histoire ancienne, » répondit le vieillard.

Tout n'était pas encore fini, et je sortis vite. De longs mois se passèrent avant que j'eusse l'idée de retourner chez mon obstiné voisin. Enfin il y a quelques jours, je voulus savoir s'il persistait à lire nos destinées dans celles de nos devanciers, à ne voir que des saisons dans les époques historiques, et dans la science politique un almanach. « Et notre révolution? lui dis-je en entrant. — J'en étudie depuis huit mois les progrès, de mon observatoire, et je l'ai enfin reconnue. — Comment cela? — C'est que, voyez-vous, mon ami, dans le système social, les révolutions sont les comètes, et celle que vous m'annoncez comme une nouveauté, est aussi vieille que le genre humain. Une des dernières fois qu'elle s'est montrée, elle s'appelait la *Ligue*; nommez-la *révolution de juillet*, si ce nom vous revient davantage, mais croyez bien que cela ne change rien à l'affaire. Elle fut un instant visible à Paris, au temps de la Fronde; elle faillit emporter l'Europe entière d'un coup de queue en 93; elle reparaît, mais plus éloignée, en 1830; son ellipse s'élargit, le danger diminue.—Au nom du ciel, sortons des métaphores, interrompis-je. Qu'y a-t-il de commun entre deux époques historiques si éloignées? Dans la période révolutionnaire qui s'étend jusqu'à nos jours, nous avons vu Louis XVI, Louis XVIII, Charles X, trois princes frères, dont les fils ne montèrent point sur le trône. — En 1559, dit le vieillard, François II, Charles IX, Henri III, trois princes frères, règnent successivement sans postérité. Ici trois règnes qui comprennent un laps de trente-trois années. — Là trois règnes qui durent trente-deux ans. —Pendant tout ce temps, la révolution.—Pendant tout ce temps, la ligue.—L'une fait un roi du cardinal de Bourbon.—L'autre d'un duc d'Orléans.—Vous voyez que j'ai retrouvé ma comète! s'écria le vieillard ivre de joie. Ma comète de la Ligue, ma pauvre comète de la Fronde, si gaie, si folle et qui agitait si joyeusement sa queue, ma comète de 93, ma comète de 1830, tout cela n'est qu'un. — Comète si vous voulez, m'écriai-je avec impatience; mais comment tout cela finira-t-il? — En 1559 elle se retira, quand l'astre de Henri IV se leva, dit le vieillard d'un air pensif, mais je n'ai point encore calculé son ellipse; revenez, nous suivrons son cours du haut de mon observatoire. » Puis il murmurait le plus sérieusement du monde en me reconduisant : « Après la comète de 1559, Henri IV; après la comète du temps de la Fronde, Louis XIV. Ma foi, vivent les comètes pour les rois comme pour les vins! »

12 septembre 1831.

BARNAVE, PAR JULES JANIN.

VOUS entendez bien qu'il ne s'agit point ici d'un de ces romans du moyen âge, partisans du merveilleux chevaleresque, hantés par les esprits, peuplés de fées, de magiciens, d'amans toujours respectueux, de femmes toujours fidèles, frappés au coin d'une nature idéale, et balafrés de ces grands coups d'épées qui plaisaient tant à Mme de Sévigné. Vous entendez-bien qu'il ne s'agit ni de ces Amadis qui vinrent d'Espagne la dague au poing faire la conquête de notre littérature, ni de ces pastorales à la *d'Urfé*, qui se mêlant au cortége d'Anne d'Autriche, passèrent nos frontières avec elle, et abusèrent de notre hospitalité. Ni de ces bibliothèques entières, où la Calprenède et Mlle de Scudéry, pétrissant ensemble le bel esprit et l'héroïsme de la fronde, firent un monde français qu'ils mirent au nom du vicomte César, du conseiller Brutus et de la duchesse Clélie. Ni de ces romans philosophiques, espèces de chaires où le système de Rabelais s'appelait Pantagruel; le système de Rousseau, Emile; le système de Voltaire, Candide; et où Jacques le fataliste savait si bien son Diderot. Ce n'est point non plus un de ces romans bouffons, où Pigault-Lebrun le matérialiste perd les titres de noblesse de l'âme humaine, dans les auberges ou dans les mares; ni un de ces poèmes où Mme de Staël les retrouve au bord de la fosse de Léonce, au milieu des merveilles de l'Italie, devant les magnificences des ruines, l'éloquence des débris, la voix de la tombe et les muettes révélations du Musée.

Ceci est le livre d'un hardi conteur, qui sait le siècle à qui il a affaire, et qui, le prenant à partie au milieu de la fièvre qui le dévore, lui dit : « Çà, seyez-vous avec moi ; que je vous raconte une histoire qui vaut presque une émeute, une soirée de punch, une nuit de cauchemar. » Ce conte-là se nomme *Barnave*. L'agonie d'une monarchie, les convulsions de la société, la lutte des passions, le couchant de la royauté, l'aurore de la terreur, on vous jette tout cela à lire entre un dîner et un bal, si l'on danse encore. Ils sont loin ces temps où les malheurs de Clarisse la jeune fille étaient l'occupation de toute une nation, l'évènement d'une époque, et où la conclusion de cette infortune privée devenait une catastrophe publique que tout un royaume craignait et attendait à la fois. A des sociétés blasées il faut des émotions d'autre nature; quand le cœur est vieilli, il faut retourner le fer dans la plaie pour qu'il sente le froid. Les contes, il y en a toujours; mais ils changent avec les âges des empires : au Barbe-Bleue féodal du moyen âge, qui opprime ses vassaux et tue ses femmes, succède le peuple, terrible Barbe-Bleue de la place publique, qui souille les trônes et tue les rois. Au lieu des révolutions qui brisent le cœur d'une frêle jeune fille, ce sont les révolutions qui brisent les royaumes aux colonnes de fer. Le roman secoue les langes de la vie privée ; il se fait politique avec le siècle ; et voici que

M. Janin, en homme qui comprend son époque, s'en va demandant de porte en porte à la révolution de juillet si elle a une heure à dérober aux ruines du jour, pour deviser avec lui sur les ruines de la veille, et si la France de 1831, s'asseyant accoudée sur une barricade, veut apprendre à lire dans ses papiers de famille, qui remontent à 93.

Les contes de cette espèce sont difficiles à faire, et les avertissemens n'ont point manqué à l'auteur. On lui a dit surtout et répété que la mémoire d'un de ces criminels, héros de son histoire, était abritée sous une couronne. Mais au défenseur politique de Philippe-Egalité, l'auteur a répondu en artiste.

« Soit, dit-il, j'y consens, je vais brûler mon livre, car j'aime mieux l'anéantir que d'en arracher une page. Je peindrai une époque plus reculée, la vieillesse de Louis XV, avec ses prodigalités, ses scandales, ses faiblesses. Mais je peindrai nécessairement ceux qui approchaient le trône de plus près. Dans ce nombre, le plus élevé par sa naissance ne saurait être oublié; aussi bien, quelle figure à dessiner, quelle dépravation au milieu de tant de dépravations! quelle misérable chose au milieu de tant de pauvretés! Ce prince, le fils de Henri IV, est gros, épais, commun; le temps pèse à ses jours désœuvrés; s'il pleut, si le soir il digère mal, ses courtisans et sa maîtresse jouent la comédie pour le distraire. Mais quelle comédie! Vadé seul, Vadé, son langage des halles, ses jurons, ses ordures, ont le talent d'égayer les trétaux de Bagneux et de Sainte-Assise, d'arracher un sourire à ce prince subalterne, à sa Maintenon du second ordre. « Ah! monsieur, m'allez-vous dire, un peu d'indulgence pour celui-là, car après tout, c'est notre aïeul. »

« Je me rends à cet argument; remontons un peu plus haut, j'espère que nous serons plus heureux.

« Louis XV est jeune encore, ses mœurs faciles le poussent à l'amour, mais ses amours sont nobles et élégantes. A ce brillant tableau vient s'opposer un contraste singulier. Louis d'Orléans, libertin dans sa jeunesse, est devenu dévôt, ou plutôt superstitieux dans son âge mûr. Il compose des ouvrages de théologie pour le malheur de ses bons génovéfains, qu'il ennuie toute la journée de sa prose sérénissime. A cette folie il en joint une autre; il ne croit pas que l'on puisse mourir. Un jour que son intendant lui soumettait des comptes, il remarqua quelques diminutions dans la dépense; il en demanda la cause. « Monseigneur, lui répondit l'intendant, plusieurs rentes viagères que vous payiez se sont éteintes. Les rentiers sont morts. — Cela n'est pas vrai. Apprenez, monsieur, qu'on ne meurt plus aujourd'hui. Arrangez-vous pour payer ces rentes, ou je vous chasse. »

« Je vous vois déjà venir. « Ah! monsieur, laissez ce pauvre fou. Chacun a ses travers; celui-là, vous en conviendrez, est le plus innocent de tous. Il vaut mieux payer des créanciers morts que de ne pas les payer vivans. Et puis enfin, monsieur, c'est notre trisaïeul. »

« Paix donc à notre trisaïeul! remontons encore.

« Nous voici arrivés à la hideuse régence. De la régence, le savez-vous, monsieur, datent tous nos malheurs. Le caractère public de la nation disparaît : l'antique bonne foi disparaît dans les calculs de Law. Les plus illustres exemples ne manquent point aux désordres les plus criminels. L'inceste les préside une couronne au front et un sceptre à la main. Tandis que l'on affiche un insolent mépris de la religion, au nom de je ne sais quelle bulle, les cachots se remplissent de citoyens les plus innocens. Voltaire est renfermé à la Bastille pour des vers qu'il n'a pas faits; il est puni comme s'il était l'auteur d'une philippide, comme s'il s'était écrié avec Lagrange-Chancel :

Rocher des rives infernales,
Apprête-toi sans t'effrayer,
A passer les ombres royales
Que Philippe va t'envoyer.

« Mais, sans doute, ce n'est pas là votre compte, et vous m'allez dire encore : « Ne troublons pas la mémoire de ce bon régent; c'est ce que nous avons de mieux en aïeux. »

« Je cède à cet argument domestique, je vais aller un peu plus haut. Voici Louis XIV entouré de toutes les pompes de son règne; ses faiblesses mêmes sont ennoblies par je ne sais quel éclat de bon goût. Dans cette cour brillante de tous les genres de splendeur, un homme seul se rencontre comme pour la déparer, seul il reste insensible à tant de merveilles. Immobile au milieu de cette glorieuse activité, il s'habille en femme, Sardanapale aux genoux d'une chambrière laide et intrigante, et encore il s'abaisse à d'autres amours. Cet homme, ce prince, frère de Louis XIV, c'est M. le duc d'Orléans.

« Vous voyez-donc qu'avec la meilleure volonté du monde, c'est un passé à ne pas défendre. »

Ceci est la généalogie de la maison d'Orléans Voici comment elle se termine : *Leur héritage n'est grevé d'aucun legs de gloire.*

Faut-il dire maintenant ce que c'est que *Barnave?* C'est le premier relai de ce torrent qui a eu trois étapes, Mirabeau, Barnave, Robespierre. C'est un livre plein d'incohérences, de contradictions, de déclamations, de sophismes, de passions désordonnées, de licence. Un mauvais livre, allez-vous ajouter. Eh non, mille fois non, car ce qu'il y a de mieux ce sont ses défauts. On s'y promène de long en large dans cette époque à la fois bizarre et terrible, où il y avait un peuple entier sur le trépied, où l'enthousiasme était partout, le bon sens nulle part: véritable chaos social où tous les élémens se heurtaient, se combattaient, où un monde mourait en face d'un autre monde qui essayait de naître. L'auteur vous prend au passage, il vous entraîne avec lui sans vous laisser le temps de vous reconnaître: il marche, vous suivez, il entre, vous entrez. Saluez, c'est la reine, majesté du trône qui attend la majesté du malheur; c'est le château de Versailles avec ses magnificences à leur déclin, ses dernières pompes, ses fêtes dernières. Voilà Mme de Lamballe, ignorante de sa destinée : saluez cette tête riante et gracieuse promise à la pique des assassins. Plus loin, c'est la petite maison de Mirabeau, c'est la nuit étincelante d'ivresse, de luxe et de saillies. Voici Rivarol, l'homme de l'épigramme; Laclos, le Machiavel des ruelles; le comte de Saint-Germain, qui a fait le tour des temps comme on fait le tour de l'espace, le comte de Saint-Germain, le Lapeyrouse de l'histoire. Saluez Barnave, héros du roman, Champfort, Mlle Olivier, la Taglioni de 89; le chevalier ou la chevalière d'Eon, toutes les renommées mêlées et amalgamées, toutes les gloires en orgie; saluez: mais non, arrêtez, ne saluez plus. Un homme entre, au regard douteux et méchant, à la figure incertaine. « Vous savez bien, Mirabeau, dit-il, « que ces titres de prince et d'altesse ne me « conviennent pas, que je les ai reniés depuis « long-temps, et que depuis long-temps je ne « rougis plus de mon père, Montfort le co- « cher (1). »

Au nom du ciel, ne saluez pas le duc d'Orléans.

Quand on a fini de lire ce livre, on est dans l'état d'un homme qui, après avoir aspiré ces gaz aux influences bizarres qu'a découverts la

(1) *Barnave*, tome troisième.

science, vit trente ans au jour, et tournant sur lui-même, fait cent lieues sans quitter sa place, fatigué de voir, d'entendre, de sentir des abstractions invisibles, des voix qui ne parlent pas, des images qui n'ont point accès sur les sens. Ou bien encore c'est comme un passant qui, au jour des orages populaires, traverse la multitude aux cent mille voix, aux cent mille têtes, aux cent mille bras, porté sur les épaules de l'émeute, Océan sans rivage qui tourbillonne dans le tumultueux Paris. Il semble qu'en arrivant à terre, on conserve encore la tempête dans ses oreilles. La révolution perce par tous les pores de l'ouvrage ; elle est dans les pensées, dans les mots, dans les images, dans les métaphores, dans les qualités, dans les défauts, dans le mouvement du style ; et si l'on voulait caractériser ce livre en une phrase, il faudrait dire que c'est une émeute.

Il y a un homme d'esprit qui a fait observer que dans un pays où la police est bien faite, où les routes sont bien entretenues, où la poste est bien servie, il est impossible de faire un roman. En transportant ce principe sur une plus grande échelle, on arrive à dire que les temps heureux sont pour les romanciers des années stériles, et qu'ils regorgent d'abondance dans les années de disette. En ce cas, qu'est-ce que 89 et 93? C'est l'Amérique du roman. M. Janin pourtant n'a point abusé du Nouveau-Monde; il a senti que les catastrophes qu'il peignait intéressaient tout le monde en général; grande raison peut-être pour qu'elles n'intéressent personne en particulier. Il avait la révolution à peindre; il a fait comme ce grand artiste qui peignait le déluge : il a choisi un épisode pour grouper le déluge à l'entour.

Ce livre sur Marie-Antoinette et Louis XVI finit par ces paroles, qui, pour la première fois, sont touchantes : *Il y avait une fois un roi et une reine.*

Il faut que l'auteur s'attende à ce que le public, hardi à la réplique, lui réponde : *Contez-nous donc encore quelqu'une de ces histoires que vous contez si bien.*

19 septembre 1831.

CE QU'EN PENSE LE DEY.

Uproar in the school.

Si rien ne vous arrête, veuillez bien venir avec moi ; l'émeute a cessé ; j'ai tâté le pouls à Paris, nous sommes dans le bon jour de notre fièvre intermittente ; nous voici sur le boulevard ; arrêtons-nous, c'est là.

Regardez bien cette belle gravure anglaise qui représente l'intérieur d'une école pendant l'absence de son directeur. Voyez les bancs en désordre, les pupitres brisés, les livres gisant à terre dans une attitude de vaincus; les cris et les quolibets volent, les disputes commencent, le vacarme est dans l'école, comme dit l'inscription; le dieu du pugilat semble à la porte tout prêt à entrer; si un classique cherchait bien, il trouverait dans quelque coin les Muses éplorées à l'aspect de leurs disciples qui déchirent Virgile et Homère pour en faire des cornets, et Apollon brisant sa lyre devant toute cette jeunesse qui lui tourne le dos pour les charmes de la culbute, les délices du cheval-fondu ou de la roue. Suivez bien tous les personnages et toutes les attitudes. Le fauteuil du régent n'est pas vide, un écolier l'occupe, et couvert de la houppelande magistrale, se vieillissant le visage par une grimace, se voûtant le dos à plaisir, la tête couverte d'un bonnet de carton, il demande d'un ton criard le silence, et apporte ainsi son contingent au vacarme et au bruit. Pendant ce temps, la tumultueuse jeunesse court, s'agite, se mêle, et les voisins du régent en jaquette, traitant la contrefaçon qui siége sur le fauteuil avec plus d'irrévérence que l'original, lui versent de l'encre sur la tête, lui marchent sur les pieds, et lui adaptent des oreilles de papier d'une forme suspecte et d'une dimension qui sent l'épigramme.

Avez-vous tout vu, tout examiné, tout compris? — Oui. — Tant mieux : car j'avais besoin que vous connussiez cette image; je ne sais comment la dernière échauffourée de la Chambre me l'a remise en tête; mais depuis ce moment, elle est là jour et nuit présente à mes yeux, comme l'ombre dans Hamlet, comme le cauchemar s'asseyant au chevet de Macbeth l'usurpateur; j'en parle aussi souvent qu'un poète parle de ses ouvrages; j'en parle comme M. Montalivet parle du catholicisme; comme M. Sébastiani de la dignité de la France, comme le bon La Fontaine parlait de Barruch.

Au milieu même de l'orage parlementaire qui a grondé pendant trois jours, il me semblait voir mon image de l'école suspendue aux quatre coins de la salle du Palais-Bourbon, et l'imagination, avec ses crayons magiques, m'en reproduisait partout l'esquisse bizarre en traits gigantesques et fantasques. A la lueur des sombres flambeaux qui jetaient sur la fin de chaque séance une lumière pâle et douteuse, on eût dit qu'un prisme à mille facettes répercutait en mille tableaux confus, mes écoliers sautant, criant, parlant, luttant, échangeant les quolibets et quelquefois les gestes. Les interpellations, les pupitres brisés, l'éloquence ministérielle, les culbutes, M. Sébastiani, le magister de contrebande au bonnet de carton, le cheval fondu, M. Montalivet, mes souvenirs et mes sensations, tout cela se mêlait, se confondait, se brouillait; la salle du Palais-Bourbon, le vacarme de l'école anglaise, ne faisaient plus qu'un et dansaient ensemble devant mes yeux fascinés; j'avais deux tempêtes dans les oreilles, et dans ma tête un double chaos. Chaque fois qu'un député se levait, interrompait, criait, gesticulait, je me levais involontairement aussi, et je disais malgré moi: Vous aurez mon image. Vous aurez mon image, monsieur Thiers; vous l'aurez, monsieur Sébastiani; vous l'aurez, monsieur Montalivet; vous l'aurez, monsieur Dupin. Le ministère aura mon image; les centres auront mon image; la gauche aura mon image... Je vis bien qu'il fallait m'arrêter, car la Chambre ne s'arrêtait pas; et tout le monde aurait eu mon image, si M. Louis avait été moins exigeant, si le budget avait été moins lourd.

Au milieu des sensations vagues et indéfinies qui se croisaient, se heurtaient, une idée traversa mon esprit. Il se fit un silence dans ma tête, et mon imagination se demanda : Qu'en pense le dey d'Alger? Il était là avec l'immobilité de sa figure orientale au milieu de ces physionomies mobiles, ardentes, bouleversées. Il était là debout, étalant son turban de cachemire, sa blanche robe; et les poètes de l'Arabie l'eussent comparé à la flèche d'un minaret au milieu d'un orage, à la haute pyramide au pied de laquelle les tempêtes du désert viennent se briser et mourir. Les voyages de la pensée sont rapides; comme les dieux d'Homère, en deux bonds elle est aux limites de l'univers, et l'espace lui manque au troisième; en moins d'une seconde j'étais assis, en idée, auprès du dey d'Alger. « Salut, vieillard, je ne viens point « railler ton infortune, ni payer en épigrammes « les devoirs de l'hospitalité à la sainte présence « du malheur. Libre à la révolution de juillet « de traîner en spectacle populaire, l'ancien « dominateur de la côte africaine; tu n'es pour « elle qu'un jouet, une curiosité rare, le troi- « sième tome d'un ouvrage où les Osages occu- « pent la première place, et la giraffe la seconde. « La révolution ne t'a point vaincu; elle peut « t'insulter; mais la victoire doit faire autrement « les honneurs de la France à ta défaite; salut, « vieillard, je te respecte comme le trophée « d'un glorieux drapeau, comme un monument

« de notre conquête, comme l'hôte de notre « histoire ; je te respecte comme le vaincu de « la France royale. »

J'ai toujours pensé que la parole était un grand signe de l'infériorité humaine, et j'aime fort cet homme d'esprit qui disait qu'il est inutile de parler aux gens avec qui il faut achever ses phrases. Aussi, à la différence d'un grand nombre de lecteurs, j'admets, sans la moindre incrédulité, ces conversations muettes qui se passent dans les romans de Mlle de Scudéry, entre les yeux de Cyrus et ceux de la princesse Mandane, les plus impitoyables bavards qu'on vît jamais, même dans les romans. Je trouve admirable qu'elle remplisse des pages, des chapitres, des tomes, de ces dialogues tacites, de ces monologues de la physionomie, de ces harangues du regard. Cette manière de penser va si loin, que je suis prêt à jurer qu'Homère, qu'on a fait aveugle par complaisance pour les peintres, aurait été muet, s'il avait vécu dans l'intimité de Racine. Pourquoi aurait-il chanté? Le poète français aurait bien lu l'*Iliade* tout entière dans un de ses regards.

Pour moi, je lisais tout autre chose que l'*Iliade* dans les yeux du dey ; il était sous l'empire de l'illusion la plus singulière. La tête troublée par l'horrible vacarme qui durait depuis tant de séances, et les yeux fascinés par le mouvement de tant de têtes qui s'agitaient dans l'ombre, il se croyait transporté à Constantinople, au milieu des cérémonies tumultueuses du *tecké* des derviches danseurs. Chaque fois qu'un murmure s'élevait, il s'imaginait que la cérémonie allait commencer; il cherchait de l'œil les inscriptions tirées du Coran, qu'il avait lues dans sa jeunesse sur les murailles du temple musulman de Bysance; quand M. Sébastiani se levait de toute sa hauteur sur son banc pour interpeller M Mauguin : « Bon, disait le dey, voilà le chef des derviches qui va donner le signal. » Quand M. Montalivet s'élançait pour sommer l'orateur de répondre, le dey frappait des mains, et, tout entier à sa rêverie bizarre, il croyait applaudir aux formes athlétiques du plus robuste danseur du *tecké;* enfin son illusion était si complète, qu'il se retourna une fois pour voir si l'on n'apercevrait pas à travers les fenêtres les magnificences du Bosphore, couvert de caïques aux brillantes couleurs, les mosquées de Scutari, le vaste cimetière et le feuillage lugubre des cyprès. Il aperçut la place de la Concorde (*nouveau style*), sur laquelle on exécutait une charge de cavalerie.

Je vis une éjaculation énergique s'échapper des yeux du dey; car, ainsi qu'on se le rappelle, nous causions depuis une heure sans avoir encore ouvert la bouche. Etait-ce *allah, Il allah, Mish allah?* Je ne le dirai point, mais c'était quelque chose de pareil. L'infortuné sortant d'un songe trop court, venait de se retrouver sur la terre de l'exil.

Voilà pourtant bien du bruit, bien du mouvement; on se lève, on s'asseoit, l'orateur parle, l'auditoire répond, disaient mes yeux.

Ceux du dey prirent une expression de dédain. Il songeait aux rotations des derviches, rapides comme la pensée, aux prières arabes s'élançant en exclamations de la bouche des choristes; il voyait les danseurs nationaux les bras croisés, puis étendus, tournant comme la corde du cabestan, dont le mouvement s'accélère à chaque rotation de la roue; les larges vêtemens tout gonflés s'arrondissant comme des parapluies ouverts, la mesure de la musique devenant plus vive, les flûtes perçantes, les tambours orientaux retentissant comme les cymbales, le son et le mouvement rivalisant de vitesse, et le temple lui-même semblant s'agiter sur ses bases et tournant avec les danseurs.

« Qu'est-ce que la Chambre auprès de tout

cela? » semblaient dire les regards du dey. Et quand les orateurs, les interrupteurs, les auditeurs s'agitaient de la manière la plus désordonnée, il levait les yeux, et se rappelait avec orgueil que les derviches tournaient souvent, sans s'arrêter, dix-huit minutes sur eux-mêmes. Oui, dix-huit minutes, monsieur Charles Dupin ; allons, montre en main, et dites-nous s'il se passe au banc des ministres quelque chose de pareil.

J'avoue que je n'entrepris pas de faire comprendre au dey que ce tourbillon qui nous environnait, ce bruit, ce tumulte, ce chaos, c'était le gouvernement. Je le voyais déjà, selon l'usage de l'Orient, où les syllogismes se font en images, demander si l'on vit jamais les matelots mettre la tempête au gouvernail, et prendre l'ouragan pour pilote. Cette métaphore n'eût été honnête ni pour la Chambre ni pour la révolution, et pourtant je ne sais pas trop ce que j'aurais répondu, non plus que la Chambre elle-même ; car, avec la meilleure volonté du monde, il est difficile de faire valoir la maturité des conseils de la tempête, la haute raison de l'orage, et, j'en demande pardon à la Chambre, mais je n'ai jamais entendu vanter nulle part l'expérience de l'ouragan. Par bonheur, la séance tirait sur sa fin ; tant de fiel avait été dépensé que les haines étaient à sec, et M. Thiers était à la tribune, prodiguant l'épigramme, et convenant que de tous les spectacles du monde, il n'y avait plus que l'émeute de suivie. « Prenez garde, monsieur Thiers, dit quelqu'un, les tribunes sont encombrées ce soir. »

Tout le monde sortait, le dey comme les autres. Je vis à son air pensif et solennel qu'il avait tout compris. Cent petits corps s'exhaussaient sur leurs pieds, cent têtes se dressaient, cent lorgnettes se braquaient, cent fracs européens étaient là faisant la haie pour regarder passer la robe flottante de l'Orient. Les députés, les ambassadeurs, les journalistes, les femmes, le public, les ministres, tous disaient : « Voici le dey; » tous semblaient demander: « Que pense le dey de notre révolution? »

Que vous l'avez faite trois mille ans trop tôt pour Paris, trois mois trop tard pour Alger.

26 septembre 1831.

EN PARLERAI-JE?

Comme il vous plaira!

C'est une idée singulière, bizarre, capricieuse, une idée bouffonne, une idée à montrer au doigt, une idée folle que celle de parler littérature en l'an de grâce mil huit cent trente-un. Mais qu'on en pense ce que l'on veut, qu'on en dise ce qu'on en pense, peu m'importe! Je romps en visière avec les observations et les observateurs, je m'enveloppe dans mon idée, je m'y barricade. Qu'on ne laisse entrer personne ; sur votre vie, fermez la porte : bon ! mettez encore un verrou ; et si les conseilleurs sonnent à rompre la sonnette, criez-leur : On ne passe pas ! C'est un parti pris, voyez-vous, je me déclare en insurrection ; et si l'on n'y met ordre, je fais mon 29 juillet contre les conseilleurs.

— « La littérature ! Qui pense à la littérature ? qui fait de la littérature ? qui lit de la littérature ? Il faut être un anachronisme en chair et en os pour en être à la littérature. Laissez-moi là ce pays perdu ; la littérature, mon cher, c'est le Marais. Passons à la politique et à la Chaussée-d'Antin.

— « Eh bien, non, j'opte pour le Marais.

— « Impossible ! A votre place, moi, je parlerais de don Pedro. Voilà un sujet tout trouvé. C'est une bonne idée que je vous donne, je vous traite en ami. Avec ce que je viens de vous dire, l'article est fait ; vous n'avez plus qu'à l'écrire. Allons, à l'ouvrage ! Je ris d'avance en pensant à ce que je lirai demain. Toutes les fois que vous serez embarrassé, adressez-vous à moi sans façon, je suis l'homme de l'à-propos. Adieu... Mais un moment, j'y pense... ; si vous ne vous servez pas de mes idées, ne les communiquez pas au moins !

— « Vous pouvez être tranquille. A un autre, à présent.

— « A votre place, je m'emparerais de la pairie. Des idées neuves, du sel attique, du bon goût, de l'esprit, de la verve, un feu roulant d'épigrammes, voilà ce qu'il faut. En vérité, je me repens presque de vous avoir dit tout cela. Avouez-donc que je vous ai donné assez de moellons pour bâtir toute une pyramide. Vous en faut-il encore? demandez.

— « Je demande de la patience au saint martyr que la populace romaine lapida. Moi toucher à la pairie! non, mille fois non. Qu'elle repose en paix, et que la terre lui soit légère! Sachez, monsieur le conseilleur, qu'un bon chrétien a toujours le chapeau à la main quand il voit passer un convoi.

— « A votre place, moi, je parlerais de l'installation du nouvel ordre de choses dans la demeure héréditaire de l'ancien. Le Palais-Royal a émigré aux Tuileries, vous le savez; la royauté-citoyenne change de logement, le fait est sûr, avéré : eh bien, il faut en tirer une conclusion.

— « Et que voulez-vous que j'en conclue, sinon que la royauté-citoyenne déménage? — « Oui, le fait est officiel, puisque *le Moniteur* l'annonce; mais est-ce tout? »

Certes, ce serait une grande et dramatique peinture que la peinture d'une première nuit passée sous les lambris du vieux palais de Médicis par cette royauté, nouvelle venue de la place publique, qui frappe à la porte de son aînée! Certes, une imagination de poète irait réveiller sous ces voûtes, qui répétèrent le bruit des pas de tant de générations de rois et de sujets, quelque grand enseignement du temps, quelque vivante leçon de l'histoire. Guise et Mayenne, Retz et Condé, Buonaparte, la ligue, la fronde, l'empire, il y a là de quoi faire un sublime cauchemar. Mais Shakespeare seul pouvait écrire les visions de Macbeth; et où est le Shakespeare qui donnera un corps à tous ces fantômes, une âme à tous ces souvenirs? C'est par ici que Henri III sortit, par-là Henri IV revint; Louis XIV enfant traversa cette salle en fugitif, et tournant le dos au trône, pour revenir s'y asseoir quelques années plus tard et donner le signal au grand siècle, pressé de commencer. Là parurent aussi deux princes d'Orléans: l'un d'eux, le régent, frappait à cette porte quand il venait affermir la couronne sur la tête d'un royal enfant; son nom n'est point mort dans l'histoire: l'autre, venu une dernière fois pour insulter l'agonie d'une monarchie, s'enfuit devant le regard d'une grande et malheureuse reine. Le regard du malheur a une vertu fatale ; le coupable en fut marqué au front comme d'un sceau. Faites murer la porte par laquelle Louis-Philippe Egalité sortit ; elle mène à l'échafaud.

Mais, au nom du Ciel, où en suis-je? Tous ces conseils ont bouleversé mes idées ; il y a émeute dans ma tête, la générale y bat, le tocsin y sonne. Voyez tout ce qu'ils m'ont fait dire! et c'était de littérature, de contes et nouvelles que je voulais parler! Cela ressemble assez à cet honnête bourgeois de Paris qui, au moment de quitter son ami, capitaine de navire, le reconduit d'abord jusqu'à la porte de son appartement, puis jusqu'au bas de l'escalier, puis jusqu'au bout de la rue, puis jusqu'à la barrière, puis jusque chez M. de Louvois à Versailles, puis à Marseille, puis jusqu'au port, puis jusqu'à la chaloupe, puis jusqu'au navire, où il monte avec lui, et fait le tour du monde en pantoufles et en robe de chambre.

Il est temps d'en venir aux *Contes et Nouvelles* de Mme de ***. Dans les circonstances où nous sommes, il faut remercier les femmes qui accordent une généreuse hospitalité à la littérature. Elles la créèrent d'un regard au temps de la chevalerie ; aux temps des révolutions, il leur appartient de la conserver. Je dirais, si j'osais, que la politique a mis le monde littéraire en coupe réglée ; le ban et l'arrière-ban des écrivains ont été dévorés par cette conscription d'une nouvelle espèce ; et il y a, sous ce rapport, un rapprochement à faire entre notre époque et ces dernières années de l'empire, où l'on voyait les femmes saisir d'une main courageuse le manche de la charrue, que les mains viriles avaient quitté pour l'épée.

J'ai toujours fait profession d'être l'ennemi personnel de Mme Dacier, dont la mémoire sent le grec ; et j'ai toujours pensé qu'il fallait avoir commis quelque grande faute pour se faire commentateur, sans y être contraint par arrêt de justice ou de conscience. C'est *la Trappe* de la littérature ; mais l'auteur des *Contes et Nouvelles* ne doit craindre, sous aucun rapport, qu'on l'y envoie. Quand on a l'heureux don de devenir écrivain sans cesser d'être femme, on mérite des éloges sans restriction ; et je suis tenté de remercier Mme de *** de n'avoir pas désespéré de la littérature après la révolution, à la manière du sénat romain, qui remercia ceux qui ne désespérèrent point de la république après la bataille de Cannes.

Il n'y a qu'une considération qui m'arrête, et que Mme de *** me pardonnera, c'est que j'ai peur de la compromettre. — Il y a donc de la politique dans son livre? — Pas un mot, et je défie le plus clairvoyant de deviner si elle tient pour le juste-milieu ou pour l'Hôtel-de-Ville, pour le mouvement des provinces ou pour la centralisation. Je ne voudrais pas hasarder une épingle de plus pour une de ces hypothèses que pour l'autre. Ce ne sont que gracieuses esquisses empruntées à cette nature pittoresque dans laquelle la littérature anglaise puise ses plus délicieux tableaux. Ce n'est point l'histoire des empires, c'est l'histoire du cœur qu'on trouve dans ce livre; et il semble, en quittant les questions ardues et brûlantes qui agitent et bouleversent les esprits pour les douces et fraîches émotions qu'on trouve dans ces simples nouvelles, qu'on passe de ces terres désertes, stériles, calcinées, qui avoisinent Rome, sous les ombres hospitalières et les bocages tranquilles d'une délicieuse *villa*. Mais pourtant, je l'ai dit et le répète, je crains de compromettre l'auteur. Par le temps qui court, nos éloges sont des dénonciations, et j'ai presque envie de dire du mal de Mme de ***, pour faire sa paix avec les puissances de ce monde : une satire vaut encore mieux qu'un réquisitoire. Ce serait de l'arbitraire, je le sais ; mais l'arbitraire de l'art poétique est cent fois préférable à l'arbitraire du Code : celui-là ne conclut pas à la prison, et ne se résume pas sur l'écrou. De politique, il n'y en a pas dans le livre; mais qu'importe? pourvu qu'il y en ait dans l'esprit du parquet.

N'y a-t-il pas dans cet ouvrage une nouvelle qui a pour titre *l'Habit vert et l'Habit bleu?* Prenez! arrêtez! saisissez! voilà le corps du délit. — Mais c'est une question de haute moralité déguisée sous une ingénieuse allégorie. — N'importe, *carlisme!* — Mais la scène se passe à Londres. — C'est cela ; appel à l'étranger! — Mais il n'est question ni de la France ni d'aucun gouvernement passé, présent, futur. — N'importe, *carlisme!* cela répond à tout. *L'Habit vert,* voilà le flagrant délit ; il y a un conte qui se nomme *l'Habit vert!* — Mais lisez-le. — Dieu m'en garde! *L'Habit vert!* ce livre est un carliste et un séditieux.

Et la gentille Norrah, qui, dans la mystérieuse vallée de Killarney, brise le couvercle de la fontaine des fées, dont les eaux mugissantes submergent tous les pays d'alentour, croyez-vous que le parquet l'innocente? Non, non : Norrah, c'est la révolution ; la fontaine, c'est la liberté; le couvercle, c'est le trône. La scène se passe en Ecosse : Holyrood aussi est en Ecosse! L'allusion est évidente, palpable ; il y a complication de carlisme, redoublement de sédition.

Et l'échange infernal dans lequel on voit une âme de démon usurper le corps d'un noble et beau mortel pour entraîner à l'autel sa gentille fiancée, ne voyez-vous pas qu'on va dire que vous avez voulu peindre sous ces traits la révolution tâchant, à la voix du juste-milieu, de prendre des allures monarchiques, et cachant sa laideur derrière un masque de régularité et d'ordre, pour faire illusion à l'Europe et à la France? Carlisme! double carlisme! triple carlisme! Et puis les variantes du texte unique...: Prenez! arrêtez! saisissez!

Je vois d'autant moins de chances de salut pour l'auteur, qu'il y a une de ses nouvelles où il est question de l'Italie, preuve manifeste de connivence avec les réfugiés italiens, et de tendance à la république; et que dans une autre il parle des guerres de l'empire, preuve d'un buonapartisme invétéré.

Ainsi ce livre où il n'est question que de jeunes filles et de paysages, de fontaines et de vallées, de rêveries fantastiques et de méditations morales, de contes du coin du feu et de romans en miniature, ce livre tombe dans les trois catégories prévues; il peut être attaqué à la fois comme carliste, buonapartiste et républicain.

Je ne vois qu'un remède à tout cela : c'est que M. Barthe, lecteur en titre de la Chambre, vienne, par grand bonheur, le lire un beau jour à la tribune. Alors, on verra qu'on ne peut lui reprocher que de déroger à la loi commune des contes et des nouvelles, en réunissant à des idées neuves, à des sujets fantastiques, un style pur, gracieux et naturel.

C'est bien là une conspiration contre l'ordre de choses établi; mais ce n'est pas moi qui m'en plaindrai, car il m'est avis que ceux qui s'en vont criant : *Guerre à Racine! paix à Ronsard!* sont de la même famille que ceux qui criaient : *Guerre aux châteaux! paix aux chaumières!*

3 octobre 1831.

UNE HEURE

A LA TRIBUNE DES JOURNALISTES.

Si j'ai jamais pensé à rompre en visière avec les hommes, à me séparer du monde, à me retirer en Sibérie, au Luxembourg; en un mot, à me déclarer en état d'épitaphe, c'est après avoir vu quelqu'un de ces tableaux sans âme, sans vie, ouvrage inanimé d'un de ces peintres officiels qui, important l'étiquette sur la toile, ont bien soin, avant de se mettre à l'ouvrage, d'avertir la nature qu'il faut qu'elle pose, si grande est leur crainte de la prendre sur le fait, ou au saut du lit, comme on dit. Il y a des gens pour qui les rochers doivent chercher des attitudes, les forêts se draper, le ciel mettre du rouge, les cascades observer un maintien. Mais à la nature officielle, à la nature tirée à quatre épingles par ces maîtres des cérémonies de l'art, j'ai toujours préféré quelqu'une de ces simples esquisses flamandes, où il n'y a rien au monde qu'un buveur, un pot de bière et une pipe, mais de la bière mousseuse, comme celle qui écume dans les pots d'étain d'Anvers : un buveur qui boit pour lui, et non pour ceux qui le regardent ; une pipe dont la fumée sent la tabagie, et non l'académie.

Chacun a sa poétique, celle-ci est la mienne. En politique comme en peinture, au Musée comme à la Chambre, j'aime la nature et je hais l'étiquette ; voilà pourquoi j'ai souvent pensé que, pour qu'on pût faire une bonne histoire du gouvernement représentatif, il faudrait qu'au lieu de publier des journaux, la tribune des journalistes publiât ses Mémoires.

Que trouve-t-on dans les journaux? les harangues du ministère et les répliques de l'opposition; le mysticisme de M. de Montalivet et le clair-obscur de M. Sébastiani; les budgets nains de M. d'Argout et les colosses de M. Louis. Voilà bien le corps de l'histoire; mais où en est l'âme? L'esprit se fatigue à gravir ces pyramides de chiffres et à trouver sa route à travers ces labyrinthes de mots. Ce n'est point la Chambre qu'il voit, c'est le *fac simile* de la Chambre; ce n'est point une figure vivante, animée, c'est un portrait infidèle et fardé; ce n'est point l'histoire du gouvernement représentatif, ce n'en est que le roman. On sténographie les discours, mais qui sténographiera les hommes? On écrit une séance, il faudrait la peindre. Un journal n'est souvent qu'un dictionnaire qui laisse là les idées et numérote les mots; mais, vu de la tribune des journalistes, le tableau change, on comprend ce qu'on ne faisait que lire. Là on trouve le secret de ces exclamations d'enthousiasme si souvent écrites sous la dictée de celui qui ne les a pas excitées, de ces additions complaisantes, et de ces réticences plus officieuses encore; là on voit les personnages replacés dans le cadre; là on plonge, comme du haut d'un promontoire, sur le panorama représentatif.

Entrez à la tribune des journaux; toutes les rumeurs, toutes les indiscrétions; toutes les nouvelles viennent y aboutir comme les rayons à leurs centres ; c'est la capitale des *on dit* et le chef-lieu des caquets politiques. Si Virgile avait le temple de la Renommée à peindre de nos jours, il peindrait la tribune des journalistes. Ecoutez, vous saurez là la biographie des fidélités qui s'inféodent au ministère, quel que soit le ministre; vous apprendrez l'anecdote législative, qui vaut mieux que l'histoire; vous trouverez le mot des enthousiasmes et l'arrière-pensée des dévouemens. Entrez, vous verrez là les épigrammes en permanence, et chaque discours ministériel commenté en quolibets. On vous expliquera *le cri d'amour* de M. de Schonen, et vous saurez ce que vaut M. Dupin, l'homme aux chiffres qui pensent si bien. Pour connaître les mœurs du théâtre, c'est aux coulisses qu'il faut aller; ici, au-dessous le théâtre, au-dessus les coulisses. Encore une fois entrez; pour être quelque chose en France, il faut être ici, ou dessus ou dessous.

Vous écoutez l'orateur. Bon! quelle erreur est la vôtre? Il s'agit de pairie; ne voyez-vous pas que c'est le chaos à déblayer, le voile de Pénélope à finir. Les législateurs eux-mêmes en sont à la lassitude, à l'ennui, au dégoût; le pied leur manque au milieu des ruines; c'est que les décombres d'un trône couvrent un vaste espace, c'est que les rois tombent dans une révolution, comme les dieux d'Homère dans un combat, en ébranlant le sol sous les pas des combattans. Le faîte de l'édifice entraîne aujourd'hui un pan de murailles; quand la clé de la voûte est tombée, elle emporte tout avec elle; c'est le 29 juillet des Tuileries qui fête son anniversaire au Luxembourg. Voyez comme les amendemens pleuvent, comme les sous-amendemens les renversent; on heurte à chaque pas les décombres parlementaires, et c'est par charretées qu'il faudrait emporter les gravats législatifs.

Puis quand il s'agit de reconstruire, l'opposition repousse l'hérédité, le ministère repousse l'élection; alors on fait un compromis entre le feu et l'eau, l'on amalgame deux élémens qui se feront la guerre; l'on croit tout sauver en prenant pour base un volcan, et l'on s'assied au pied du volcan qui fume, en attendant la première éruption.

Mais laissez M. Dupin se moquer des pairs d'arrondissemens, qui valent bien moins sans doute à ses yeux que les pairs d'antichambres. Vous voyez qu'ici, avec un tact parfait, l'on écoute tout le monde, excepté l'orateur; on n'entend plus, on ne délibère plus; à peine si l'on vote, l'assemblée tourne le dos à la discussion; tournons le dos à l'assemblée. Vous êtes ici entre deux séances, puisque vous êtes entre deux puissances, la Chambre et la presse; il faut donc une attention à partie double.

La vue est belle du haut de la tribune des journalistes; on voit loin et partout; les caquets européens ont ici leurs entrées. Ecoutez, vous allez savoir, à un gallon près, dans combien de tonnes de *porter* et d'*ale* la réforme s'est lavée de sa défaite, combien de vitres elle casse à la journée, combien de personnages elle a hués, crottés, lapidés. Retenez les chiffres, nous prierons M. Charles Dupin de faire l'addition. Ecoutez l'histoire de l'expédition anonyme de don Pedro, de cette armée *incognito* qu'il semble cacher comme une marchandise prohibée aux frontières; écoutez ces anecdotes sur M. Thiers, exerçant jusqu'à l'Opéra l'omnipotence de la Chambre, et portant l'amour de la vie publique jusque dans la vie privée.

On apprend plus de choses ici en une heure qu'à Tortoni en un mois, au Marais en un siècle; et cela se conçoit, car vous avez affaire aux pourvoyeurs de la renommée. La Pologne, l'Odéon, le dernier protocole de la Belgique et le dernier feu d'artifice de Tivoli, les promenades de M. Madier de Montjau dans le cirque parlementaire, et la réouverture du cirque de Franconi, l'amendement Mosbourg et ce chapeau d'Herbaud au blanc panache, qui fait sensation dans la Chambre, et que regarde avec tant de complaisance M. Sébastiani; on mêle tout, on confond tout, on entasse tout; la renommée étouffe, la curiosité desserre sa ceinture, et les nouvellistes meurent d'indigestion. C'est ici qu'on a su pour la première fois que M. Saulnier voulait élever dans Paris douze temples sous l'invocation de la police, sans doute par compensation aux deux églises que la révolution a volées au culte; c'est ici aussi qu'on a appris que, méditant la veille une entreprise de dix ans, M. Saulnier ne devait pas même avoir un avenir de dix jours. La manie des fortifications semble avoir tourné toutes les têtes; le 13 mars se retranche à l'intérieur. Outre les douze bastilles du préfet de police, le ministère cache les Tuileries derrière une palissade, sans doute pour leur donner de l'ombre; il va, dit-on, corriger le chef-d'œuvre de *Le Nôtre* à l'aide d'une tranchée, sans doute pour mettre les caves à leur aise, et donner de l'air à ceux qui voudraient les habiter. Patience, le budget de 1832 viendra, et nous aurons cinq cent mille francs de fossés sur notre mémoire.

Mais paix, l'heure est passée, la sonnette du président se fait entendre, la salle se dégarnit, les tribunes se vident, les lampes s'éteignent; silence à la tribune des journalistes : la France ne périra pas aujourd'hui, le gouvernement représentatif va dîner.

17 octobre 1831.

QUE PENSEZ-VOUS DE LA SITUATION?

« Parbleu! vous saurez ce qu'en pense M. Cabet (1). »

Il y eut un temps à Constantinople où les Grecs du Bas-Empire, grands parleurs, raisonneurs subtils et théologiens par excellence, ne pouvaient se rencontrer à l'hippodrome ou dans

(1) *Péril de la situation présente*, par M. Cabet, député de la Côte-d'Or.

les rues sans se demander ce qu'ils pensaient de la lumière du Mont-Thabor. En France, à une autre époque, on n'ouvrait la bouche que pour s'entretenir du coin du roi et du coin de la reine; il n'y avait au monde qu'une chose à savoir, c'était si la dynastie Gluck tiendrait ferme, ou si le sceptre passerait à la dysnastie Piccini. Plus tard, Franklin vint à Paris avec une réputation de l'autre monde, et tout Paris parla Franklin; on s'habilla à la Franklin, on eut des tabatières à la Franklin; on lui laissa sa sagesse et sa vertu, il est vrai, parce qu'il fallait bien lui laisser quelque chose, mais on lui prit tout le reste, et cela alla si loin que, si l'on en croit les mémoires, les jolies femmes de la cour venaient déposer un respectueux baiser sur le front du patriarche américain, manière innocente, disait un homme d'esprit, de s'inoculer la république.

Aujourd'hui, on ne parle pas le moins du monde de théologie, de Piccini, et de Gluck encore moins; de Franklin, pas davantage; il n'y a qu'une phrase à l'ordre du jour, phrase qu'on répète entre un discours de M. Périer et la réponse de M. Odilon-Barrot, entre le grand air de Mme Malibran et celui de Mme Pasta, phrase obligée comme un protocole, phrase qui accompagne et quelquefois remplace le salut et la révérence : « Que pensez-vous de la situation ? »

C'est là, par le temps qui court, une de ces interpellations qu'on veut qualifier d'inévitables. Dans quelque lieu que vous alliez, que vous entriez ou que vous sortiez, à la Chambre, à la Bourse, au théâtre, à Tortoni, assis ou debout, à pied, à cheval, en équipage, en un mot de toute manière, partout et toujours, la phrase fatale, la phrase maudite vous suit comme votre ombre ; elle vous prend au collet à l'improviste, et troublant une rêverie comme un rustre secoue un arbre chargé de fleurs, elle vient se jeter à la traverse, voyageant avec vous, s'asseyant avec vous, trinquant à table, se mêlant de tout et gâtant tout ; elle est dans toutes les oreilles et sur toutes les bouches, qui semblent ne pouvoir s'ouvrir que pour vous demander ce que vous pensez de la situation.

Nous sommes au café de Paris.

« Que pensez-vous de la situation ? » crie en sautant à bas de cheval ce Grammont de la finance, héros du bois de Boulogne, au costume élégant, chapeau pyramidal, frac et cerveau étroit, tout empressé de savoir si l'on peut encore, sans se compromettre, s'habiller, se promener et dîner à Paris, et s'il y a de la place sur le pavé pour son tilbury et la révolution.

« Que pensez-vous de la situation? » murmure, la bouche encore pleine, un disciple de Brillat Savarin, accoudé devant les débris de son dîner comme Marius devant les ruines de Carthage, et demandant d'un air lugubre le classique Malaga comme on demande la clôture.

« Que pensez-vous de la situation? » répète un député curieux de savoir si les oracles du Café de Paris valent mieux que ceux de la Chambre, et si la vérité ne vient pas en mangeant aussi bien que l'appétit.

« Que pensez-vous de la situation? » soupire un fils de pair qui pense que la situation d'un héritier qui n'hérite pas est détestable, et qui se rappelle que les fils de pairs n'ont pas plus cours chez les notaires qu'une troisième hypothèque ou une lettre de change protestée.

A travers le cliquetis des verres et le bruissement des fourchettes, au milieu du chaos des conversations particulières et des tintemens argentins de la sonnette du comptoir, la fatale interrogation se fait entendre, dominant tout le bruit, à peu près, dirait un poète, comme dans le désert toutes les voix disparaissent et s'étouffent devant la grande voix du lion. On frémit chaque fois qu'un nouveau venu entre et s'assied ; et quand il appelle le garçon, on est tenté de craindre qu'au lieu de lui demander si le homard est frais et le gibier à point, il ne lui demande ce qu'il pense de la situation.

Tout le monde a vu la belle gravure du tableau de Martin, le sublime rival de Laurence, ce tableau qui représente le *Festin de Balthazard* avec la salle aux mille convives, aux nuits lumineuses, aux prodigieuses colonnes, au lointain pittoresque, aux magnificences orientales, et au milieu de tout cela la main qui trouble toutes ces voluptés, flétrit toutes ces couronnes et tous ces plaisirs, met en deuil toutes ces joies, en écrivant trois mots sur la muraille. Eh bien ! le café de Paris est la caricature de la prodigieuse salle à manger du roi de Babylone ; et il semble parfois que ces ombres, ces effets de lumières que les lustres projettent sur les murs sont des caractères mystérieux qui, si vous aviez un Daniel pour les lire, vous demanderaient ce que vous pensez de la situation.

Il ne faut point rester une minute de plus au café de Paris ; les trois coups sont frappés ; la scène change. Nous voici dans un de ces salons qui, revenus les premiers de la campagne, prennent les devans sur l'hiver, et se chargent, comme on dit, de lui préparer les logemens. La danseuse est jolie, la parure éblouissante, l'orchestre harmonieux; si la Chambre et le ministère ont pris l'initiative des lois, l'initiative de la galoppe reste à prendre. Bon, livrez-vous au plaisir d'entraîner en cadence la jeune fille à la bouche riante, à la couronne de fleurs, aux pas légers qui s'élèvent et tombent avec les sons; faites-vous l'historien de la saison pour elle; racontez-lui Taglioni qui revient, et la trop courte restauration de la Pasta, cette grande légitimité des Bouffes. Courage, pauvres journalistes! refaites pour ce tête-à-tête d'une heure vos feuilletons d'une année; votre auditoire est distrait, indifférent, glacial; les complimens même n'y font rien; la danseuse reste muette. Vous rappelez-vous le conte d'Hoffman sur cette fiancée aux traits réguliers, à la beauté parfaite, aux pas précis, aux gestes étudiés? On l'admire, on l'adore, on l'idolâtre, et puis on l'approche, on la touche; elle est de bois la fiancée. Hoffman, j'ai dansé avec ton conte hier au soir. La main avait été pressée, les soupirs préalables échangés; chaque contredanse, on le sait, a sa péripétie, le moment de la péripétie était arrivé: la jolie tête se tourne, la bouche s'ouvre, l'attente redouble, les paroles s'échappent des lèvres;

malheureux! elle me demande ce que je pense de la situation.

Ah! c'est un rude et âpre métier que celui de journaliste; et du moment qu'on a accepté l'apostolat de la presse, il faut dire adieu aux douces joies, rompre avec les plaisirs, se faire étendre le voile noir sur la tête, et mettre sur sa porte la sombre épigraphe que le burin du Dante grava sur son enfer. Ah! c'est un rude et âpre métier que celui de journaliste, et nous payons cher ce don de prophétie que nous accorde l'opinion. C'est une déplorable mission que celle du prophète, quand, chaque fois que l'on vous interroge, il faut lever les mains, comme l'homme qui parcourait Jérusalem dévouée à la ruine en criant *malheur! malheur! malheur!*

Eh! croit-on que nos entrailles soient de fer pour suffire à ces anathèmes? croit-on que nos yeux soient d'airain pour se fixer incessamment sur les maux de notre pays? nous prend-on pour ces cloches retentissantes qui, dans les jours de deuil, appellent la douleur et ne la ressentent pas? Ah! ce calice est amer, et il devrait être permis quelquefois d'en détourner les lèvres; le spectacle des malheurs d'une terre où l'on reçut la naissance est navrant, et la tête vacille, le cœur vient à faillir, quand on s'arrête debout au bord de cette fosse immense où descendent pêle-mêle la gloire, les intérêts, le présent et l'avenir de la patrie. Les accens de l'indignation brûlent la bouche dont ils sortent; laissez-la se reposer quelquefois. Que veut-on de nous? qu'entend-on? que prétend-on? Sommes-nous liés vivans à la révolution comme à un cadavre, et ne peut-elle suivre le cours de ses convulsions sans que nous soyons là pour les enregistrer? Notre pensée sur ce qui se passe, elle est douloureuse sans doute, mais ne nous permettra-t-on jamais d'écarter pendant un jour, une heure, un moment, cette douloureuse pensée? Le courrier arrive, il faut parler : c'est le démembrement de la Belgique. Le télégraphe est en mouvement, il faut parler : c'est l'émeute et la misère qui, d'un bout de la France à l'autre, se donnent la main. La Chambre s'assemble, il faut parler : et que dire encore? Que la discussion est entre ceux qui veulent porter le fer et la flamme aux quatre coins de la patiente et héroïque Vendée, et le ministère qui assure, lui, qu'il suffit de la brûler à petit feu, et qui parle ici d'une humanité qui là-bas se résume en arrêts de mort. Courage! ajoutez encore que le libéralisme en est à discuter le bon et le mauvais côté des tortures; puis il faudra finir en disant que demain vient la proposition de M. Bricqueville, qui, pensant à l'avenir, veut que si le naufrage amène un fils de Henri IV sur nos rives, il trouve, pour lui souhaiter la bien-venue, un arrêt de mort. Ah! la révolution se souvient que la royauté et la France sont de vieilles amies; elle craint les rapprochemens imprévus, elle qui met comme une barrière entre une famille française et la France la largeur d'un échafaud. Elle doute de sa puissance à l'intérieur, elle qui veut faire de notre vieille Gaule, cet asile immémorial des rois malheureux, une terre inhospitalière: elle qui consent à ce qu'on puisse dire en Europe: « Il y a un homme qui veille à toutes les barrières de France pour que le malheur ne les passe pas, et cet homme c'est le bourreau! »

Et vous voudriez qu'à chaque instant du jour l'on répétât de pareilles choses! ce serait à en mourir. Il vaut mieux, me disais-je en rentrant chez moi, renoncer à tout jamais au café de Paris, à la Chambre, au théâtre, à Mme Malibran, à M. Odilon-Barrot; il faut s'ensevelir dans la retraite. Si j'étais roi, je me ferais sénateur. Mais laissez-moi d'abord arrêter cette montre; il me semble qu'elle est de la conspiration générale, et que son tintement monotone vient encore répéter à mon oreille : « Que pensez-vous de la situation? »

Parbleu, puisque tout le monde s'en mêle, j'ai grande envie de me venger de tout le monde; j'ai là sous ma main ma vengeance et la brochure de M. Cabet. Le sort en est jeté, on saura ce que M. Cabet pense de la situation.

C'est un terrible homme que M. Cabet! il aime le laconisme en histoire, et il commence par économiser partout les formes de la politesse, qui, selon lui, alongent hors de mesure les brochures et les discours. Cela donne une inconcevable rapidité à son style; les exemples sont bons à citer. « Guilleminot remet une note « au ministre turc; l'ambassadeur de Russie a « copie de cette note, et l'envoie à son collègue « de Paris. Celui-ci se plaint à Sébastiani, qui, « ne sachant rien, nie. On lui montre la note; « il est confondu. Furieux contre Guilleminot, « il le destitue. Mais celui-ci arrive, apporte « la *dépêche de la camarilla*, et tout se découvre. Sébastiani reste de nouveau confondu, et « donne sa démission; mais on le supplie; il « reste. »

Certes, voilà en deux mots l'explication d'un incident important de la situation; mais j'aurais voulu que M. Cabet y mît plus de cérémonie. Qu'on traite avec cette familiarité Turenne, Condé, Richelieu, Fabert, à la bonne heure. Mais dût-on m'accuser d'être ministériel, je maintiens que MM. Montalivet, Sébastiani et leurs collègues n'ont point perdu, à la manière de ces gens-là, leurs droits au titre de *monsieur*.

Continuons :

« Sébastiani, d'accord avec la *camarilla*, « pousse à l'élection du duc de Nemours. Quand « il est élu, le conseil refuse. Sébastiani envoie « le refus par un courrier. Mais la *camarilla* se « ravise, et deux fois presse Sébastiani de rap- « peler son courrier. Sébastiani ne peut y con- « sentir. Alors la *camarilla* expédie secrètement « par le télégraphe, au nom de Montalivet, au « préfet de Lille, l'ordre d'arrêter le courrier. « Le préfet répond de suite par le télégraphe « qu'il vient d'exécuter cet ordre. La réponse « télégraphique est remise en séance du con- « seil à Montalivet, qui, ne sachant rien, crie à « la trahison. On lui explique l'énigme : il est « satisfait. »

Cette façon d'écrire l'histoire me paraît admirable, et je ne puis comparer la prose de M. Cabet qu'à la poésie de ce fameux traducteur d'Ovide, qui, résumant en un quatrain toute une métamorphose, écrivait, il y a bien des années, ces vers délicieux :

Daphné, de trop près courtisée,
Dit : Que je sois métamorphosée!
Aux premiers accens de sa voix,
La voilà madame Dubois.

Avant la brochure de M. Cabet, on ne connaissait rien de plus beau en France; ce qui prouve bien qu'on a eu raison de dire que la poésie prend toujours les devans sur la prose, sa sœur cadette.

Mais j'ai promis de donner les idées de M. Cabet sur la situation, et vraiment elles méritent d'être connues. D'abord il commence par le commencement :

« Le 30 juillet, quarante députés présens se « rendent à la Chambre : les uns demandent « Henri V, mais le parti d'Orléans l'emporte; « le duc est proclamé lieutenant-général.

« Le 31, ce prince, à qui l'on offre une *cou-* « *ronne* ou bien un *passeport,* accepte la lieu- « tenance et se rend à l'Hôtel-de-Ville, où La- « fayette le reconnaît et l'adopte.

« En ce moment même s'organise la *cama-* « *rilla*-Talleyrand-doctrinaire, qui escamote la

« révolution, fait la Charte, propose à l'Europe « de lui sacrifier la révolution. Son existence « depuis le moment de l'arrivée du duc d'Or-« léans, dit M. Cabet, est indubitable et no-« toire. »

Tout ce que nous voyons et souffrons est, suivant M. Cabet, la conséquence du pouvoir de cette *camarilla*-Talleyrand-doctrinaire, pour me servir des termes de l'auteur. Sans elle nous n'aurions pas une Charte qui, suivant M. Cabet, est *essentiellement provisoire et ne peut-être considérée comme définitive que par une usurpation flagrante des droits nationaux*. Sans elle, *les députés, qui n'étaient que des insurgés et n'avaient aucun mandat pour faire une Constitution*, n'en auraient point fait une. Sans cette *camarilla* Louis-Philippe pourrait être heureux, comme il l'était, suivant M. Cabet, *quand il chantait la Marseillaise, et se promenait comme un bourgeois, causant avec le premier venu, et donnant la main à ce peuple auquel on donne des coups de sabre aujourd'hui.*

Continuant son examen, M. Cabet se demande qu'est-ce que chacun a retiré de la révolution. Louis-Philippe a été loti d'une couronne, ce qui est une assez belle part, même pour un républicain, et M. Cabet nous assure que Louis-Philippe disait en arrivant : « Et moi aussi je suis républicain ! »

La *camarilla*-Talleyrand-doctrinaire a eu les honneurs et les places.

Et le peuple?

« Le peuple, dit M. Cabet, a retiré de la ré-« volution la haine, le dédain, l'insulte, aucun « droit, mais le manque de travail, et la plus « effroyable misère! On l'envoie périr sur les ri-« vages d'Alger, ou bien on le laisse tomber et « mourir de faim dans les rues. »

Suivant M. Cabet, c'est dans l'intention de faire désirer au peuple l'avènement de Henri V, qu'on a fait au peuple cette déplorable part. A la bonne heure, je ne veux point contredire l'auteur sur le résultat, seulement je suis d'avis qu'il ne faut jamais incriminer les intentions.

Voici la conclusion du livre.

« Si du haut du Ciel une voix vous disait : « *Vous aurez certainement la guerre au prin-« temps,* chacun ne s'écrierait-il pas : Préparons-« nous, armons-nous? »

« Eh bien! continue M. Cabet, je le répète, « la guerre est inévitable : armez-vous, préparez-« vous. »

Or, il est évident en effet que puisque M. Cabet fait l'honneur au Ciel de le traiter sur le pied de l'égalité, chacun n'a rien de mieux à faire que d'obéir à la voix de M. Cabet, qu'elle vienne de la tribune ou d'une brochure, comme si elle venait d'en haut. Sans cela, la France est privée du ministère Cabet, elle le sera bientôt du ministère Périer, elle le sera de la révolution, elle le sera de la guerre qu'*une restauration à l'intérieur rendrait impossible*, chose que les hommes de juillet ne souffriront jamais, suivant M. Cabet, qui oublie qu'il y a encore quelqu'un *à consulter sur la situation*, même après les hommes de juillet, même après M. Cabet, et que ce quelqu'un c'est la France.

24 octobre 1831.

D'UNE NOUVELLE ÉDITION

DE LA RÉGENCE DE LA REINE BLANCHE.

Je commence par déclarer que le livre dont je vais parler n'est ni d'un homme d'Etat, ni d'un aide-de-camp de Louis-Philippe, ni d'un courtisan, ni d'un décoré de juillet, ni de M. Viennet, ni de M. Cabet, ni d'un pair fait, ni d'un pair à faire. J'ajouterai qu'on n'y trouve point une phrase sur le juste-milieu, le mouvement, la résistance, pas un mot des protocoles de la Belgique, de la paix, de la guerre, de la réforme, pas un chiffre sur la liste civile anonyme, pas une pauvre syllabe sur les explications que se donnent ou se demandent pardevant la justice, le 13 mars et la révolution, sur la grande question de savoir si le cabinet a été patriote avec ou sans pot de vin, et enfin, le dirai-je, pas même l'épigramme obligée sur M. Sébastiani.

La raison? Je la donnerai en un mot : c'est que l'*Histoire des Régentes* a été publiée en 1776 par l'honnête M. Dreux du Radier, qui a eu le tort grave de ne point entretenir ses contemporains de ce qui s'est passé plus d'un demi-siècle après eux et lui.

Parler d'un livre de 1776 en 1831, demander une seconde édition de la *Régence de la reine Blanche*, c'est une bizarrerie, une folie, un anachronisme; eh bien! soit. Il y a des temps où la folie est le droit commun, je l'invoque; je demande une heure d'audience et d'indulgence pour mon anachronisme; après cela qu'on le jette comme une robe de bal, une renommée libérale, chiffonnées et défleuries, une popularité frippée; qu'on lui tourne le dos comme à un 221, peu m'importe, et je ne m'en plaindrai pas. Chacun est de son avis, je suis du mien. On ne parle communément que des livres nouveaux, habitude détestable selon moi ; il suffit qu'un ouvrage porte au front le chiffre de ce siècle, qu'il se pavane sous une reliûre moderne, en un mot, qu'il tranche du contemporain, pour que je passe outre sans adresser une phrase de politesse à sa préface, sans même lui ôter mon chapeau.

Au lieu de parler des livres nouveaux, il me semble que c'est le contraire qu'il faudrait faire, par la grande raison que le public a besoin d'apprendre ce qu'il a oublié, et non pas de s'entendre répéter ce qu'il sait. Joignez à cela que les auteurs contemporains, gens peu scrupuleux de leur nature, vont à l'affût dans le passé, et que le dix-neuvième siècle braconne incessamment sur les terres de ses devanciers ; de sorte que chaque fois qu'on ouvre un seul auteur ancien, on court la chance d'y trouver trois ou quatre auteurs modernes qui vont à la maraude, et font maison nette, comme on dit. Il en est de la littérature et de l'histoire comme des fleuves ; l'eau n'est jamais plus belle et plus fraîche qu'à la source ; c'est pourquoi j'aime à y remonter. D'ailleurs, ceux qui savent ce que c'est que les sociétés, savent aussi qu'il ne faut jamais étudier une époque que dans l'époque précédente. Le siècle de Louis XIV, avec toutes ses pompes, toutes ses magnificences, ce siècle doublé de force et revêtu de gloire, portait dans son sein les pauvretés de l'âge suivant. Dans les admonestations de Bossuet au protestantisme religieux et politique, ne voyez-vous pas la grande image du dix-septième siècle, qui, à l'époque de sa maturité, de sa virilité et de sa puissance, gourmande avec autorité le dix-huitième siècle, qui se révolte au maillot?

Voilà bien des raisons pour justifier mon respect pour nos devanciers, et je puis maintenant réclamer une nouvelle édition de la *Régence de la reine Blanche*, quoique M. Dreux du Radier l'ait écrite en l'an 1776, où l'on portait la poudre et l'épée, sans qu'on vienne protester contre la date de l'ouvrage et la coiffure de l'auteur. Si l'on me demande pourquoi j'ai choisi ce livre, je dirai là-dessus la vérité aussi franchement que sur le reste. C'est qu'en abandonnant le présent pour aller faire une reconnaissance dans le passé, ou, si l'on veut, un tour d'histoire, je me suis souvenu d'une phrase mal sonnante de M. Laurence, qui est venu se plaindre des femmes à la tribune d'une assemblée française, et qui a tenu des caquets parlementaires contre toutes les dames méridionales, dont il a déploré l'influence sur leurs maris. S'il y avait encore une de ces Cours d'amour qui fleurissaient jadis dans l'heureuse Provence, j'y conduirais l'orateur discourtois, pour s'y entendre déclarer atteint et convaincu de lèse-justice et de lèse-galanterie, crimes irrémissibles autrefois au beau pays de France. Mais à défaut de tribunaux compétens, je citerai le profane à *comparoir* devant l'histoire que M. Bérard et la nouvelle Charte ont eu l'indulgence de ne point révoquer de ses fonctions.

« S'il s'en va, disait Burke, ce respect des « femmes, ce principe de la civilisation, qui « nous vient de la chevalerie, tout disparaît avec « lui. Laissez-nous ces illusions séduisantes qui « rendent le pouvoir aimable et l'obéissance li- « bérale ; laissez-nous cette généreuse loyauté « envers le sexe, cette soumission fière, cette « subordination du cœur qui, dans l'obéissance « même, conservait l'esprit d'une liberté exaltée, « et introduisait dans la politique les sentimens « qui embellissent et adoucissent la société pri- « vée. N'arrachez pas d'une main rude et bar- « bare toutes ces draperies décentes jetées sur « la nudité de la vie, toutes ces idées avouées « par le cœur, ratifiées par l'entendement, et « souffrez qu'il y ait encore un recours dans la

« femme contre ces époques où l'on ne voit « que rois tyrans par politique, et sujets rebelles « par principes, contre un ordre social où l'on « a beau tourner les yeux aux quatre points de « l'horizon, on trouve toujours pour point de « vue la révolte et le bourreau. »

Il faut le dire, l'histoire est ici de l'avis de Burke contre M. Laurence, et l'influence des femmes a toujours été grande, presque toujours bienfaisante, sur les destinées de notre patrie. Il y a deux bases sociales qui constituent et caractérisent les peuples, la nationalité et le culte ; sur ces deux bases, la France a élevé deux statues, ce sont celles de Clotilde et de Jeanne d'Arc. Ce fut par une femme que Clovis et les Francs, nos aïeux, devinrent chrétiens. Quand l'Angleterre était à Paris, et que la France n'avait plus pour enceinte que le camp de Dunois et de Xaintrailles, une simple jeune fille se présente ; et si l'Angleterre est vaincue, si la France est sauvée, c'est par une femme. Aussi qu'elle fut admirable notre antique Constitution, lorsqu'en refusant le sceptre aux femmes, elle voulut que l'accès du pouvoir ne leur fût pas perpétuellement fermé! Il semblait que nos aïeux avaient compris avec une intelligence profonde, qu'il y a des époques où l'intervention des femmes est utile, nécessaire, et qu'ils avaient voulu ménager une chance de salut à ces temps difficiles, en laissant s'établir à côté de la règle, c'est-à-dire de la loi salique, qui transmettait la couronne de mâle en mâle, l'exception des régences, qui, de loin en loin, appelait une mère à soutenir le sceptre de son fils. « La ré- « gence, dit M. Bernardi dans l'*Histoire du droit* « *public et privé de la France*, était, sous les « premières races, distinguée de la tutelle. La « reine Blanche, mère de saint Louis, fut la « première qui réunit ces deux qualités, qu'on « distingua toujours depuis Charles V, mais « qu'on ne sépara jamais. »

Il suffit de frapper à la porte des siècles, et ils viennent tous porter témoignage des services que l'intervention des femmes rendit à la monarchie. Quand, à la mort du roi son mari, Blanche de Castille prit les rênes de l'autorité, on était dans une de ces époques difficiles où le pouvoir, devenu odieux en lui-même, a besoin de tirer un charme de la position personnelle de ceux qui l'occupent, où le sceptre n'est point un appui, mais un fardeau. La féodalité se relevait tout émue des rudes coups que lui avait portés Philippe-Auguste; la ligue formidable des mécontens avait une armée à Corbeil ; la féodalité et sa ligue vinrent échouer contre une femme et un enfant. Il se fit un mouvement dans la nation, et les Français s'armèrent pour défendre Blanche et Louis, parce qu'il y a dans ces deux caractères de l'enfance et de la maternité une puissance qui fait toujours vibrer les sympathies populaires, un empire d'autant plus fort, qu'il a pour levier les sentimens les plus intimes de notre nature. « Et « ainsi voyez-vous, dit Belleforest à l'occasion « de cette croisade nationale en faveur d'une « royauté au berceau, et ainsi voyez-vous que « ce n'est d'aujourd'hui que les citoyens de « France sont bien affectionnés à leurs rois, « et que de tout temps ils ont employé leurs « biens et leur vie pour leur service. » Joinville rapporte aussi à ce sujet qu'il avait entendu dire au roi lui-même que depuis Montlhéry jusqu'à Paris, les chemins étaient remplis d'une multitude innombrable de peuple, tous criant à haute voix que Dieu secourût le roi et confondît ses ennemis. Enfin on trouve dans la *Collection des Mémoires de l'histoire de France*, ces réflexions remarquables sur ce que Blanche apporta de force au pouvoir et de bonheur au pays :

« Charles VI, dit l'auteur, parvint au trône

« au même âge que saint Louis, et leurs règnes « presqu'également longs, forment chacun une « période de près d'un demi-siècle dans l'his- « toire de la monarchie. Ces deux enfans, dont « l'un semblait appelé par la Providence à don- « ner à la France toutes les espèces de bonheur « et de gloire, et dont l'autre devait involon- « tairement et par l'effet d'une sorte de malé- « diction attachée à tous les évènemens de sa « vie, laisser flétrir les nobles travaux de son « prédécesseur, appeler sur son peuple les plus « horribles fléaux; Louis IX et Charles VI, des- « tinés à remplir une carrière si différente, fu- « rent l'objet des douloureuses sollicitudes de « Louis VIII et de Charles V, frappés presqu'au « même âge d'une mort prématurée, et prenant « à peu près les mêmes mesures pour assurer « le trône à leurs fils et la tranquillité à leurs « sujets. Mais Louis VIII avait pu remettre la « régence et l'éducation de son jeune fils à la « reine Blanche, si digne de cette double fonc- « tion, et Charles V, au moment de sa mort, « avait perdu, depuis trois ans, Jeanne de Bour- « bon, son épouse, qui, si l'on en juge par le « caractère qu'elle déploya comme dauphine « et comme reine, aurait rappelé les grandes « vertus de la mère de saint Louis. En France,

« où la loi fondamentale éloignait les femmes « de la couronne, la tutelle d'un roi mineur ne « pouvait être confiée plus sûrement qu'à l'a- « mour désintéressé d'une mère. Elle n'avait et « ne devait avoir naturellement d'autre objet que « de veiller sur la sûreté de son fils et de lui « conserver intacts les droits de sa couronne. Il « est donc permis de croire que le malheur qui « priva l'enfance de Charles VI de l'unique per- « sonne qui, après la mort de son père, aurait « pu lui être sincèrement dévouée, fut la pre- « mière cause des désastres de son règne, comme « la régence de Blanche fut la première cause « des prospérités du règne de saint Louis (1). »

Si M. Laurence n'était point satisfait de cet exemple, je lui citerais celui de la dame de Beaujeu, la fille aînée de Louis XI, qui, tutrice de Charles VIII, sut concilier au pouvoir cet amour que le gouvernement oppressif du dernier règne lui avait ôté, qui lutta contre les ligues des factions, ajouta aux franchises de la France, combattit et vainquit le duc d'Orléans, car il y avait alors un duc d'Orléans factieux, mais celui-là du moins était brave. Je lui citerais Jeanne d'Albret, dont notre Henri apporta la belle et pure renom-

(1) *Collection des Mémoires relatifs à l'histoire de France*, par Petitot, tome VI.

mée comme un précieux joyau au trésor de la gloire nationale, et je lui rappellerais qu'il ne faut point médire des femmes dans un pays où trois femmes, trois régentes, réunirent au royaume trois provinces : Blanche, la Provence ; Anne de Beaujeu, la Bretagne ; Jeanne d'Albret, le Béarn.

Il semble qu'il y ait une force cachée au fond de la faiblesse du sexe et de celle de l'âge, surtout dans ces époques où la société s'en va en ruine, et où tous les liens se relâchent et se dénouent ; il semble que les sociétés vieillies se retrempent sous ces influences inaccoutumées, que les sentimens naturels viennent au secours des principes politiques et sociaux, et que dans les temps d'anarchie morale, la haine de l'autorité, le fanatisme de la licence, qui emportent les empires, s'arrêtent devant les deux symboles de la faiblesse humaine : la femme et l'enfant. Aussi, lorsque le christianisme, cette grande figure de la civilisation moderne, eut l'univers à conquérir, l'humanité à renouveler, la société à refaire, il vint frapper à la porte de Rome, sous les auspices de l'union mystérieuse de l'enfance et de la maternité. On eût dit que le genre humain, pour entrer dans la grande ère de la vie nouvelle, avait besoin de s'agenouiller devant un berceau.

Quand les règles du juste et de l'injuste sont sans influence, quand le pouvoir est détesté à l'égal de la tyrannie, il reçoit alors de l'enfance et du sexe un charme merveilleux; grâce à eux les peuples paraissent protéger même quand ils obéissent, les sentimens généreux renaissent dans la nation qui se fait la gardienne de la faiblesse couronnée et du pouvoir enfant; l'indépendance la plus ombrageuse ne peut s'irriter de la sollicitude maternelle; elle se confie là où elle soupçonnait, elle sympathise là où elle attaquait; elle dit : « Ce n'est point un ambitieux qui veut confisquer à son profit les libertés publiques, c'est une mère qui veut sauver l'héritage de son fils. »

A ces époques de l'histoire, la faiblesse devient une puissance, parce que les sentimens naturels envoient toutes les forces nationales à son secours : les factions s'étonnent d'expirer devant une femme et un berceau; c'est que derrière ce berceau il y a une nation, c'est qu'un roi est bien fort lorsqu'il s'avance au trône comme saint Louis à la journée de Montlhéry, porté sur les bras de toutes les mères.

Faut-il conclure?—Oui.—Eh bien! je dirai, pour conclusion, qu'il y a tant de bibliophiles en France qui attendent avec impatience une nouvelle édition de la *Régence de la reine Blanche*, qu'elle paraîtra, dût M. Laurence ne pas y souscrire.

31 octobre 1831.

IL N'Y AURA PAS TOURNÉE.

La désolation est dans les préfectures, la tristesse et le deuil dans la Chaussée-d'Antin ; quatre-vingts panégyriques, deux cents chevaux de poste, six-vingts chapeaux d'Herbaud, trois cents couplets de circonstance ; en un mot, tout le matériel d'un enthousiasme de long cours vient d'être décommandé, Louis-Philippe et les dévouemens qui devaient aller représenter la France devant sa voiture à chaque relai, restent à Paris; le fait est sûr, indubitable, il n'y aura pas tournée. Pourtant la révolution de juillet est promeneuse, le pouvoir nouveau aime à passer par les éloges, à sourire à l'historique de sa gloire, et à faire la révérence aux félicités publiques dont il a soumissionné l'entreprise. Pourtant c'est une belle chose que d'être harangué le soir, harangué le matin, de déjeûner d'applaudissemens, et de souper d'acclamations, et de voir toujours à la portière de sa voiture l'allégresse nationale en costume de préfet, et de chercher sur la carte, en se couchant, dans quel déparment seront situées les bénédictions du lendemain. Pourtant ce doit être une vacance utile, nécessaire à la santé de la royauté des barricades que ces courses qui lui permettent de sortir de l'atmosphère ministérielle qui l'environne, de faire un pas sans qu'un ministre soit là pour crier : « Marche! » de jeter un regard sans qu'un ministre le dirige, de faire un geste sans qu'un ministre soit là pour le mesurer. Mais qu'importe tout cela? Les Cicérons de préfecture en seront pour leurs frais d'éloquence, les femmes et les filles des préfets et sous-préfets pour leurs couplets, leurs chapeaux et leurs fleurs; l'enthousiasme restera dans ses quartiers d'hiver, et les autorités licencieront le dévouement au meilleur compte possible; le président du conseil l'a décidé, il n'y aura pas tournée. Nous perdrons peut-être à cela cent cantates sur Jemmappes et autant de répons sur Valmy; mais c'est un homme dur et prosaïque que M. Périer, un homme qui pense qu'on peut renouveler des panégyriques comme des lettres de change, et qui arrive toujours au moment de la fête, à la manière du médecin de l'île de Sancho, disant au royal convive quand il touche son verre : *Sire, je vous déclare que vous n'avez pas soif;* et s'il veut goûter d'un plat : *Sire, je ne contresignerai point votre faim.*

Tout était prêt cependant, et l'on rapporte que M. Périer lui-même avait averti l'hôte des Tuileries du jour du départ. Grande était la joie dans la hiérarchie administrative; les préfets comptaient déjà sur leurs doigts leurs pensions futures, les postillons leurs pour-boires, et les maires et les adjoints rêvaient croix. Qui donc a pu changer en un instant la volonté du ministre et détruire les espérances du souverain de juillet? Qui donc a pu faire descendre le cocher du siége, remonter le roi-citoyen sur le trône, remettre les chevaux à l'écurie et les panégyriques sous la remise? Qui donc? Je ne suis ni conseiller d'État, ni député, ni pair, et pourtant je le dirai, si l'on veut.

Vous êtes-vous arrêté quelquefois devant ce mystérieux emblème de l'ordre de choses actuel qui, s'élevant sur le dôme d'un de nos ministères, sténographie dans les airs, en lettres immenses, les décrets du pouvoir, et semble une image fidèle de la centralisation étouffant la France dans ses bras décharnés? Ne vous êtes-vous pas imaginé quelquefois saisir le sens des paroles silencieuses du télégraphe, de ce muet du sérail qui envoie l'arbitraire aux quatre coins de l'empire, remplissant sa mission de colère et de violence sans la comprendre, faisant le mal et le bien avec indifférence, et ne voyant que des lettres dans un arrêt de mort? C'est avec le secours de ce mystérieux agent qu'on fait manœuvrer un royaume comme un carré d'infanterie, qu'on impose le mot d'ordre du pouvoir aux libertés locales, qu'on fait mettre aux arrêts l'esprit religieux comme sortant de l'alignement, et qu'on organise la persécution contre la liberté de la presse, comme s'il s'agissait d'une infraction à la discipline. Parlez du télégraphe à M. Thiers, et son admiration ne tarira pas, et son enthousiasme méridional deviendra bavard. Il vous dira comment avec cet auxiliaire le despotisme grossit sa voix au point de parler à tout un royaume. Il vous dira que la centralisation est le chef-d'œuvre de l'esprit humain, et que le télégraphe est à la fois le télescope et le porte-voix de la centralisation.

Mais si le télégraphe parle pour le pouvoir, il lui répond quelquefois, et il est difficile de songer à ces conversations sans se rappeler ce vieux conte du moyen âge qui est en possession d'effrayer les premières années de l'enfance. Les contes vont bien aux sociétés vieillies comme aux sociétés naissantes ; il n'y a plus de feuilles aux arbres ; les soirées d'hiver sont longues et tristes ; mettez du bois au feu et prêtez-moi l'oreille, je vous dirai de quelle manière on a commenté, dans le conseil du roi Philippe, la merveilleuse histoire de *Barbe-Bleue*.

Anne, ma sœur Anne, ne vois-tu rien venir?

Le ministère est en bas, délibérant sur la tournée royale et citoyenne, pesant les inconvéniens et les avantages, discutant tout et ne se résolvant à rien. Le télégraphe est en haut en vedette, l'œil braqué sur les provinces au nord et au midi, à l'est et à l'ouest, faisant le relevé des dévouemens, et demandant aux préfets sur combien d'enthousiasmes on pourrait compter au besoin.

Anne, ma sœur Anne, ne vois-tu rien venir?

Rien du côté de l'Ouest. La noble et triste Vendée n'a point d'acclamations pour un système qui l'opprime; elle ne sait point façonner sa voix haute et fière aux mensonges officiels; elle ne sait point remercier qui l'insulte et la blesse, et la servilité et la flatterie n'ont jamais trouvé chez elle que des réfractaires. En vain la révolution de juillet a importé en Vendée l'infamie et Vidocq : ce sont de ces plantes parasites qui se traînent sur le sol, mais qui n'y prennent pas. Les routes, qui se peuplèrent et s'armèrent jadis pour souhaiter la bien-venue à une royale voyageuse, resteraient silencieuses et vides. Il faudrait embrigader la police et ses bandes nomades pour faire de l'enthousiasme de grand chemin, et les visites domiciliaires en souffriraient, l'arbitraire en éprouverait du déchet. *Point de voyage dans l'Ouest.* Signé Périer, Soult et Sébastiani.

Anne, ma sœur Anne, ne vois-tu rien venir?

Rien du côté du Midi ; on s'y souvient d'Alger conquis, du christianisme vengé et de la Méditerranée affranchie. Et puis à Lyon les fabriques et les ateliers sont vides et les dépôts de mendicité pleins. La souffrance n'est pas louangeuse, elle pourrait manquer de reconnaissance envers le 13 mars : la misère porte mal les toasts d'allégresse, et il y a des gens qui pourraient pousser l'oubli des convenances jusqu'à ne pas se détourner de la route de la voiture officielle pour mourir de faim. Et puis, qui sait, on se souviendrait encore de la religion insultée, des églises dévastées et profanées ; la foi a la mémoire plus longue que M. de Montalivet, et la religieuse et bouillante Marseille pourrait exercer par son absence des représailles contre les contempteurs de son culte. Il faudrait peut-être user, pour former un rassemblement officiel, du moyen qu'on a employé pour dissiper les processions, et faire de la joie à coup de charges de cavalerie, et de l'allégresse sous peine de prison. *En conséquence, point de voyage dans le Midi.* Signé Périer, Soult et Sébastiani.

Anne, ma sœur Anne, ne vois-tu rien venir?

Rien du côté de l'Est ; la bande noire du budget est là arpentant et désolant la contrée. Le paysan bouche sa dernière fenêtre, et renonce à l'air et à la lumière, tant le nouveau pouvoir les vend cher à la pauvreté. Impossible de tenter un voyage officiel dans l'Est, car l'esprit y est mauvais, les populations n'y crient pas : *Vive la révolution de juillet!* elles crient :

A bas la misère! vive le pain! — Et du côté du Nord? — Parlez plus bas, car il y a là une armée qui crierait : *Vive la gloire!* Cela pourrait compromettre le 13 mars avec l'Europe, et Dieu sait ce qu'il en coûterait de génuflexions à la diplomatie du Palais-Royal pour se faire pardonner l'imprudence héroïque de nos soldats. Vous le voyez donc, sire, au Nord et à l'Est, comme à l'Ouest et au Midi, tout voyage est impossible. *Signé* Périer, Soult et Sébastiani.

Mais quoi! n'y a-t-il donc plus un lieu où l'on soit sensible à l'éclat du génie de M. Sébastiani, aux grandes conceptions de M. de Montalivet, aux raffinemens de politesse de M. d'Argout? N'y a-t-il plus un pays où l'on ait des applaudissemens pour cette censure en culotte de peau établie à la porte d'un théâtre pour disputer aux entrepreneurs dramatiques la mémoire du maréchal Ney, et en conserver la jouissance aux entrepreneurs de popularité et de scandales parlementaires? En un mot, n'y a-t-il plus un lieu où l'on admire des économies qui coûtent 1600 millions, une liberté qui se résume en écrou, un courage qui bat la retraite sur toutes les frontières? un lieu où l'on sympathise avec le 13 mars, un lieu où l'enthousiasme pour le pouvoir de juillet ait trouvé son refuge, où le dévouement et le toast aient droit d'asile, et dans lequel on puisse, sans se compromettre, hasarder la tournée?

Le télégraphe garde là-dessus le silence; mais *le Constitutionnel*, ce croupier des banquets du libéralisme, qui compte les santés qu'on porte à la révolution, nous apprend qu'il y a encore des endroits où l'on boit au 29 juillet, sous la dénomination hyperbolique du *jour-géant*, où l'on affirme, entre deux vins, que « l'intervention de la France dans l'exercice de tous « les pouvoirs est positive et non illusoire, et « que c'est sur la base large et immuable des « droits politiques du peuple que repose le « trône du roi des Français (1). »

Outre ces propos de table, je lis plus bas que là encore M. Jacta a bu *à la Charte de* 1830, M. Brouke *aux immortelles journées*, M. Chéricy *aux jeunes princes*, et que M. Ullac a chanté la *Parisienne*, M. Pontois la *Marseillaise*, sans oublier que tout cela se passait devant les portraits coloriés des ducs de Nemours et de Chartres, qu'on avait avec un goût parfait, dit *le Constitutionnel*, couronnés de lauriers, et devant Louis-Philippe lui-même, là présent en effigie.

(1) Voir *le Constitutionnel* du 12, article *Brésil*.

A la bonne heure! voilà le Paradis des voyages officiels, le pays de Cocagne de la tournée! Il y a plaisir à visiter d'aussi gracieux convives que MM. Chéricy, Jacta, Brouke, Pontois, Ullac; leurs toasts feront pleurer le 13 mars de tendresse, et leur suffrage est une fiche de consolation pour le juste-milieu. Fera-t-il de leur côté sa tournée? ce n'est point moi qui l'en empêcherai, mais j'ai bien peur que la distance ne l'épouvante. C'est à Rio-Janeiro qu'on célèbre la liberté dont le peuple jouit en France; ce sont les Brésiliens qui remercient pour nous le Ciel des félicités dont nous ne nous apercevons pas à Paris : le bonheur de la France n'est visible qu'en Amérique, et il faudrait changer la tournée en voyage de long cours, pour aller chercher ces toasts d'outre-mer et cette admiration de l'autre Monde. Joignez à cela que don Pédro, qui voit assiduement le Palais-Royal, a prévenu sans doute son hôte contre ses anciens sujets, et qu'on peut avouer avec lui, tout bas, sans se compromettre, qu'il est à Paris pour dire que le Brésil n'est pas le Pérou.

Le sort en est donc jeté, la volonté de M. Périer l'emporte, la France est trop près, le Brésil est trop loin, Louis-Philippe restera à Paris, il n'y aura pas de tournée. Le pouvoir, au lieu de prendre un air de France, ne prendra qu'un air d'Opéra; le dévouement chanté remplacera le dévouement parlé, les ariettes iront pour les complimens administratifs, et les panégyriques de préfectures céderont le terrain aux pirouettes. Aussi bien l'un vaut l'autre quelquefois, et puis les routes sont glissantes, et les mauvaises rencontres sont à craindre. Que la *résistance* fût partie il y a huit jours, elle arrivait peut-être en province tout exprès pour couronner le *mouvement* dans la personne de M. de Lafayette; car on le sait, l'homme des deux Mondes vient de recevoir une médaille d'encouragement; le lauréat des révolutions a obtenu la palme des étables, et le *Journal du Puy-de-Dôme* nous apprend que M. de Lafayette a été le premier de sa classe en cochon et en bœuf. Ah! que n'a-t-il borné son ambition à des succès dans le genre pastoral, je contribuerais pour ma part à la récompense civique qu'on veut lui voter. J'aime Cincinnatus cultivant son champ avec une charrue triompale, mais Cincinnatus respectait la vieille Constitution romaine, et laissait aux Gracches de son temps le triste privilége de bouleverser son pays.

Quant au roi-citoyen, s'il comptait sur la tournée pour se délasser des ennuis du trône, je le plains sincèrement du désappointement qu'il vient d'éprouver, d'autaut plus que je commence à croire sérieusement aux sentimens de résignation qui lui sont nécessaires pour supporter la couronne, et le motif de ma conversion à cet égard, je le dirai, si je le puis. Le bruit en a couru à la Chaussée-d'Antin, et la Banque en a versé des larmes d'attendrissement. Depuis ce moment, pas une femme ne veut regarder M. Casimir Périer en face; c'est le Tarquin du nouveau régime, le Barbe-Bleue de la révolution de juillet. Vous saurez donc que l'on avait conservé à la cour nouvelle certaines habitudes domestiques presque tombées en désuétude dans les ménages de la bourgeoisie. Ce n'est point que je blâme en rien ces habitudes; la *Physiologie du mariage* ne veut point qu'on fasse lit à part en ménage; mais M. Périer pense tout autrement à cet égard que la physiologie. D'abord, il lui fallait deux petits levers, ensuite il craignait, dit-on, l'influence des émotions conjugales pendant ces nuits où la grande voix de l'émeute fait résonner les vitreaux du palais. Toujours est-il qu'il a parlé, réclamé, insisté : M. Schonen n'aurait pas mieux fait. —Et le roi Philippe? —Le roi Philippe a senti qu'il n'a rien à refuser à M. Périer et à la patrie, qu'il ne doit plus dormir pour lui, mais pour son peuple; et pour exprimer tout cela par un proverbe qui a fait fortune chez les grandeurs du nouveau régime, la sagesse des nations dit maintenant : *Comme le ministre a fait le lit, le roi se couche.*

J'avoue que depuis ce temps-là j'ose à peine parler du malheur et des souffrances du pays. Il me semble toujours qu'une voix va s'élever sous un dais de velours pour me répondre : « Et moi, suis-je donc sur des roses? »

14 novembre 1831.

LYON EN 1793 ET 1831.

QUE les questions de théories politiques, les plaisirs, les affaires se taisent devant la grande calamité de Lyon. C'est l'objet des entretiens et des sympathies; partout où l'on parle, on parle de cette malheureuse cité; des journées parlementaires lui sont dédiées, et les nuits passées sous les lambris des palais doivent être troublées par la sanglante image de Lyon. Triste et déplorable ville que le génie de la révolution a visitée deux fois en un demi-siècle! Il y a quarante ans aussi on avait parlé de liberté, de bonheur public, des droits populaires, de l'amélioration du sort des masses, et Lyon vit venir l'oppression, la terreur, le désespoir. Puis surgirent les divisions, et à leur suite naquit la révolte; alors la Convention fit droit aux requêtes en envoyant aux Lyonnais le bourreau et Couthon. Les désastres de 93 se reproduisent en 1831 : ces noms de la Croix-Rousse, du pont Morand, qui ont acquis par les derniers malheurs une triste célébrité, obtinrent déjà le même genre de renommée à une autre époque. C'est par-là qu'arriva l'armée de la république, c'est par-là que furent dirigées les attaques qui déterminèrent la fin du premier siége de Lyon; c'est par ici que Couthon fit son entrée, frappant du marteau révolutionnaire les édifices qui devaient tomber.

« Le paralytique Couthon, dit M. Thiers, « plein d'une activité que ses infirmités ne « pouvaient ralentir, excita un mouvement gé- « néral. Le 24 septembre, à minuit, il fit enlever « la redoute du pont d'Oullins, qui conduisait « au pied des hauteurs de Sainte-Foy. Tous les « préparatifs furent faits par le général Doppet, « pour les assiéger dans la nuit du 28 au 29 sep-

« tembre. Des attaques simultanées furent diri-
« gées au nord vers la Croix-Rousse, à l'est en
« face du pont Morand, au midi par le pont de
« la Mulatière, qui est placé au-dessous de la ville,
« au confluent de la Saône et du Rhône. » Puis viennent les détails sur les évènemens qui précédèrent la prise de la ville. C'est Dubois-Crancé, dont la cruauté prudente veut laisser mourir les Lyonnais de faim, au lieu de leur donner l'assaut. « Ce qu'on peut faire, disait-il, de plus avanta-
« geux pour des assiégés braves et désespérés,
« c'est de leur fournir l'occasion de se sauver
« par un combat. Laissons-les périr par l'effet
« de quelques jours de famine. » Mais Couthon est là avec les messages de vengeance de la Convention, des levées révolutionnaires faites en Auvergne et l'impatience du crime. « J'arrive,
« répond-il, avec mes rochers de l'Auvergne,
« et je vais les précipiter dans le faubourg de
« Vaise. » En vain Dubois-Crancé résiste, Cou-
« thon ne veut pas entendre parler de guerre ré-
« gulière. « Je ne comprends rien à la tactique,
« dit-il, je suis avec le peuple ; sa sainte colère
« emportera tout. Il faut inonder Lyon de nos
« masses. D'ailleurs, j'ai promis congé à mes
« paysans pour lundi, il faut qu'ils aillent faire
« leurs vendanges. »

Enfin vient la péripétie de ce triste drame : le 9 octobre, pendant les pourparlers, une colonne républicaine pénètre jusqu'au faubourg Saint-Just. C'est de ce même quartier qu'est partie, dans les derniers évènemens, l'attaque impétueuse qui a déterminé la déroute des troupes de ligne. « A peine entré, Couthon, dit M. Thiers, « réintègre l'ancienne municipalité montagnarde « et lui donne mission de chercher et de dési- « gner les rebelles. Il chargea une commission « populaire de les juger militairement. Il écrivit « ensuite à Paris qu'il y avait à Lyon trois classes « d'habitans : 1° les riches coupables; 2° les ri- « ches égoïstes; 3° les ouvriers ignorans, déta- « chés de toute espèce de cause et incapables « de bien ni de mal. Il fallait guillotiner les « premiers et faire détruire leurs maisons, faire « contribuer les seconds de toute leur fortune, « dépayser enfin les derniers et les remplacer « par une colonie républicaine. » Tout ceci est couronné par ce fameux décret rendu par la Convention, sur la présentation de Barrère :

« Art. 1er. Il sera nommé, par la Convention, une commission de cinq représentans du peuple qui se transporteront à Lyon, sans délai, pour faire saisir et juger militairement tous les contre-révolutionnaires qui ont pris les armes.

« Art. 2. La ville de Lyon sera détruite. »

Voilà ce que fit la première révolution pour la seconde ville de France; du sang, des débris, des bourreaux, des victimes, voilà Lyon en 93.

La seconde révolution est venue après quinze ans de prospérité qui ont coulé sans interruption pour cette ville comme pour tout le royaume. Seize mois à peine se sont succédés depuis les évènemens de juillet, et nous en sommes au point de voir renouveler les malheurs et le siége de Lyon.

Quelle fatalité y a-t-il donc d'attachée à ce principe qui n'apparaît jamais dans notre histoire qu'entouré de désastres, et qui paie sa bien-venue par des calamités et des ruines? Il y a seize mois, l'aspect de Lyon était heureux, brillant, prospère, le commerce y étalait ses splendeurs et l'industrie ses magnificences; le travail et l'aisance s'étaient assis dans la demeure de l'ouvrier; toute l'Europe se rencontrait dans ces ateliers qui défrayaient le luxe du monde. Prospérité, éclat, richesse, voilà ce qu'était Lyon en 1830.

La révolution de juillet arrive, et ces ateliers autrefois si peuplés, se ferment, et la misère traîne ses haillons au milieu de ces rues, et puis les révoltes éclatent ; au lieu de la paix, du travail et de l'union, c'est l'inoccupation et la guerre ; Lyon n'est plus qu'un champ de bataille ; le son du tocsin, le canon, la fusillade, les morts, les blessés, l'incendie, voilà les spectacles qui attristent partout les regards : les jours de 93 sont revenus, les effets sont ressuscités avec les principes. Voilà ce qu'est Lyon en 1831.

Il y a dans ce rapprochement des trois époques une leçon sévère.

La démocratie de 93 vainquit Lyon, parce qu'elle n'y trouva à combattre qu'un intérêt politique ; mais elle périt plus tard, parce qu'elle ne put pas remplir la tâche sociale imposée à tout système, celle de donner une plus grande somme de bonheur à la nation que l'ordre de choses précédent. Ses violences rendirent sa chute plus sanglante, mais ne l'empêchèrent pas.

La révolution bourgeoise qui, en 1830, a confisqué à son profit le pouvoir, ne pourrait suivre ces erremens, même avec la modération naturelle à la classe dont elle sort, sans éprouver une chute pareille. On concentre des troupes sur Lyon, on parle de sévérité, on invoque l'énergie, on se prépare à extirper par la force les symptômes du mal : mais tant que le mal restera, qu'importe la disparution des symptômes? On prend des villes d'assaut, il est vrai, on fusille des hommes; mais à quoi bon? puisqu'on ne peut fusiller ni la faim ni la misère. Il faudrait enfin comprendre qu'en dehors des conditions parlementaires de l'existence d'un pouvoir, il y a une question sociale à laquelle il faut satisfaire. Le canon est un mauvais logicien, et le désespoir a des réponses à tout.

Quand les hommes du régime actuel opposent le texte de la loi et le respect de la propriété aux insurgés de Lyon, ils ont raison comme légistes, mais comme hommes politiques, ils ont tort; car un gouvernement est toujours sans excuse quand il n'a que des fins de non-recevoir à opposer à des gens qui demandent du pain On peut dire que les orateurs de la Chambre et les ministres ont bien plutôt envisagé la question lyonnaise en marchands qu'en hommes d'Etat. La banque et le commerce se sont soulevés à la tribune à l'idée de prétentions qui les mettaient en péril, et il y a eu quelque chose de personnel dans leurs censures et leur indignation. Il faut, sans aucun doute, que la propriété soit respectée, que le commerce soit libre, mais il faut aussi que les classes ouvrières vivent. Ces deux nécessités imposent deux devoirs, et en remplissant le premier, les gouvernans ne se justifient pas de n'avoir pas satisfait au second. C'est une remarque faite de tout temps, que le joug le plus lourd pour les masses est celui d'une aristocratie marchande. Cela est assez visible aujourd'hui, que le négoce occupe toutes les avenues du pouvoir. Quand les intérêts financiers font la loi, ils la font pour eux ; au lieu de gouverner, ils spéculent. Les parvenus de la politique sont durs comme ceux de la fortune. Cela ne pourrait durer long-temps sans nous mener au système gouvernemental des Indes, où l'avarice anglaise a divisé la nation en deux catégories : ceux qui exploitent et ceux qui sont exploités.

Ce qui complique cette situation de l'aristocratie marchande, c'est que son avènement au pouvoir est récent, et qu'il n'y a guère de principes invoqués par elle pour y arriver qui ne puissent être rétorqués contre elle par les classes ouvrières. Une révolution est comme un coup de canon d'alarme qui met tous les rangs de l'ordre social sur pied. Les derniers regardent par-dessus les épaules des autres ; et il y a cela de terrible à changer la loi nationale par la force, que c'est une solution à la portée de tout le monde, et que cette espèce de jugement de

Dieu une fois introduite dans la politique, toute question de droit finit par se résoudre dans une question de force. Cela met les empires sur la grande route du despotisme et de la barbarie.

Les évènemens de Lyon sont donc l'épisode d'une histoire générale; et si le pouvoir persiste à penser qu'une répression locale et brutale suffira pour le délivrer de cet embarras, il se trompe. Ce n'est point un accident, mais toute une situation. On pourrait résister à l'un, mais il faut, sous peine de vie, changer l'autre. Les canons et les régimens n'y peuvent rien, car la question est de savoir si la révolution pourra rendre aux classes pauvres le pain qu'elle leur a ôté. Les soulèvemens qui ont la misère pour mobile sont les plus dangereux de tous, parce qu'ils révèlent un vice organique dans l'institution gouvernementale. Les passions changent d'objet, les opinions s'effacent ; mais lorsque la vie physique de la société est mise en problème, c'est le sol lui-même qui manque sous les pieds du pouvoir.

Cela rend l'insurrection de Lyon plus grave en 1831 qu'en 1793; alors c'était un intérêt politique qui poussait les populations aux armes; maintenant c'est un intérêt de société. C'est en restituant à la France le Lyon de la période royale et non *la commune affranchie* de Couthon, que la révolution de 1831 peut se sauver. Il est vrai de dire des pouvoirs comme des hommes, que leur pied glisse dans le sang.

28 novembre 1831.

CE PAUVRE M. PÉRIER!

A qui en avez-vous aujourd'hui?

— A vous, à la presse, au public, à tout le monde, excepté au ministère. Assez d'autres l'embarrassent de leurs syllogismes, le harcèlent de leurs épigrammes, cette troupe légère de la politique; assez d'autres jettent par moisson les épines et les ronces sur la route escarpée où il grimpe plutôt qu'il ne marche. Le beau mérite, après tout, de démonter des tenans qui ne sont point en selle : la logique est un Arabe qui n'a point d'entrailles. Je me fais ministériel par compassion, ventru par attendrissement, et tandis qu'on crie de tous côtés : « Le superbe M. Périer! le tenace M. Périer! M. Périer le tyran, le dictateur, le pacha! le bienheureux M. Périer! » je veux passer ma vie à soupirer d'une voix triste et lamentable : *Ce pauvre M. Périer!*

Oui, dix fois par jour, cette exclamation s'échappe de mes lèvres : soit que j'ouvre un journal, soit que j'assiste à la Chambre, la pitié l'emporte, et c'est au point que l'autre jour une lumière du juste-milieu me tira dans le coin d'un salon pour me dire : « Jeune homme, ce soupir-là vous mènera loin. » Il faut l'avouer, quoique je ne sois ni le filleul, ni le frère de lait, ni même le contemporain de Mlle Adélaïde, j'ai le cauchemar depuis cette menaçante promesse; c'est à peine si j'ose me réveiller le matin, de peur de me réveiller décoré. Ce serait payer bien cher un soupir, il est vrai; aussi je compte sur la clémence du juste-milieu, qui ne se portera pas, je l'espère, à ces extrémités; il y aurait de quoi rendre insensible pour toute la vie, s'il était défendu de plaindre le pouvoir, sous peine de la croix!

Mais à qui en avez-vous, encore une fois? — Eh bien! j'en ai à la Chambre, j'en ai aux Pénélopes du centre, qui défont en une séance l'œuvre politique que le 13 mars fomente à petit feu depuis près d'une année. C'était bien la peine, vraiment, que le ministère suât sang et eau, mît son génie et les faits à la torture pour traduire la révolution en évènement, d'évènement en incident, d'incident en accident, d'accident en résistance légale; le rocher était au haut de la montée : encore un coup d'épaule de M. Barthe, un coup de genou de M. Sébastiani, l'Europe donnait son *pareatis,* l'éponge était passée sur les trois journées! Et voilà que précisément, au moment où tout allait être fini, tout recommence; la révolution, qu'on avait chassée par la porte, revient par la fenêtre, sous la forme de deux lois contre la noblesse et contre le mariage; le pied manque au ministère, le rocher retombe. Défendez-moi donc de dire : Ce pauvre Sisyphe! si vous voulez m'empêcher de crier : *Ce pauvre M. Périer!*

Le divorce a son beau côté, il est vrai, et sans doute on n'a point oublié les heureux effets qu'il produisit au temps du Directoire, qui prit le chaos pour Constitution, et pour mœurs publiques les saturnales.

Grâce à M. Schonen, qui s'entend au moins aussi bien en morale qu'en politique, nous avons la chance de retrouver cet Eldorado social où l'on voyait des femmes à deux maris et des enfans sans pères. Les mœurs y gagneront sans doute, et, la mode aidant, il ne faudrait pas désespérer de retrouver de ces beautés aux toilettes hardies, qui n'avaient de secrets pour personne, et qui, pleines d'un dédain révolutionnaire pour l'art, rejetaient les réticences du costume, et laissaient presque tout faire à la nature. Cela donnera bon air à nos fêtes, et surtout bon exemple à nos sœurs et à nos femmes. Contez-nous, pour nous mettre en haleine, quelques-unes de ces histoires qui mettent encore une honnête rougeur sur le front de nos mères. Parlez-nous des divinités du Directoire, au regard effronté, à la robe échancrée, aux pieds nus, étincelans du feu de l'émeraude, qui regardaient le lit nuptial comme une auberge à laquelle on s'arrête, et faisaient d'un mari un amant officiel qu'on prend et qu'on quitte par-devant notaire. C'est ainsi qu'une nation revient doucement à la pureté révolutionnaire, j'entends celle qui délivre de tous les liens, de toutes les règles, de toutes les bases, et qui, remplaçant le devoir par le plaisir, l'unité par la variété, la loi par le caprice, change une société en un vaste pêle-mêle, et fait de chaque salon une espèce de Tivoli. Mais n'est-il pas naturel que le foyer domestique soit le miroir du Forum? Le mariage est aussi une légitimité, il faut bien la détruire : le droit conjugal est une tyrannie, et il n'y aurait pas de justice dans ce monde si les femmes ne pouvaient pas crier *vive la Charte!* quand leurs maris commencent à leur déplaire. Grâces vous soient rendues, M. Schonen, vous qui avez donné aux barricades leurs entrées dans les ménages, vous êtes un homme logique, après tout, car le divorce, qu'est-ce autre chose qu'un 29 juillet contre le mariage?

Mais malheureusement le divorce est en odeur de révolution depuis 93, et cela dérange le système de M. Périer, qui s'occupe depuis dix mois bientôt de mettre un trait d'union entre le 7 août et le 25 juillet; mais, à mesure qu'il écrit, les faits effacent, et cela excite par le monde des propos tout à fait impertinens; car chaque fois qu'il arrive quelque chose de pareil, on s'avise de penser, en Europe comme en France, que la révolution pourrait bien être une révolution, et que chaque effet vient de sa cause. Vous n'avez point donc vu, nobles tenans du 13 mars, que vous lapidiez son système politique avec vos boules favorables au divorce : vous n'avez pas vu que la révolution avait pris des habits de ville pour vous faire pièce, et que M. Schonen avait introduit, par amendement, le loup dans le bercail du juste-milieu. Sans doute il est doux de se déclarer les chevaliers des *beautés* délaissées et opprimées, et la Chaussée-d'Antin doit un apothéose à M. Schonen, l'Amadis des temps modernes, qui a rompu un amendement en faveur des dames intéressées à faire commencer leur veuvage précoce du vivant de leurs maris. Mais si je crie avec vous : Les heureuses femmes! criez avec moi : Ce pauvre M. Périer!

Et la noblesse, dites-moi, qu'avez-vous à faire avec elle? vos prédécesseurs de la constituante n'avaient laissé derrière eux qu'à glaner. Qui ne se souvient de cette célèbre nuit où chacun apportait sur *l'autel de la patrie*, pour parler la langue du siècle, ses titres, ses anciennes prérogatives, ses droits ou ses priviléges? Qui ne se souvient aussi de ce membre qui, n'ayant rien à offrir, offrit son dévouement? Eh bien! la Chambre de 1831 fait précisément comme lui.

Mais croit-on qu'il soit honnête à la majorité, elle qui, d'ordinaire, se montre de si bonne composition, qui marche quand le ministère marche, qui s'arrête quand il s'arrête, elle, si bien disciplinée, si bien enrégimentée, d'avoir fauché d'un seul coup les espérances et les arbres généalogiques du juste-milieu? Que de d'Hozier sans pain! que de fabriques de gloire fermées! Hélas! c'en est donc fait? M. Périer ne fera pas souche; M. Barthe restera sans blason, et, pour le malheur de la France, M. Thiers ne se promènera point dans un équipage armorié! Croit-on que les vanités financières s'arrangent de ce jeûne? que les ambitions bourgeoises soient de meilleure composition que les autres, en se voyant mettre à la portion congrue? Depuis la révolution de juillet, la Chaussée-d'Antin rêvait duché-pairie, du moins ne fallait-il pas la réveiller en sursaut. A quoi servira maintenant de gagner des batailles à la Bourse, d'être cousin ou fils d'un ministre? Un nom tout sec, sans titre, sans particule, cela sonne mal : on ne pourra pas annoncer la marquise de Barthe, la vicomtesse de Thiers, la comtesse de Prunelle; on ne pourra pas dire le duc de Périer..... Eh bien! n'est-ce pas le cas de dire : *Ce pauvre M. Périer!*

Et puis que voulez-vous que le cabinet réponde à l'Europe, si elle lui demande des explications sur cette croisade contre le blason?

Il a affaire à des aristocraties, il a besoin de leur alliance ; sera-t-il bien venu, lui qui leur répète tous les jours : La révolution est morte, à leur dire maintenant : La révolution a tué l'aristocratie? Les morts ne tuent point, on le sait : et sans s'en douter, les députés de 1831, oubliant leur rôle et suivant leur nature, ont répété sur un autre ton le cri éternel des révolutions, le vieux cri de 89 : *Guerre aux châteaux, paix aux chaumières!* Faites donc des désarmemens avec ce cri-là.

Pauvre M. Périer! le voilà encore avec sa révolution sur les bras : Dieu sait pourtant la peine qu'il se donne pour s'en défaire ; les marches et les contre-marches, les mines et les contre-mines, rien ne lui coûte, et il en ferait bon marché à qui voudrait la prendre. Mais point : lorsqu'il croit tenir la solution, une difficulté nouvelle se présente, les problêmes naissent des problêmes; le feu qu'il veut étouffer est de la nature du feu grégeois, l'eau l'allume au lieu de l'éteindre. Lorsqu'il s'imagine en avoir fini avec l'incendie, arrive quelqu'ami imprudent qui, plein d'un zèle officieux, ranime en passant la flamme. « C'est le gouvernement de 1815 et 1820 perfectionné que je vous offre, » dit-il sans cesse au pays et à l'Europe, et voilà que le génie des révolutions lui lance encore un sanglant démenti en écrivant sur le frontispice de l'édifice de juillet : *Retour au divorce et aux préjugés anti-nobiliaires de* 93.

Il est parlé dans les vieilles légendes de la Bourgogne, d'un homme qui, frappé de l'anathème d'un saint ermite, partait chaque matin du bord d'un précipice, et après une marche laborieuse à travers des terres fangeuses et humides, reculant d'autant de pas en arrière qu'il en avait fait en avant, se retrouvait inévitablement chaque soir au lieu d'où il était parti. Ce conte pourrait bien être l'histoire du ministère.

Quelques détours qu'il fasse, quelque chemin qu'il prenne, c'est toujours en face de la révolution qu'il se trouve. Je ne veux point faire comme ceux qui exhortent de la meilleure grâce du monde le 13 mars à en finir en sautant à pieds joints dans l'abîme, car il pourrait bien répondre comme ce soldat protestant qui le donnait en dix à Montluc ; mais du moins qu'il me soit permis de m'apitoyer de la voix et du geste sur les félicités que d'autres attaquent ou envient ; que les épigrammes et les panégyriques signent une trêve, que les solliciteurs accordent une suspension d'armes, et que ma voix puisse être entendue quand elle dit : *Ce pauvre M. Périer!*

12 décembre 1831.

JE COMMENTE LE JUSTE-MILIEU.

> Mettez vos habits de fête.
> (*Le préfet de Lyon.*)
>
> Quittez vos habits roses
> Et vos satins brochés.
> (MARLBOROUGH.)

C'EST un habile homme, pour les consolations, que ce M. Périer, et il nous en présente auxquelles personne n'aurait songé. Rien ne l'épouvante, rien ne l'émeut, rien ne l'embarrasse; et s'il avait été ministre du Pharaon de l'Egypte au temps des sept plaies, il aurait certainement fait l'apologie des sauterelles, et trouvé que la peste a du bon. N'allez pas lui parler de la lourdeur des impôts, il levera les épaules, et vous prouvera que c'est pure imagination que vos souffrances: que votre misère est une misère factice, et que vous ne mourez de faim qu'en idée. N'allez point murmurer contre les proportions colossales du budget, il vous soutiendra bravement que, vu de près, le géant est un nain, que cette masse compacte n'est qu'un nuage, un fantôme que vous vous êtes créé; que ce budget, qui trouble vos nuits et vos jours comme une autre épée de Damoclès suspendue sur votre front, ou comme ces monstres qui défendaient la forêt enchantée du Tasse, est tout bourgeoisement de la même famille que ce gigot imaginaire que, suivant la tradition, le fameux Mallebranche voyait toujours au bout de son nez. Y a-t-il quelqu'un qui fasse mine d'en douter? Bon! prenez-moi cet incrédule, jetez-le à M. Thiers et à ses chiffres, c'est l'homme aux métamorphoses, qui groupe les misères de manière à en faire des jouissances; il prend son temps pour cela, il est vrai, mais aussi, il faut l'avouer, la tâche est difficile; les finances, par le temps qui court, sont des catacombes, et c'est en s'y perdant soi-même, qu'on apprend à y conduire les autres. Quant au commerce et à l'industrie, n'en parlez pas, leurs plaintes retentissent assez haut pour qu'on les entende; c'est chaque jour le bruit d'un nouveau sinistre, d'un naufrage de Bourse, d'une faillite, d'un suicide, d'une vente par autorité de justice; et l'histoire du commerce n'est plus qu'un registre de décès. Y a-t-il une réponse ministérielle à cela? — Il y en a cent, il y en a mille. — Le ministère porte-t-il remède à la crise commerciale? — Il est bien plus habile que cela, il l'explique. Une révolution doit naturellement resserrer les capitaux, épouvanter le crédit, compromettre les intérêts : la révolution de juillet a ponctuellement rempli ses devoirs, voilà tout. Elle a mis la propriété et l'industrie sur la paille, c'était son métier; et, au lieu de lui en vouloir, il faut aller la remercier de n'avoir pas fait pis, car elle s'est conduite comme un honnête fléau, et l'on ne vit jamais au monde catastrophe plus obligeante, désastre plus conciliant.

Maitenant que vous savez *pourquoi votre fille est muette*, allez en paix, ruinez-vous, fermez vos magasins, faites faillite, mourez de faim; vous souffrirez et mourrez avec connaissance de cause, tout se passera dans les règles, et c'est quelque chose que de mettre de l'ordre dans ses souffrances, et de mourir selon la formule. Allez, allez, tout est pour le mieux, croyez-en les ministres, et relisez l'histoire de ce couvreur qui tombe du haut d'un toit entre deux passans, dont l'un lui crie à droite : *Vous vous cassez le cou en vertu de la loi de Newton*, tandis que le second lui crie à gauche : *L'heureux coquin ne s'est rompu qu'une jambe et brisé deux côtes, il y a un dieu pour les couvreurs!* Voilà comment il faut voir les choses et les hommes; cela met les jours à l'abri des réflexions sinistres et assure les longues nuits d'hiver contre l'insomnie ou le cauchemar. C'est ainsi qu'on envisage les évènemens au ministère et à la cour, et vous apprendrez là à juger les coups, de la fenêtre, et à répéter à chaque chute : « Ma foi, il y a un dieu pour la France. »

En vérité, si l'on se plaint encore après ces explications, nous saurons à quoi nous en tenir, M. Périer et moi. Il y a des gens que le bonheur fatigue et qui soupirent après la pluie quand le ciel est pur; ce sont eux sans doute qui prennent le 13 mars à partie et ne veulent pas se réchauffer à son soleil. Que leur manque-t-il encore une fois? Les impôts sont lourds, il est vrai, mais enfin on les paie, ce qui prouve que la France est riche. Des libertés, il y en a tant qu'on songe à s'en défaire. Voyez les élections municipales : le ministère, il est vrai, les casse partout où les élus ne lui conviennent pas, mais aussi pourquoi les électeurs n'ont-ils point la précaution de demander le mot d'ordre au ministère? La presse dit tout ce qu'elle veut, sauf à se lever après avoir dit son avis pour suivre le guide qui la reconduit aux *carrières*. La diplomatie du Palais-Royal marche en tête de l'Europe; car si l'Angleterre mène le char, M. Sébastiani le traîne, et M. Périer parle de *donner* la paix à la Sainte-Alliance, sans compter la Belgique qu'il a déjà donnée et dont il ne parle pas.

Voilà la situation; telle qu'elle est telle il faut la prendre; aussi le cabinet du 13 mars le déclare tout haut, et il fait bien; au lieu de perdre du temps à réciter son apologie, il s'offre tout franchement au panégyrique, il se jette à la tête de l'admiration, il tourne modestement les yeux quand il entend parler de gloire, et s'écrie : *Me voici, je suis à vous!* ou bien encore, comme jadis Scipion dans le Forum romain : « Messieurs du centre, avant d'aller dîner, ne prendrons-nous point un air d'immortalité? ne ferons-nous pas un tour de Capitole? »

Ce n'est point qu'il n'y ait quelquefois des évènemens qui viennent troubler la quiétude du ministère; alors que tout est pour le mieux, il y a du mal encore à côté du bien. M. Chateaubriand fait une brochure, M. Hennequin un plaidoyer, Lyon se soulève; cela dérange, mais on en prend son parti, on fait bonne contenance.

On se dit mystérieusement à l'oreille en se rencontrant : « Il vaut mieux que la brochure soit faite qu'à faire, et d'ailleurs Thiers se dévoue, il l'a dit hier tout haut à l'Opéra; il répondra. » Et puis quand la France toute entière a lu le noble manifeste du patriotisme et du génie, quand ces phrases qui marquent de leur sceau ineffaçable les fronts les plus hauts, sont dans toutes les bouches : « C'est un beau coup « d'épée, dit-on; mais qu'importe, ce n'est que « de la politique, et tout le monde en est las. »

Alors on s'embrasse, on se quitte, on s'endort, pour ne plus se réveiller qu'au bruit du coup de tonnerre de Lyon. Après le premier moment, qui appartient à la peur et qu'on lui donne, on se tâte, on calcule, on se rassure, et on finit par dire : « C'est un mal social, il n'y a donc rien à craindre. Envoyons le maréchal et une armée, il nous fera bon compte de ces *barbares* qui s'avisent d'avoir faim. Que nous importe? ce n'est point de la politique, et nous n'avions à redouter que cela. »

Pendant qu'on se félicite, qu'on se complimente, qu'on s'embrasse encore, une voix s'élève, grave et éloquente, non pour flétrir une vie mais pour réhabiliter une tombe. Un des chefs du barreau français se présente à la barre de la justice, menant le deuil de la famille des Condé, et demandant à être entendu pour fournir la preuve que la race des héros n'est pas morte de la mort des lâches, et que tant de siècles de gloire n'ont point été s'engouffrer dans un suicide. On voit, par un merveilleux changement des temps, un homme de paix et de conciliation devenu le défenseur et l'appui des guerriers, et l'avocat protégeant de sa toge pacifique ce faisceau de nobles épées, auquel l'épée du dernier Condé serait déjà réunie pure et sans tache, si un crime n'eût point enlevé celui qui, vivant, eût relevé le gant jeté par la calomnie contre la mémoire de son vieux père. De graves révélations ressortent du procès, de tristes lumières en jaillissent; ce testament qui enrichit un enfant placé non loin du trône de juillet, rendit la fin de la vie du dernier Condé amère, sa vieillesse plus courte, et, quelle que soit l'opinion à laquelle on se range, sa mort sanglante. Paix à l'enfant que son âge protége; paix à tous ceux qui sont innocens de cette mort : quand il s'agit de sang, le soupçon calomnie; mais on doit le dire d'une voix haute et ferme, ainsi que l'opinion le dit : La vieillesse du dernier Condé fut bien tourmentée, bien pressée; il demanda du répit et n'en obtint point; et pourtant il avait porté haut ses réclamations et ses plaintes. Sa vie fut bien affligée; ses bienfaits, qui lui coûtèrent si cher, obtinrent bien peu de reconnaissance, car sa mort, si elle fut le résultat d'un crime, est restée sans vengeance, et sa mémoire sans protection.

Mais c'est là une affaire privée, dit-on chez les amis du pouvoir, et elle ne peut pas porter coup, par cela seul que c'est purement une affaire privée; de même que la brochure de M. de Chateaubriand ne pouvait nuire, parce que c'était une affaire purement politique; de même que l'affaire de Lyon est sans conséquence, parce que c'est une affaire purement sociale.

Et puis, si la situation a ses inconvéniens, elle a bien aussi ses avantages. A chaque nouveau péril le pouvoir ne tâte-t-il pas le pouls à sa majorité? n'est-ce pas une occasion pour lui d'une nouvelle prise de possession, d'un renouvellement de signature au contrat? On se compte, on se dénombre, on s'embrasse, le péril est un nouveau lien, et puis c'est l'ordre du jour de l'entrée en campagne et celui de la fin de l'action : *Vous êtes la chair de ma chair et les os de mes os,* et la suite telle que vous pourriez la citer au besoin, docte et puissant Mahul. Certes, le pays peut bien se mettre en frais de quelques calamités pour donner au ministère l'occasion de faire l'épreuve de sa position vis-à-vis de la Chambre, et ces évolutions parlementaires, ces grandes revues du scrutin, nous dédommagent amplement des malheurs qui les motivent. Ainsi la seconde ville du royaume est livrée à l'anarchie, la misère enfante l'insurrection, cela est triste, déplorable sans doute; oui, mais la Chambre vote une adresse favorable au ministère; le moyen après cet exemple-là de faire mauvaise mine à une calamité! Les consolations ne manquent point, on le voit, à ceux qui savent les prendre où elles sont. Si les douzièmes provisoires succèdent aux douzièmes provisoires, s'il n'y a pas de budget régulièrement voté, eh bien! il faut se rappeler que la liste civile ne dépérit pas, et que le roi-citoyen se résigne à toucher provisoirement dix-huit millions. C'est le cas de citer les belles paroles de M. Périer, qui a si bien dit que « la fortune de la France et la patience des contribuables suffisent à tout. »

Encore dans cette énumération, j'oublie une foule d'avantages que n'a point oubliés M. Périer dans sa grande et notable harangue, vrai chef-d'œuvre d'éloquence ministérielle, et digne d'être méditée par tous ceux qui étudient le grand art de prendre les malheurs publics en patience. Ainsi Lyon, qui semblait devoir être une source de deuil et de désastre, outre le bienfait de l'*adresse* suscitée par la première nouvelle de l'insurrection, a fourni au jeune prince qu'on a envoyé dans cette ville, l'occasion de se produire et de parachever son éducation politique; honneur inestimable qui dédommagera sans doute les Lyonnais de tous les maux qu'ils ont soufferts, honneur que le ministère célèbre avec un enthousiasme si vrai, une reconnaissance si sincère, qu'on est tenté à chaque instant de croire qu'il va s'écrier en style oriental : *Salut à l'heureux malheur! bien venu soit le fléau!* Peut-être ceux aux dépens desquels ces sortes d'éducations se prennent ou se donnent, compteront-ils, avec quelque terreur, les nombreux rejetons de la famille d'Orléans; car en réduisant les choses à un désastre par tête d'enfant, ce serait encore quatre villes à sacrifier; et, malgré tout le *patriotisme* possible, il y aurait peut-être des gens pour dire que les princes de la branche cadette sont un peu chers à élever. Mais ce sont là des propos de minorité, et peut-être pis encore. J'aime mieux faire comme ce préfet philosophe, qui veut que la douleur sache son monde, et apprenne à sourire sur toute la ligne du cortége, pendant que la faim s'évertue à représenter avec grâce la joie publique, rôle difficile pour elle à jouer. Les préfets de nos jours sont de grands maîtres dans l'art de tout embellir, de trouver à tout un beau côté. Ah! pourquoi n'y avait-il pas de préfets au temps du déluge! ils l'auraient remercié, car enfin le déluge produisit l'arc-en-ciel.

19 décembre 1831.

TABLE

DES MATIÈRES DU PREMIER VOLUME.

1830.

1831.

FIN DE LA TABLE DU PREMIER VOLUME.

www.ingramcontent.com/pod-product-compliance
Ingram Content Group UK Ltd.
Pitfield, Milton Keynes, MK11 3LW, UK
UKHW012148240726
13966UKWH00001B/209